四川大学"中国语言文学与中华文化全球传播"双一流学科群专项资助

传播符号学书系 · 国际视野

传播符号学书系 · 国际视野 | 主编：赵毅衡　执行主编：胡易容　饶广祥

幸福感符号学

社会文化修辞

SEMIOTICS OF HAPPINESS:
RHETORIC BEGINNING OF A PUBLIC PROBLEM

〔英〕阿什利·弗劳利

（Ashley Frawley）

著

谭光辉　李　泉　等

译

社会科学文献出版社
SOCIAL SCIENCES ACADEMIC PRESS (CHINA)

Semiotics of Happiness: Rhetoric Beginning of A Public Problem

Ashley Frawley

总　序

　　传播学与符号学的学科发展时间起点相近而路径不同。符号学的学科化始于索绪尔于 1907～1911 年在日内瓦大学讲授《普通语言学》课程，其以语言符号为对象系统阐述了结构主义符号学的基本理论框架。传播学始于 1905 年布莱尔在威斯康星大学开设的新闻学课程。正如语言之于符号学，新闻也成为传播学的第一个门类及核心对象，学界至今仍将"新闻"与"传播"并称。

　　在百余年的学科发展进路中，尽管符号学与传播学发展路径截然不同，但两者理论逻辑的深层联系却将两者密切联系在一起。施拉姆在《传播学概论》中辟专章写"传播的符号"，并指出"符号是人类传播的要素"。① 符号学在经历三代学人并发展出四种典型模式之后，近三十年来的重要发展方向之一是与当代传媒诸现象结合。法国学者皮埃尔·吉罗认为，传播学与符号学从某些方面来说是"同义语"；约翰·费斯克则将传播学分为注重研究"意义"的"符号学派"和注重研究效果的"过程学派"。② 我国学者陈力丹对传播学的基本定义是"研究人类如何运用符号进行社会信息交流的学科"③。从学理上讲，传播学须通过"传播的符号研究"以洞悉"意义"的实现；反之，符号学也必须跨越狭义的"语言"而进入当代传媒文化这一最庞大的符号景观。对两个不同发展传统的学科来说，符号学可以从理论繁复的"玄学"处落地于具体的文化传播现象；

---

① 威尔伯·施拉姆：《传播学概论》，何道宽译，中国人民大学出版社，2010，第 61 页
② Fisk, John. *Introduction to Communication Studies.* London：Routledge, 1990. xv.
③ 陈力丹：《传播学是什么？》，北京大学出版社，2007。

传播学也可以借助符号学丰富理论提升学理性。受美国新闻传播学传统的影响，当前我国传播学过多倚重社会学方法，故而学界有观点认为，传播学应归属于社会科学而非人文科学。暂时搁置这个争议，仅就传播内容而言——其作为"符号"构成的"文本"，具有无可争议的"意义属性"。作为研究"意义"的学问，符号学可与社会学研究方法互为补充，为传播学提供基础理论。

从当今传媒文化发展的现实来看，传播学与符号学对彼此的需求更加迫切。人类正在经历由互联网引发的传媒第三次突变①，传播研究的问题正在从"信息匮乏"转向"意义需求"。20世纪兴起的传播，以电视、广播、报纸等大众传媒为主。此时传播学研究的关键点，是信息如何到达、获取——这与"信息论"方法是相适应的。若将此问题置于当今"传媒的第三次突变"背景下来看，"后真相"时代社会信息的需求，已经从匮乏转变为"在过载的信息中寻找意义与真知"。"人类命运共同体"这一宏大命题的基本条件，不仅是经由全球化媒介实现的信息通达（这在技术上早已经不构成壁垒），还必须包括人类整体的"意义共同体"。即，当代传播学应对"传媒突变"的策略，须以更开放的姿态从"信息到达"向"意义交流"转进。一方面，"传播"应回归于"交流"这一受传交互的意涵；另一方面，"信息—通达—行为"的过程结果论研究，应向"意义的共享、认知与认同"深化。

当前，打破学科间的壁垒正在成为国内外学术发展的共识和趋势。国际上将"符号学""传播学"的融合领域通称为"符号学与传播学"。该领域影响较大的学派包括法兰克福学派、巴黎学派、布拉格学派、伯明翰学派、塔尔图学派、列日学派，等等。目前，国际上众多知名高校设立了"传播学与符号学"专业或课程，如美国宾夕法尼亚大学、康奈尔康大学，加拿大圣劳伦斯大学，澳大利亚昆士兰大学，保加利亚索菲亚大学，丹麦

---

① 赵毅衡：《第三次突变：符号学必须拥抱新传媒时代》，《天津外国语大学学报》2016年第1期。

哥本哈根大学，意大利都灵大学，等等。世界著名的德古意特出版集团从 2011 年开始推出"符号学·传播·认知"（semiotics·communication·cognition）大型系列丛书，迄今该丛书已出版数十部。国内学界也很早注意到了符号学与传播学的学理共性。陈力丹在《符号学：通往巴别塔之路——读三本国人的符号学著作》（1996）① 中指出：符号学不仅是传播学的方法论之一，而且应当是传播学的基础理论。随着符号学在中国的不断扩展，将符号学和传播学结合起来研究的学者越来越多，话题也越来越广。"传播符号学"已成为新闻传播学研究的重要发展方向。

值得追问的是，中国传播符号学研究，是否仅仅指借用西方符号学理论和术语来解释当今中国面临的问题？这关涉到中国符号学的话语建构总体背景。

中国传统文化符号丰富多彩，并曾有着优渥的符号学土壤。《周易》或许可被解读为世界上第一部呈现全部人类经验的符号系统。② 从狭义的符号学思想的源头来看，在古希腊斯多葛学派（The Stoics）讨论符号和语义问题的同时，中国的"名家"也在讨论"名实之辩"。名家代表学者公孙龙（约公元前 320 年～约公元前 250 年）与芝诺（约公元前 336 年～约公元前 264 年）的出生年代仅差 16 岁。仿佛两位思想者约定好，在那个伟大的轴心时代远隔重洋思考这个符号与意义的问题。遗憾的是，尽管先秦名学充满思辨的智慧，却并未成为"正统"而得到很好的延续。名学被其他学派批评为沉溺于琐碎的论证。此后，在儒学取得正统地位时名学自然被边缘化了。应当承认，中国传统符号学思想没有对世界符号学运动形成实质性影响。

20 世纪，符号学曾一度在中国有所发展。1926 年，赵元任曾独立于西方符号学两位开创者提出符号学这一术语并阐述了自己的构想，并写成《符号学大纲》。③ 遗憾的是，赵元任的符号学构想也缺乏后续传承。中国

---

① 陈力丹：《符号学：通往巴别塔之路——读三本国人的符号学著作》，《新闻与传播研究》1996 年第 1 期。

② Zhao, Y., "The fate of semiotics in China", *Semiotica*, 2011（184），271 - 278.

③ 赵元任：《符号学大纲》，载吴宗济、赵新那编《赵元任语言学论文集》，商务印书馆，2002：177 - 208。

错失了 20 世纪符号学发展的两个黄金时期：一个是 20 世纪上半期的"模式奠定与解释阶段"，这一阶段形成了索绪尔结构主义语言学、皮尔斯逻辑修辞学、卡西尔—朗格文化符号哲学及莫斯科—塔尔图高技术文化符号形式论等基础理论模式；另一个是索绪尔及其追随者引领的世界性结构主义思潮。此后，符号学经历了一个相对平缓的发展期。尽管有格雷马斯、艾科、巴尔特、乔姆斯基等一批重要学者在诸多领域做出重要贡献，但这些贡献大致是在前人奠定的基础模式上进行再发现或局部创新。符号学自身的发展方式，也转而通过学派融合来实现。

20 世纪 80 年代，中国学术从"文革"中复苏时，符号学发展第二阶段已接近尾声。符号学对中国学界成了不折不扣的舶来品。重新起航的中国符号学研究，很大程度上是由一批在海外游学留学的学者带动的。他们译介西典、著书立说、教书育人，影响了一批中国学者。① 王铭玉认为，中国的符号学研究起步较晚但起点较高，在非常短的时间内基本上追赶上了国际研究潮流。② 他将中国符号学发展分为三个阶段。第一个阶段指 20世纪 80 年代上半段（1981～1986 年）。这一阶段可称为"学科引介"阶段，以译介工作为主。如 1981 年王祖望翻译了西比奥克（Thomas A. Se-beok，当时的译名为谢拜奥克）的《符号学的起源与发展》③；史建海发表了《符号学与认识论》④；金克木发表了《谈符号学》⑤；等等。随后，一批符号学经典论著在国内翻译出版：菲迪南德·索绪尔的奠基之作《普通语言学教程》（索振羽等译，北京大学出版社，1986）、池上嘉彦的《符号学入门》（张晓云译，北京国际文化出版公司，1985）、特伦斯·霍克斯的《结构主义和符号学》（瞿铁鹏译，上海译文出版社，1987）、罗兰·巴特

---

① 赵毅衡：《中国符号学六十年》，《四川大学学报》（哲学社会科学版）2012 年第 1 期。
② 王铭玉、宋尧：《中国符号学研究 20 年》，《外国语》2003 年第 1 期．。
③ C. 皮尔逊，V. 斯拉米卡《信息学是符号学学科》，张悦校，《国外社会科学》1984年第 1 期；T. 谢拜奥克《符号学的起源与发展》，王祖望译，《国外社会科学》1981 年第 5 期。
④ 史建海：《符号学与认识论》，《内蒙古社会科学》1984 年第 8 期。
⑤ 金克木：《谈符号学》，《读书》1983 年第 3 期。

的《符号学原理》（李幼蒸译，生活·读书·新知三联书店，1988）、皮埃尔·吉罗的《符号学概论》（怀宇译，四川人民出版社，1988）、艾科的《符号学理论》（卢德平译，中国人民大学出版社，1990）。到 20 世纪 80 年代末，中国学者自己撰写的符号学专著相继面世。余建章、叶舒宪的《符号：语言与艺术》（上海人民出版社，1988）、赵毅衡的《文学符号学》（中国文联出版公司，1990）等是我国学者贡献的最早一批符号学专著，代表了中国学者在符号学理论方面独立探索的"重新"开始。

从 1991 年开始，传播学与符号学各自获得了巨大的发展，应用中的边界频繁交叉。传播研究对于符号这一术语基本上无法回避。符号出现在传播学的各个门类中，如：教育传播、电视新闻、广告、艺术设计、建筑。这些文献大多运用了符号学术语与典型分析方法。其中，比较多的是应用索绪尔的能指与所指结构关系及其各种延伸形式，理论深度有限，且这一时期的应用多处于一种对问题解释的自然需求状态，缺乏从方法论本身进行学理性反思。丁和根将 1994 年到 1999 年称为国内"传播符号学"的"起步期"，并认为此后进入一个"发展期"。① 20 世纪的最后几年，传播符号学的学科方法论受到了更多重视，如周军的《传播学的"前结构"：符号活动的社会根源和基础》（《现代传播——北京广播学院学报》1994 年第 1 期）、陈道德的《传播学与符号学散论》（《湖北大学学报》（哲学社会科学版）1997 年第 2 期）。但此时具体研究新闻或电视的门类符号理论仍然占据较重要位置。如：唐迎春、徐梅发表的《论新闻传受的不对等性——从符号学角度的解读》（《国际新闻界》1997 年第 6 期）；刘智专著《新闻文化与符号》（科学出版社，1999）。2000 年之后，学界明确提出"传播符号学"并以之为研究主题的学者逐渐成为传播学领域的一种声音。

清华大学李彬较早地系统介绍传播符号学。他从狭义和广义两个层面界定了传播符号学的学科范畴，提出狭义的传播符号学，是"为新闻传播

---

① 丁和根：《中国大陆的传播符号学研究：理论渊源与现实关切》，《新闻与传播研究》2010年第 6 期。

学所关注、由新闻传播学所推展、被新闻传播学所吸纳的与符号学相关的研究内容……";广义的传播符号学则是"一切与新闻、传播相关的符号、话语、文本、叙事等方面的研究"。① 他这一时期的文章随后结集为专著《符号透视:传播内容的本体诠释》(2003)。书中开篇即指出:"……其实,传播符号不仅是人类传播的'生命基因'……,而且也是人类文明的'精神细胞'。"② 从研究方法和理论立场来看,李彬教授的研究有两个特点:一是,将符号学作为传播内容研究的方法;二是,将符号学归于传播学批判流派的方法之一。③

南京大学丁和根教授从话语分析与意识形态分析论入手,关注意义的生成与批判,并上升至方法论的学理性探讨。他的《大众传播研究的符号学方法论》(《新闻大学》2002 年冬季号)是这一时期传播符号学方法论讨论最为周详的文献之一。他认为,话语(文本)分析和叙事学的研究取向,已经成为整个传播符号学的重中之重。因为"话语分析最能够体现符号学的整体性思维和研究方法,是传播学研究借鉴符号学方法的便捷之途"。④ 其次,他也倾向于认同符号学路径的批判取向。他认为,传播符号学虽然不能等同于批判学派,但与批判学派理论有着天然的内在联系和共同的学术取向。符号的方法更着眼于深度思辨而不是表层量化,为批判学派提供研究方法和理论资源,是传播符号学重要的意义和价值之所在。

上述两位学者的共同特点是将传播符号学作为传播学中的批判传统看待。如果将他们的研究称为传播符号学中的"批判分析学派",那么李思屈、隋岩、曾庆香等教授则偏向于"符号实践与建构"。

李思屈教授从广告及消费文化入手,进入消费洞察与建构性操作。从1998 年开始,他贡献了一系列广告符号学的论文。主张建构又富含思辨的思路在李思屈教授两部代表性著作中体现得也非常充分。在《东方智慧与

---

① 李彬:《批判学派在中国:以传播符号学为例》,《新闻大学》2007 年第 3 期。
② 李彬:《符号透视:传播内容的本体诠释》,复旦大学出版社,2003。
③ 李彬:《批判学派在中国:以传播符号学为例》,《新闻与传播评论》2005 年第 5 期。
④ 丁和根:《中国大陆的传播符号学研究:理论渊源与现实关切》,《新闻与传播研究》2010 年第 6 期。

符号消费：DIMT 模式中的日本茶饮料广告》（浙江大学出版社，2003）中，他结合中国传统智慧，提出了用以指导广告传播实践的"DIMT"模式；而《广告符号学》（四川大学出版社，2004）是国内冠以"符号学"进行广告研究的第一部系统著作。这一思路在他近年的研究中一以贯之，如《传媒产业化时代的审美心理》（浙江大学出版社，2008），立足符号学，兼备质性与量化分析，对当代大众传媒产业和大众消费案例做出了翔实的分析。隋岩教授的《符号中国》从理论、实践两个维度探讨符号的含指项、同构、元语言机制、自然化机制、普遍化机制；并从中国文化符号传播实践中梳理出象征中国的历史符号的变迁，探究鸦片、东亚病夫、缠足等负面能指符号背后的传播机制，思考如何提炼、打造代表中国、传播中国的强符号。中国传媒大学的曾庆香偏重从新闻话语入手，以新闻传播的符号叙事为基础分析了网络符号、新闻报道、北京奥运会等案例[1]。她注重建构实例分析，并注意到图像符号这一常常为话语分析所忽略的领域。

　　上面已经提及，一些学者从不同角度对我国传播符号学的发展进行了观察和分期。若以"传播符号学"的总体发展来看，2008 年是一个不可忽略的节点。这一年不仅研究数量大幅攀升，更有内在结构的质变。这一年尤其值得一提的是，已回国任教于四川大学的赵毅衡成立了符号学 - 传媒学研究所（ISMS），并创办了国内第一份打通传播学与符号学的学术期刊——《符号与传媒》。此后，他带领的符号学 - 传媒学研究所为中国传播符号学打开了全新的局面。在学科建设方面，四川大学设立了迄今全国唯一一个符号学交叉学科博士点，从 2009 年起招收传播符号学方向的硕士、博士研究生，培养了一批以符号学为方法论的文化传播研究有生力量。在成果出版方面，四川大学符号学 - 传媒学研究所组织出版、翻译的符号学几大系列丛书——《中国符号学丛书》《符号学译丛》《符号学开拓丛书》《马克思主义符号学丛书》《符号学教程》就超过 80 部。在组织机构方面，赵毅衡、蒋晓丽等教授发起成立的"中外文艺理论学会·文化

---

[1]　曾庆香：《认同·娱乐·迷思：北京奥运会开幕式的符号分析》，《当代传播》2009 年第 5 期

与传播研究专业委员会""中国新闻史学会·符号传播学研究委员会"是符号学与传播学融合发展的全国性学术共同体,汇集了我国该领域主要的学者。此后,四川大学符号学-传媒学研究所还与天津外国语大学、同济大学、苏州大学、南京师范大学、西北师范大学等国内机构发起成立了"中国符号学基地联盟",以共同推进中国符号学的发展。从 2008 年至今,我国传播符号学发展处在一个高峰期,参与人数、学术发表量乃至涉及学科都有了极大的拓展。

应当说,经过近 40 年的努力,中国符号学发展确实取得了长足的进步。在老一代学者的引领、培养下,该领域的新一代学者的学术素养并不输于大洋彼岸的同人。摆在当今中国传播符号学研究者面前的问题转而成为:中国符号学以何种姿态处身全球化学术语境。换言之,若今天正在发生的知识更新在符号学领域引发的变革,将酝酿第三次世界性符号学运动,那么中国学者将如何跻身国际学界?

此问题的答案,或取决于中国学者如何解答人类面临的符号传播与文化变革共通问题。可以观察到,全球学界正在进行一场新的赛跑,且几乎站在同一起跑线上。并且,当今国际符号学发展涌现出许多新的动向。如:塔尔图学派在继承科学与文化交融传统的基础上在生命符号学领域有所拓展;当代美国符号学的研究具有方法论的综合性色彩,并在认知论、行为主义及非语言主义方向卓有成就;法国符号学发展表现出极强的语言文学特性,并与后结构主义文化研究发生融合。[①] 以艾科为代表的意大利符号学界,在艺术门类结合方面成绩突出——建筑、绘画、电影均有出色成绩,并在一般理论方向上关心意识形态研究。其中,意大利都灵学派的社会符号学特色鲜明;德国符号学则依然体现出优良的哲学传统,并与现象学传统、存在论传统以及阐释学传统融合;北欧符号学既具有浓厚的哲学思辨色彩,又融合了经验研究的新技术手段。丹麦、芬兰、瑞典等国的符号学结合了主体哲学、认知学等跨学科传统,与美国的系统论(贝特

---

① 李幼蒸:《理论符号学导论》,社会科学文献出版社,1993,第 22 页。

森）语用论及行为主义（莫里斯）传统遥相呼应。

纵观当今国际符号学界，多元化、流派融合的学术话语为新理论提供了足够多"素材"——它们就像一锅适合新事物发生的"原子汤"。更重要的是，当今传媒文化的剧变，为符号学乃至整个人文科学供了理论创新条件，同时也提出了亟待解决的现实问题——物理学对宇宙起源解析的突进冲击了哲学与宗教的世界观；人工智能正在改写"智域"的主体和边界；媒介剧变重铸着人类社会连接结构；生物工程，尤其是基因科学的进展，让人类不断尝试僭越造物主的角色……。

与此相对的是，在人类技术文明进步的同时，人类的生活意义却进入了空前危机：消费社会的物化和异化使得传统社会的信仰边缘化而伦理缺失；数字化生存的现实让"真""谬"关系发生了某种不对称的"后真相"转向；诉诸感官沉浸的碎片信息令传统文化生活的仪式感走向消失。在内爆的信息冲击下，人们失去了意义的追寻方向。国与国之间、民族与民族之间的文明冲突却没有因媒介技术带来的传播便利而稍减——恐怖袭击、暴力冲突甚至大屠杀有了更大规模的杀伤性手段；核威胁、生化武器以及具有更恐怖杀伤力的人工智能武器，仍是悬在全人类头上的达摩克利斯之剑。

这个时代对"意义交流"的需求比以往更加凸显，构成了学术发展的问题导向。而问题发展的基础则植根于所在的知识传统。做出卓越贡献的学者，也必然植根于其所在的学术土壤。符号学界常常热衷谈论皮尔斯与索绪尔的区别，但从学术传统的根源来看，他们的理论却有着共同的西方哲学起点：从研究对象来看，古希腊以来的语言逻辑修辞传统在索绪尔的理论模式中得到了充分体现。众所周知，索绪尔将研究范围界定于"以表音体系，且是以希腊字母为原始型的表音体系"[①]，这一研究对象即是西方语音中心主义的承袭。而皮尔斯的符号学起点，是亚里士多德以来的西方逻辑学。皮尔斯的逻辑修辞符号学模式，在某种意义上可看作是他的理论

---

① 费迪南·德·索绪尔：《普通语言学教程》，高名凯、岑麒祥等译，商务印书馆，1980，第51页。

抱负——"构建亚里士多德传统能适应于各门学科的科学的逻辑"——的结果。此外，据说皮尔斯能背诵康德的《纯粹理性批判》。另一位康德主义的继承人——恩斯特·卡西尔则提出了"人是符号的动物"这一关于"人"的新定义。

上述学者的理论，都深刻植根于特定文化土壤与理论传统，并与社会发展的需求相结合。就西方符号学的知识传统来看，"东方中国符号"无论是作为对象，还是作为理论思考方式，都未能被恰当地纳入考虑。包括汉字在内的中华传统符号也仅仅是偶尔被作为"东方符号奇观"而加以误读式关照。这种忽略"文化生成生态"的"线性符号达尔文主义"①，其根本指向有悖于文化的多样性本质。

由上，摆在中国学者面前的课题，是对传播学和符号学的双重创新——既融通传统中国文化符号遗产，也接轨当下独特的中国传媒变革现实。在这场学术创新话语竞赛中，中国学者提出的理论模式或贡献，应然是基于中国问题生发的，同时关涉"人类意义共同体"的一般规律。由此，当下中国传播符号学者在国际学界的发声，也应有意识地从追随西方理论的阐释，转向融通中西与新意独出并重。其中，涉及中国的对象问题的思考，则必须走出"东方主义"式二元对立框架，以越出仅仅通过与"西方"的比较来实现自身意义的存在。同时，中国传统文化符号思想所蕴含的"意义"必须在"人类意义共同体"的整体语境下被关照和阐发——这应是中国传播符号学界努力方向，也是本套丛书的初衷。"传播符号学丛书"是四川大学"符号学-传媒学研究所"（ISMS）发起并策划出版的一套丛书，旨在推进"传播符号学"的学科建设。本套丛书包括"国际视野"与"理论探索"两个子系列：前者主要译介传播符号学领域的国外优秀成果，旨在展现国内外传播符号学交叉发展的前沿视野和最新动态；后者力图展现中国学者在传播符号学领域的探索和努力。此种兼容

---

① 胡易容：《符号达尔文主义及其反思：基于汉字演化生态的符号学解析》，《兰州大学学报》（社会科学版）2018年第3期。

并包的思路，是希望读者从这套丛书中能直观比较当前传播符号学国内外学者的视点，同时也在国际学术对话中为推动中国哲学社会科学话语体系的建构而尽绵薄之力。

胡易容

己亥夏四川大学竹林村

前　言

　　政治家、决策者、专家、文化企业家和媒体认为幸福的价值越来越重要，是21世纪西方社会最有趣的发展之一。在世纪之交，很难想象政党和政府会如此热衷于这样的政策，把幸福作为我们时代的伟大思想加以推进。然而，正如阿什利·弗劳利（Ashley Frawley）博士在本书中所言，幸福经常被作为20世纪旧政策一个真正进步的选择加以呈现。

　　从历史学和社会学的角度看，真正引人注目的是，幸福概念为何如此少地受到质疑。偶尔，个别人会遇到定义幸福或进一步阐明幸福概念的要求。决策者所谓幸福可以被有效测量的观点，一些人对之表示怀疑。另一些人则从技术层面和适用工具方面对其进行质疑。然而，就连许多幸福批评家，也含蓄地接受了推进幸福目标背后的假设。的确，把幸福理想化的道德斗士几乎不必辩解，因为幸福已经被当作一个理所当然的概念。

　　然而，正如弗劳利雄辩地指出的那样，现在，幸福成为一个问题是社会建构的结果。幸福成为一个问题，令人深感不安，它不断传达着这样一个观点——除非某些政策和治疗技术被采纳，我们大多数人不太可能健康幸福。它让我们相信，如果没有政治或治疗手段干预，我们就注定要陷入不幸福的状态。因此，幸福的神圣化是与人类主体情感和智力资源贬值的趋势相平行的。在社会问题不断被重塑为个人心理缺陷的世界中，幸福目标获得了救赎品格。但是，救赎只能通过专家干预才能实现。

　　幸福——或幸福的缺席——转变为一个社会问题，是推动政策和技术的前奏，这些政策和技术以人们的行为和情感为管理对象。以前，各种各样的道德家都主动承担起教导人们行善的责任。在当今时代，这一目标已经被让我们幸福的目标取代了。大多数的改革运动——就像推进以幸福为代表的改革运动——有一种将自己转变成狂热的，甚至是武断固执的运动之倾向。那些想让我们所有人幸福的人相信他们是在履行公共职责，不管我们喜不喜欢。然而，赫胥黎（Huxley）《美妙的新世界》里的"控制者"，不也希望我们享用"美味感"和"香嗅觉"吗？

当前的幸福改革运动的结果很可能是一种相对短暂的现象。但是，理解它的起源和它利用的文化资源，可以让我们在这个时代获得关于人类异化本质的重要见解。通过对幸福问题严格而有条理的重构，接下来的章节将解释，这个新政策崇拜如何为规避我们时代的社会问题提供了方法。

弗兰克·弗雷迪（Frank Furedi）

于英国肯特大学

致　谢

　　本书的写作得到了我在斯旺西大学和肯特大学朋友与同事的大力帮助。特别感谢弗兰克·弗雷迪、艾莉·李（Ellie Lee）、杰森·沃尔什（Jason Walsh）和阿尼卡·哈佛林（Anika Haverig），感谢他们对本书初稿的帮助和评点。英国社会学协会的幸福研究小组也帮助我厘清了好几个观点，我很感谢他们思想深刻的评论。最后，感谢我的家人，在我不在家的日子里，他们似乎从来没有抱怨过。

目录

幸福感符号学

1

幸福的"问题"

近年来，在广泛的学科领域，一般说来是在媒体之中，人们对幸福的兴趣经历了一个指数级的增长。幸福已经成为一个被公共政策和国家干预广泛认同且经常提及的目标。书店的书架上摆满了各种出版物，如《幸福之道》（柳博米尔斯基［Lyubomirsky］，2007）、《幸福假说》（海德特［Haidt］，2006）、《重塑正能量》（汉森［Hanson］，2013）和《荒诞的时代：为什么现代生活让人难以快乐》（福利［Foley］，2010）。世界各国政府都在考虑将"主观幸福感"测量作为进步的指标和评价政策的工具（斯蒂格利茨［Stiglitz］等，2009年；多兰和梅特卡夫［Dolan and Metcalfe］，2012；赫利韦尔［Helliwell］等，2013；科学技术议会办公室，2012；德明［Deeming］，2013）。人们对幸福问题的迷恋似乎源自一个持续不断的学术出版主题，从1999年宣布的"幸福经济学"到"积极心理学"亚学科建立，甚至几个专业期刊也得以创办，包括《幸福研究杂志》、《幸福与发展国际期刊》和《积极心理学杂志》。

尽管看起来人们对幸福的兴趣越来越浓厚——这代表着人们转而关注人类状况的"光明面"，但很明显，这些讨论并不是仅仅简单地庆祝人类的健康和幸福。早在2004年，报纸标题就开始宣扬存在一种"不幸福的流行病"（阿华加［Ahuja］，《泰晤士报》：2004；利思［Leith］，《每日电讯报》：2004；劳伦斯［Laurance］，《独立报》：2005；格里菲斯［Griffths]，《星期日泰晤士报》：2007），这种不幸福是"英国最糟糕的社会问题"（劳伦斯，《独立报》：2005）。大卫·卡梅伦（David Cameron）这样的政治公众人物在演讲时也宣称"我们有发达国家最不幸福的孩子"（卡梅伦，2007）。此前不久，对幸福的重新关注就已变得乱七八糟。决策者们不是简单地肯定，而是比较快地开始根据幸福发声采取行动，这一事实证明，这样的讨论并非一时风尚。英国一些较为突出的成果是：2010年国家统计局（ONS）提出建议，衡量和追踪幸福感或"主观幸福感"；受到美国学者理查德·泰勒（Richard Thaler）和卡斯·桑斯坦（Cass Sunstein）的深刻影响，2010年成立了内阁办公室"行为洞察小组"。理查德·泰勒和卡斯·桑斯坦在2008年出版了影响深远的著作《推动》（Nudge），主张"推动"人们做出更有利于健康、富有和幸福的决定。

从这些事态发展中得出的结论是，幸福已经成为一个西方社会面临的严重问题，事实上也是全世界的问题。我们大概忽视了个人和集体迫在眉睫的危险。人们痛苦、压力大、情绪低落，或者根本没有他们本应该有的快乐。"幸福科学"的倡导者宣称，人们是外行，追求幸福的方式是错误的。即使在幸福没有被明确表述为问题的时候，粗略地浏览一下新闻、学术研究和近年来无数智囊团的成果，任何人都可得出结论，世界上的许多问题（即便不是全部）都可以通过以下方式得以解决：重新定位个人甚至整个国家的信仰、欲望和目标，了解幸福的真正意义，以及如何最有效地追求它。以丰富的科学研究作后盾，幸福的钥匙似乎终于在人类掌握之中了。幸福科学的著名倡导者理查德·莱亚德（Richard Layard）宣称：

> 我们希望我们的统治者通过他们的行动使世界变得更好，我们也想做同样的事情。……因此，是时候重申启蒙运动的崇高哲学了。这个观点认为，每个人都想要幸福，每个人都同等重要。因此，进步是由人类幸福和苦难的总体规模来衡量的。而正确的行动就是在世界上产生最大的幸福和（尤其是）最小的不幸。我想不出任何更高贵的理想。（莱亚德，《卫报》：2009）

在这种鼓舞人心、激动人心的言辞中，很难想象一个人如何、为什么会质疑甚至反对旨在增加幸福感的活动，而这些活动是由幸福研究的实证检验结果来指导的。的确，正如幸福在公共话语中的用途研究将显示的那样，这是它变得如此受欢迎的部分原因。

幸福主题研究成果的绝对增长似乎是出于客观需要，是整体社会"求知欲"的需要。为了获得关于幸福的新信息，我倒是认为有更复杂的力量在起作用。本书不是认为这个问题理所当然地重要，而是询问如何以及为什么幸福感符号学成为传达日益增多的社会问题有吸引力且合理的手段。本书的关注重点，不是把幸福作为一个一旦发现就可以向所有人和所有时代揭示的抽象不变的对象，而是作为一组清晰可辨和不断重复的关于个人和世界的性质之主张，以及二者应该如何被理解甚至从根本上改变。正是这种"清晰可辨和不断重复的主张"，"幸福"成为构成以下章节重点的主要（虽然不仅仅是）能指。

尽管成百上千，也许是成千上万的作者、研究人员、记者和其他幸福科学的忠实支持者可能相信，他们只是在提出关于幸福本质以及生活应该如何进行的基于证据的事实，但我认为，他们实际上是在自己的文化面前举着一面镜子。这反映了人们对人的本质，尤其是在特定时间特定文化中，对人们彼此关系、人与世界关系的关注、曲解和信念转变。一个符号，随着它的展开，是指向其他东西的任何东西。如果我们剥去外延和内涵层次，我认为"幸福"作为一个公共问题，并不是提高或优化潜在心理状态的愿望之能指，甚至根本不是关于这些心理状态的。相反，正如我希望展现的那样，它是对变革的含蓄批判。它通过一系列打算描述幸福真实本性与进步之间的悖论，表达了一种对未来的恐惧，但它也确实表达了对未来不确定性根深蒂固的理解，以及随之而来维持现状的欲望。应该指出的是，虽然这里生成的观点可能适用于许多英美社会，但描述得最详细的案例都是英国社会的当代文化，以及幸福话语在那里的传播和发展。

为了把握公开辩论中符合现在幸福的意义，有必要退后一步，批判性地把它作为一种社会存在，而不是作为单纯的自然或经验现象加以审视。

本书探讨了公共话语中幸福感符号学如何转而形成一个显在的问题方向。它通过一种对倡导者或"幸福发声者"赋义实践的分析，通过一种对所描述问题和推进过程中所使用修辞的特征之核心幸福发声的解释，提供了一种将幸福提升到公众辩论前沿的替代理由。为了做到这一点，我以英国主要报纸为起点讨论幸福。选择报纸，不仅是因为其历史价值，而且还因为它们是一个日常生活中专门从事"协调日常意识"的机构。在这里，社会意义被创造、被争论，现实被"认证"为现实，而且这类认证定义并限定了有效反对术语（吉特林［Gitlin］，2003：2）。即使有所衰退，用它们解释当时最严肃问题的意义也是存在的，如果确实不是对普通大众中每个成员存在，至少对决策者而言存在。通过周密分析该问题在制度化过程中最重要时期最常重复的幸福发声，我试图展示，通用语言中的话语如何可能被认为具有历史偶然性，更具体地说，一个对人类优点明显积极的关注，如何不过是肯定了一个低期望值的道德，又如何含蓄地强调了被贬低了的个体流行文化的假设。

为什么选择"幸福"？

考虑到在公众辩论和学术辩论中使用的一系列符号资源，包括幸福（happiness）、福祉（well-being）、极乐（eudaimonia）和繁荣（flourishing），从一开始就有必要明确为什么选择幸福（happiness）作为主要关注点。首先，幸福是一种主要的"符号媒介"，通过这种媒介，关于存在一个新社会问题的幸福发声开始进入公共舞台。直到今天，正当许多倡导者试图与之保持距离的时候，它仍然能唤起普遍的共鸣。其次，它没有形成共识或一套标准化的能指，而且，虽然公共场合的讨论常常以各种方式尝试修改其含义，但它们仍然继续与通常应用于不同词语的相同定义互换使用。在其"科学性的"定义方面也没有达成任何一致，相反，某些术语以及定义它们的尝试都充满了特殊的修辞，这些修辞也都有与它们一样的一系列缺点。最后，尽管相关能指也被研究，但是，为了将分析集中于它随时间流逝而产生的发展和变化上，幸福被选为研究的主要关键词。虽然如此，因为新词语出现并反映了变化的重点和意义，本书所描述的"问题化"核心特征仍然保留了下来。为了简单起见，幸福是贯穿始终的主要术语，但将这项工作视为对幸福的问题化及其相关词汇的检验可能更为准确。这些问题及问题的核心特征在第 6 章中有更为详细的讨论。

两种解决社会问题的方法

仅在过去的十年里，丰富的幸福文献产量就表明，人们有许多方法可以研究这一现象。但是，这里的首要兴趣点，既不是抽象的幸福，也不是它更深层次的、"真实"的或哲学的意义，也不是它在世俗个体日常生活中的用法或追求。相反，焦点在于幸福的问题化——即声称幸福构成严重社会问题的幸福发声之兴起以及随后的成功，这些幸福发声认为个人和政府在追求幸福或其他目标时误入歧途，认为这些问题和许多相关问题，都可以根据幸福科学的发现，通过和谐地调整行为及政策而得以改善。

将幸福理解为一个社会问题，可以从两个角度进行。第一个可以从"客观主义"或"现实主义"方向考虑，这个方向反映了泛滥于大学讲堂和报纸专栏的绝大多数关于幸福的研究和发声。一般来说，这种方法试图将社会问题描述为客观上令人不安的状况，并就它们如何和为何出现提供解释。相比之下，更多"主观主义"或"阐释主义"（又称建构主义）方法考察了某些情况如何被构想为社会问题，并说明它们是如何被构造或"组合在一起"的。这些方法并不是整体单一的，而且就分析水平和社会学前景而言差别甚大。就其潜在本体论和认识论假设而言，建构主义视角明显不同，而现实主义视角的聚焦范围则涵盖了从个体生物学，甚或是基因层面，到微观、中观和宏观的社会层面。下文对这两种视角的概述，不仅是为了突出阐释主义者的独特观点，而且是为了洞察隐含于主流讨论中的基本假定，即把幸福作为面向当下的社会问题。

客观主义方法

从表面上看，"社会问题"一词的含义似乎是自明的；它们只是影响社会的有害情形（古德［Goode］和本 - 耶胡达［Ben-Yehuda］，2009：150）。在日常生活中，人们面临着大量关于新社会问题、它们的原因及其潜在解决办法的信息。无论人们如何认识和思考诸如犯罪、贫穷、种族主义和人口过剩等问题，它们似乎仍然对社会构成了严重的威胁（贝斯特［Best］，2004：14 - 15）。这种理解反映了客观主义方向，这种方向已经是历史上研究社会问题的主导方法，而且仍然是针对该主题的入门课程和教科书中组织社会问题教学最受欢迎的方法之一（莫斯［Mauss］，1992：1916 - 1921；贝斯特，2004：15；贝斯特，2008：4）。[1]这也是信息在大众媒体中呈现的主导方式，大众媒体无处不在，制造了潜在而无休止的、引发混乱情形的信息回路。以问题的存在作为出发点，客观主义方法通常与揭示、解释和提供社会问题解决方案有关（克拉克［Clarke］，2001：4）。

虽然这种方法在实践中有许多形式，并且包含了许多不同的、甚至相互矛盾的理论方向，但洛赛克（Loseke，2003a：164 - 165）却说它们具有许多共同点。除了检查作为出发点的客观有害情形，他们也倾向于持有一些关于什么样的情形无法忍受及其成因的特定观点（洛赛克，2003a：164）。例如，一个源于冲突理论的社会问题定义如此陈述："社会权力的分配是理解这些社会问题的关键。没有权力的人，因为他们被有权力的人支配，有可能在获得他们的基本需求（食物、安全、自尊和生产效率）方面受挫。相比之下，强者的利益却可以得到保证"（艾岑［Eitzen］等，2012：12）。这种观点所蕴含的社会世界视野，可以覆盖从异常行为的个体生物学、心理学或遗传学原因，到一系列冲突的根源，包括微观社会群体（同辈家人）互动、中观社会亚文化、地域群体或社会团体，最后是大规模的宏观社会根源，比如社会经济分化、压迫和统治（克拉克，2001：5 - 6）。最后，许多将其作为客观问题进行社会现象研究的人可能会以

"专家"的身份出现，他们提供了一个关于世界应该如何运行、麻烦状况和行为应该如何改变的"预后框架"的蓝图（洛赛克，2003a：165）。

从社会病理学到病态社会

当考虑到研究的历史发展时，研究社会问题的不同现实主义方法中的连续感是显而易见的。虽然发现社会问题和寻求解决方案似乎是人类永恒的追求，但下述观点有更近的起源：如果不幸的话，某些问题并不天然是人生需忍耐之部分，而是可以通过合理运用人类理性解决的问题。

启蒙运动的成就给 19 世纪的社会改革者留下了深刻的印象，他们寻求将科学方法应用于社会问题研究，在自然科学领域发展以后模拟社会学实践（克拉克，2001：4；鲁宾顿［Rubington］和温伯格［Weinberg］，2003：15）。早期社会理论家将他们的分析植根于将社会作为生物有机体的视野中，它的问题呈现了整体正常运行的障碍。众所周知，斯宾塞（Spencer）反思了国家政体的复杂结构——从循环系统（利润和商品流通）的"营养过剩"到大脑"平衡"中心（议会）（斯宾塞，1891：290，303）。从这个角度来看，有缺陷的安排或个体被认为是堕落、退化或"病态"的，折磨着本应健康的社会肌体。因此，一部早期教科书告诉学生，"缺陷是进化的一个事件"，而且"生物学家为社会学准备了部分数据"（亨德森［Henderson］，1901：12）。后来，社会病理学家们将社会问题归因为不正确的或无效的社会化以及错误价值观的灌输。正如鲁宾顿和温伯格（2003：18）所描述的那样，"在这种观点'温柔的'语气中，造成社会问题的人被认为是'病态的'；在其粗暴的语气中，他们被认为是'有罪的'"。

尽管如此，随着社会问题研究的理论方法在 20 世纪中期逐渐衰落，社会病理学的痕迹仍然可以在当代客观主义者对大众媒体中社会问题的叙述中辨别出来。而且，正如诺切拉和亚姆罗齐克（Nocella and Jamrozik，1998：18）宣称的那样，这种痕迹也可在"社会控制领域"（公共政策、行政机关和"服务提供机构"）中发现。这些"社会控制领域"保留着一种用社会心理学、生物学和行为学术语解释异常行为和不服从的倾向。正如我们将在本书中看到的那样，正是诸如此类的概念化支配客观主义者把幸福解释为一个社会问题。然而，尽管隐含在早期客观主义叙述中那种把社会视为健康肌体的传统观念可能已经失宠，但它的基本假设并没有随着它们的改变而消亡。

对社会问题的早期治疗受到了批评，米尔斯（Mills, 1943: 166, 179）将其原因概括为缺乏任何"将它们组织在一起的抽象水平"，并且在本质上是"为那些完全与小城镇、中产阶级环境相联系的规范和特征之一致性做宣传"。然而，随着向更高的合理性和自由发展，此种概念化的指导思想已经是一种进步的社会观念。启蒙运动赋予向"乌托邦终点"直线前进的最初宗教观念一个最终的世俗形式，而且"完美主义精神变得与理性诉求密不可分"（亚历山大［Alexander］，1990: 16）。理论家们将社会问题视为"进步远征军"的障碍（尽管指的是相当狭义的利益），并认为这个障碍能够被理性地理解并被根除（鲁宾顿和温伯格，2003: 16 - 17）。然而，这个潜在精神在 20 世纪受到根本性挑战并最终发生变化，导致"一种极度的可能性被置于怀疑之境，而这种可能性有一个更高的目标、有一个社会应该为之奋斗的'终点'"（亚历山大，1990: 16, 26）。20 世纪 60 年代的反主流文化开始把社会看成"病态的"，对问题的分析开始在社会而不是个人身上找病因。正如鲁宾顿和温伯格（2003: 19）所描述的那样，当代方法"对于社会的缺陷感到愤慨，对他们的预测也不那么乐观。最让人气愤的是，社会病态是整体的、可传播的，可能会使整个人群失去人性"。

因此，有一种逆转的感觉，这种逆转是，问题的情形以及曾经被看作别的健康社会秩序病态副产品的人，现在被认为可能被一种疾病或"病态的"社会"传染"。勒普顿（Lupton, 1995: 48）对当代健康促进的研究，描述了公共卫生辩论如何经常将个人描述为"不同于社会"，以及把社会描述为"具有侵入个人的潜力"。社会问题越来越多地通过健康和疾病的语言表达出来，不健康则作为"文明病的一个症状"和"现代生活正在天生地损害健康的符号"而被概念化（勒普顿，1995: 51）。过去的方法是，像对不合格产品的生产责任一样高度重视单个的非正常人。与其类似，更多最近的方法，尽管表面是对社会结构的控诉，但也倾向于将个体置于社会问题讨论的中心。据鲁宾顿和温伯格（2003：19）所述：

> （社会病理学）最近的变种，倾向于把社会而非其不合格的成员视为"病态的"，其根源在于卢梭关于人性的观点。个体是好的；另一方面，他们的制度是坏的。然而，即使是现代病理学家们也将"病态"制度的补救办法视为人民价值观的改变。因此，根据这个观点，社会问题唯一真正的解决办法就是道德教育。

然而，也许更准确地说，在此概念化的过程中，善良这个人类的本质特征已经变得脆弱。支撑目前社会问题讨论的文化叙述，含蓄地强调了人类对社会传染病而言很脆弱的观念，既有来自外部世界的压力，又有来自他人的影响，他们需要不断的治疗帮助和指导。逐渐地，出现了一个转变，从强调诸如理性或弹性品质的早期叙述，转向了 21 世纪初期的脆弱叙述（弗雷迪，2007：235）。正如普帕瓦克（2001：360）所观察到的，"19世纪那种敢于冒险、靠自我奋斗成功的原型是 21 世纪那种不愿承担风险的脆弱受害者典型的对立面，他们的行动和环境都要受到预防原则的约束"。

在弗兰肯伯格（Frankenberg）等进行的一项研究中（2000），为了探讨儿童疾病和损伤如何被体验和治疗，正如作者最初设想的那样，受到他们影响的少数儿童与未受影响的儿童相比，作者们很快得知这种区分是不可能的。更确切地说，不仅所有在他们种族中遇到的孩子都被认为是脆弱的，而且卷入的成年人也都似乎认为他们自己和别人一样很脆弱。然而，对于作者来说，脆弱性观念很难证实，同样在所有语境中也并不呈现为一个特定的可辨认现象，也不是特定儿童一个"被嵌入的"或"表现出来的"特征，而是呈现为一个自由浮动的社会类别（弗兰肯伯格等，2000：591-592）。正如作者所说：

> 从某种意义上说，特定个体的整个类别是社会性的，例如儿童，

从定义上说是属于这种情形的自明候选人；从另一种意义上说，特定个体的整个类别也是社会性的：人们认为儿童个体的脆弱性是由于和通过其他人的行为促成的，这些人通常是成年人，他们的恶意、无知或者保护和教养不力（确实是他们自身的脆弱性）导致了孩子的脆弱性。（弗兰肯伯格等，2000：589，删去了原文的强调）

因此，脆弱性概念作为一种文化隐喻，是一系列群体为了描述个体和群体特征以及描述日益多样化的大量人类经验而利用的资源（弗雷迪，2005：77）。根据弗兰肯伯格等人的说法，脆弱意味着：

……缺乏基于误解的现实机构，或者更准确地说，彻底缺乏对有害环境和情况的了解，最终呈现为要求仁慈的他人提供一个保护性的防线，使其中脆弱性的破坏性影响可以得到控制。简而言之，在这个框架中，脆弱性表现为缺乏世俗性，在艰难的生活中拥有一个没有鉴别力的、天真的个体。（2000：589）

这是有关人类状况的一种观点，这种观点强调脆弱性并"严重怀疑自我应付新挑战和应对逆境的能力"（弗雷迪，2005：76）。"作为一种文化隐喻，脆弱性被用来强调人和他们的社群缺乏应对变化和做出选择所必需的情感和心理资源的主张"（弗雷迪，2005：76）。

在新的社会问题运动中，这也是一个潜在的强大修辞武器，充当着一个"社会和政治行动中形式非常特殊的实质性刺激"（弗兰肯伯格等，2000：591）。贝斯特（1999）描述了自20世纪60年代以来，人们如何在新的社会问题发声中越来越强调牺牲。在20世纪70年代初推出之后，"指责受害者"的"悦耳的"修辞作为一种描述手段很快变得流行，不仅描述了不公正社会结构的下层受害者，而且描述了越来越广泛的人群。通过强调受害者的痛苦——"脆弱的、可敬的无辜者，被更强大的、不正常的陌生人所利用"——对新社会问题的关注跨越了传统的政治界限（贝斯特，1999：98）。根据贝斯特（1999：99）的说法："它的部分吸引力可能是它的模糊性；它让人们发现受害者，而不必责怪恶棍。"

尽管以这种方式描述问题可能是一个将公众注意力转向许多所谓不公正的成功手段，但这种概念化可能会产生一点儿可疑的影响。例如，温赖特（Wainwright，2008：88 - 89）观察到，"工作压力受害者"的身份虽然被一些人视为"对资本主义生产关系的批评和对重新设计工作的命令"，但实际上已经从雇主那里产生了"极少的和治疗的"回应，"例如，在工作或控制的要求中包含压力管理和咨询干预概论，而不是彻底变革"。

这种关注病态社会受害者脆弱性转向的另一个结果是，不再倾向于将人类视为能够通过理性的力量来克服问题的自主理性主体。正如普帕瓦茨（Pupavac，2001：360）观察到的，"自主理性主体的观念被认为对世界上大多数人口而言不具代表性"。例如，大卫·布鲁克斯（David Brooks，2011）在其畅销书《社会动物》中，详细叙述了对 20 世纪人们尝试处理社会问题的失望，从人们无力控制资本主义繁荣萧条周期到教育成就不高，推断出这些失败的根源在于人们对人类理性过度依赖。与之相对照，布鲁克斯则认为，必须更多地强调整合关于无意识驱动力量的知识，具体地说，就是带着获得"人类繁荣"的目标，和另一种不是强调物质收益而是强调"心灵角色"的"成功故事"，强调"基因如何塑造个人生活，大脑化学物质如何在特定情况下运作，家庭结构和文化模式如何能够在特定情况下影响发展"（布鲁克斯，2011：x - xvi）。问题如何被概念化也会影响到解决方案的提出。在这样的报告中，在挑出社会结构作为"恶棍"的同时，变革的建议却一边倒地倾向于关注个人的生活和心灵，这一点也不奇怪。

对人类脆弱性模式的普遍接受和对受害者的关注，是关于完美社会的信仰下降和"别无选择"社会思想上升的一个必然结果。本书的中心论点之一是，社会弊病概念化的这些总体趋势作为一个社会问题贯穿于现实主义者的幸福报告中，它将个体和群体的脆弱性和敏感性聚焦于病态的机构和社会结构的负面影响。然而，某一天通过现实的、物质的方式改变这些社会结构的可能性被微妙地驳回，取而代之的是将注意力转向个体此时此地的行为、信仰和内在主体性之上。

主观主义方法

与之后被视为提供分析数据的"幸福发声者"的"幸福发声"将幸福作为社会问题的现实主义叙述一起，这些详细的观点形成了后面分析的出发点。这样做的时候，我对社会弊病的研究坚定地采取了更多"主观主义"的方向。社会问题能够通过人类理性的合理应用得以解决，虽然这个观点本身并没有什么错误，但是，转向使特定类型的知识概念化并强调它，已经倾向于产生相反的结果：对社会和人类潜力形成固定的看法。正如接下来章节旨在展现的那样，带有客观可识别决定因素的，作为客观现象的幸福疗法，除了我们对它的概念化之外，还容易被一系列变量培养或损害，这种幸福疗法是有问题的，因为它们扬言在调解外部现实和生理反应时不顾主体性的关键作用。此外，在将条件定义为有问题和要使这些问题发声引起他人注意时，一个更主观的方向使人们注意到人类行动者的关键作用。做这件事的手段，以及此类主张的成功是一种文化的重要指标，该种文化热衷于通过个性化的情感语言表达社会问题。

社会问题的主观主义研究方法最初起因于对早期客观主义报告中某些缺点的不满。客观主义方法至少面临着三个挑战。首先，许多不同问题经常在"社会问题"标签下被集合在一起，它们很少被统一在理论抽象的层面。其次，社会问题观念随着时间推移而发生变化，而且很少尝试对被视为可接受情况或那些在不同时间和地点集体未被注意到但有可能在其他情况下成为严重问题的事实进行解释。最后，尽管对有问题的情况调查看似无穷无尽，但"社会问题"的概念就其本身而言极少影响一般理论（贝斯特，2004：15-16）。贝克尔（Becker）在20世纪60年代初反对社会学解释，这些解释把"异常行为定义为对一些议定规则的违反"，继续"追问是谁打破了规则，并在有可能对他们违法行为进行解释的人格、生活状况中寻找原因"（1963：8），这概括了当时提出的许多反对意见。正如贝克尔著名的论断，异常行为不是普遍的而是主观的："异常的人是一个被成

功地贴上标签的人；异常行为是人们如此标记的行为。"（1963：9）

这种社会问题定义方法大体上可以追溯到乔治·赫伯特·米德（George Herbert Mead）的实用主义及其人类现实是社会互动产物的观点。根据米德的说法，"个体心灵只能与能共享意义的其他心灵一同存在"（1982：5）。对于米德的学生赫伯特·布鲁姆（Herbert Blumer）而言，这个象征性互动观点的中心原则之一就是，"作为人类，我们在事物对我们而言具有意义的基础上，单独地、集体地、社会地行动起来"（1956：686）。的确，是布鲁姆首先确认了社会问题需要一种社会学方法，这种方法不是简单地在客观世界中寻找原因和解决方案，而是"研究社会看待、定义、处理社会问题的过程"（1971：300－301）。

但是，直到几年之后，马尔科姆·斯佩克特（Malcolm Spector）和约翰·I. 基特苏斯（John I. Kitsuse）才在《构建社会问题》中第一次对社会问题进行社会学的系统阐述。对于斯佩克特和基特苏斯来说，社会问题并不必然是已经紧迫到社会必须做出回应的客观现象。相反，它们从根本上说是形成社会互动过程的活动。它们是积极收集不同现象的个体共同努力的产物，这些个体将不同现象描述为属于某种特定类型的问题，并试图让这个问题引起他人注意（斯佩克特和基特苏斯，2001：75－78）。这些活动是构成公共问题的社会现实。因此，说一个问题是"被建构的"暗指在建构过程中人类合作不可或缺的作用——这一建构过程通过交流留下的痕迹，制造了可见的，因而也是经得起检验的研究。

很明显，这样设想社会问题具有相当多的符号学维度。它们是人类的表达形式，是用词语、图像和符号表达和生产意义的活动。正如古斯菲尔德（Gusfield，1981：3）对酒驾问题的符号和象征分析那样：

> 人类成熟的、宣布出来的问题，不会在旁观者的意识中突然出现。即使要承认一种处境的痛苦，也需要一个系统来对事件进行分类和定义。所有被人们作为痛苦体验的情况，都不会成为公共行为事件和公共行动目标。它们也不会在任何时候都给予所有人相同的意思。

艾柯（Eco，1984：15）指出，"任何自然事件都可以是一个符号"，这提醒人们，即使是从地震到火山喷发这些看似最直接的现象，也不会以预先包装好的形式呈现给人类意识。无论这种事件是偶然、天意还是人类共谋，都依赖存在于一个特定解释群体中的优势符码。"对符号的理解不仅仅是一个（稳定等价的）认识问题；它是一个解释问题。"（艾柯，1984：43）

此外，正如古斯菲尔德在上文提及的，用来理解和表达社会问题的符号资源随时间而变化。随着时间推移，它们不仅在公共辩论和因果关系以及解释权力的转移中相对突出，而且在能指和所指之间的传统联系转移中也相对突出。根据韩礼德（Halliday，1978：192）的说法，符号学的资源没有普遍的、真实的意义，而只是一个从未真正固定的"意义潜能"。这种符号学潜能是由过去和现在的用法构成的，但也存在着以迄今尚未实现的形式存在的潜在意义潜能。随着这些资源被卷入社会交流领域，并且使用者根据需要和兴趣而被迫采取行动，这个潜能的各个方面就得以实现（范李文［van Leeuwen］，2005：4）。然而，这并不意味着归因于特定符号资源的意义是完全开放的。文化并没有充分利用"赋予事件意义的全部可能条件"（古斯菲尔德，1989：16），也没有充分利用给定能指所有可想象的潜能。更重要的是，在"社会生活中，人们不断尝试修正和控制符号资源的用途"，并"为他们所制订的规则辩护"（范李文，2005：5）。

在基特苏斯和斯佩克特（1975：593）对社会问题解释社会学中心问题的初步建议之后，这些活动，即我称为"发声"（claims - making）的那些活动，对理解新社会问题之发展是不可或缺的。一个社会问题的成功在很大程度上依赖于发声者的活动、他们在社会中的角色、彼此之间的联系、对这个问题的献身精神以及他们对各自解释社群中优势符码的熟悉程度和天资能力。这种方法在第3章和第4章中有更彻底的阐述，该方法提出了各种不同的问题，这些问题以社会中幸福问题的存在为起点，继而描述幸福问题的范围、原因和解决方案。相反，它努力批判性地审查已经在各种公共辩论领域取得巨大成功的其他人的活动。因此，它不是问为什么社会突然变得不幸福，而是问为什么用快乐和不快乐的语言把社会问题概念化突然变得有吸引力。

解决社会问题的主观主义方向的主要好处在于，它通过含蓄的人类，以某种社会规定的和理所当然的方式，对世界概念化的必然性提出了质疑。正如前面章节提到的，每一个社会问题建构都涉及一个随之而来的对人类主体的建构。目前强调的是人的主体，即"典型地受情感缺陷的折磨"和"具有永久的脆弱意识"的主体（弗雷迪，2004：21）倾向于假定一个被贬低的确定主题。这是人类的一种幻觉，其"代表性事例"，用肯尼斯·伯克（Kenneth Burke）的话来说，就是"对刺激的一种被动和预先决定的反应"（古斯菲尔德，1989：9）。粗略地浏览一下揭示"主观幸福感社会决定因素"的幸福指数及研究重点就会明白，它们揭示出描述人类情感是一系列直接的、无中介的反应。认为情绪是可以被"确定"的观念，甚至在社交方面，也忘记了在刺激和反应之间还存在着符号。正如伯克指出的那样，"刺激不具有绝对的意义……任何特定情况的特征都来自我们判断的整个框架"（伯克，1984：35）。

一种解释性的和符号学的方法开启了对主导形象、框架和"常识"的质疑，这种"常识"以一种掩盖其历史决定论的必然性幌子来"打扮现实"（巴特［Barthes］，1980：11）。我不想把社会和个人看成是容易相互传染伤害的割裂部分，而是想要提醒和暗示，以不同方式看待人类是可能的。要做到这一点，一部分努力在于质疑那些试图限制人性可能性、试图把现在的界限设想为永恒、试图以一种真理的光环来灌输这种解释以使它看起来不容置疑的解释。

为此，我将在接下来的章节中，将幸福建构视为数个层次的社会问题。在第 2 章中，我试图解释清楚新闻媒体提出幸福发声的历史文化语境，目的在于提供必要的"参考框架"，以决定在幸福作为一个特定能指的建构中"哪些意义结构被利用"（丹尼希［Danesi］，2002：26）。它引出了"繁荣的悖论"——尽管财富增加了，但人们并没有感到更快乐——作为许多学者和随之而来的媒体兴趣背后的驱动力。总体而言，通过追溯这一悖论的知识谱系和对物质进步的态度，质疑了淡化前者是否真的与它最初一样激进和"左倾"。第 3 章和第 4 章在语境理解和另外两种理解——即对幸福发声过程的理解和对社会问题发声修辞意义的理解——之间搭上了桥梁。它们共同为理解随后各章中所使用的理论和分析工具提供了基础，将社会符号学和建构主义方法的观点与社会问题相结合。

利用对报纸档案的广泛分析，以及追踪其他媒体和公共政策中揭露出的贯穿其表达的主题，第 5 章提供了从 20 世纪初到 90 年代第一次"发现问题"期间公共讨论中关于幸福使用情况变化的历时性概述。幸福的历史不是作为抽象的理想给定的，而是作为一种符号学资源给定，这个符号学资源与社会问题发声关联使用是最近才出现的。第 6 章概述了 2010 年之前幸福的问题化，当时这个问题在英国社会政策中得到了高度赞同并成为制度。第 7 章试图识别问题发声、发声者及其彼此关系的突出来源。第 8 章研究了专业幸福知识在幸福问题化过程中的作用以及它在美国的传播情况。第 9 章提供了一个用于描述问题特征的关键词"符号学清单"，并将这些关键词置于幸福发声的修辞和竞争语境中加以考虑。最后，第 10 章提供了一份清单，列出了报纸关于幸福的论述，使用论据、正当理由和推论作为分析工具。它以一系列发声、一种文化"神话"，揭示了什么是幸福的问题，这种神话通过个性化和自然化的方式使问题非政治化（巴特，1980：142 - 143）。

2

一个适宜发声的语境

幸福发声与其历史和文化话语密切相关，这些话语限制了幸福发声的意义范围。虽然人们习惯于把幸福的历史追溯到古希腊，或者追溯到一些普遍的、永恒的人类探索，但我认为，目前对幸福的兴趣产生并不久。有很多原因可以解释为什么幸福是对社会问题的一个合理且有吸引力的描述。然而，在接下来的讨论中，我认为在人们愈发不相信完美社会的情况下，这样的观点变得更有力，而巨大的市场优势已经把个人领域和人际领域从少数几个点变革为一个开放的空间。这些趋势为个人和社会弊病的治疗观念提供了一个适宜的环境，幸福在其中做出了最新的贡献。

当然，仅凭语境还不足以解释为什么幸福会成为问题。总体而言，下一章所描述的理论和方法论工具也能帮助理解这一现象。但是，如果不考虑幸福发声的意义和特点所依赖的更广泛的社会历史背景，这些因素就失去了说服力。正如克雷斯和霍奇（Kress and Hodge，1988：229）所指出的，"能指的结构本身就是此前的社会协商和争论过程之结果，所以能指和所指的关系并不是任意的，而是在某一特定时刻的社会关系状态"。为了从构成本研究焦点的新闻媒体文本中"提取意义"，"人们必须了解这个网络并了解建立这个网络的含义"（丹尼希，2002：26）。

财富的 "悖论"

幸福涵盖了许多话题，其中最重要的就是对财富的关注，以及对经济繁荣昌盛带来的有害影响的关注。这个关注通常情况下通过 "财富悖论" 修辞来表达——人们并不会因为财富的增加而感到快乐——这一观点已经成为许多学术兴趣及随后媒体兴趣的驱动力。这一 "悖论" 是通向新涌现出的、关于幸福新科学整体发声的门户。人们在最初的发声中反复强调关于幸福的问题。从对幸福概念的不断重复和在大众媒体上引起的反响来看，人们的确开始注意幸福问题。因此，财富悖论的知识基础具有一定的回顾性，考虑到它有超越政治边界的倾向，又具有一定的语境清晰性。

绝大多数关于幸福的研究来自心理学学科和经济学学科。1998 年，心理学家马丁·塞利格曼 (Martin Seligman) 被任命为美国心理协会主席后，提出了他所谓的 "积极心理学" (塞利格曼，1999：560)，即 "人类力量新科学" 的计划。新的分支学科旨在成为一种 "积极的主观经验科学，积极的个人品质和制度"，力图 "提高生活质量，防止生活贫瘠和无意义时产生病态" (塞利格曼和契克森米哈伊 [Csikszentmihalyi]，2000：5)。积极心理学把学科重点放在病理学和一群因没有积极生活态度而浑浑噩噩的人群身上 (塞利格曼和奇凯岑特米哈伊，2000：5)。在那期间，创办了很多期刊，比如多学科研究的《幸福研究期刊》，搜集现存幸福文献，包括许多在社会指标研究领域获得声望的、倾向于主观方向研究的重要文献。[1]经济学对幸福的兴趣也持续增长，经济学借用心理学的研究方法，并与之分享严格建立在调查和实验数据基础上的证据 (卡莱尔和汉隆 [Carlisle and Hanlon]，2007：265)。[2]

但是，从 20 世纪中叶出现的首批零散研究到当今蓬勃发展的跨学科研究，人们的兴趣同把财富作为衡量进步的尺度和作为个人实现的根源之核心观念密不可分。塞利格曼在最初宣布积极心理学计划时首先表示：

独自站在经济和政治领导的顶峰上，美国可以继续增加物质财富，同时忽视我国人民和地球上他国人民的需要。这样的进程很可能会使美国愈发自私，使幸运者和不幸者愈发疏远，最终导致人类的混乱和绝望。（塞利格曼，1999：560）

针对这一点，塞利格曼断言，"心理学可以发挥非常重要的作用"，阐明"美好生活"的经验观点（1999：560）。关于经济利益人们也有类似的忧虑。布鲁尼和波塔两位心理学家于1971年发表了一篇名为《享乐相对主义》和《美好社会的规划》的论文（布鲁尼和波塔［Bruni and Porta］，2007：xiv），[3]2007年又出版了一部《幸福经济学》。布鲁尼和波塔认为，"改善生活的客观条件（收入或财富）对个人福利没有持久的影响"，这一观点被认为是关于幸福在经济领域研究的新起点。另一篇文章开头便提出了一系列问题："为什么经济学家、金融分析师、政治家和媒体都把增长措施当作人类进步的关键指标？"（阿涅斯基［Anielski］，2007：1）一篇针对"幸福经济学"发展的评论也写道："现代经济政策旨在稳定经济的增长。"相反，亚里士多德把"幸福"定义为"**自给自足**"。因此，幸福与我们今天要达成的目标之间存在明显的距离。（穆勒［Müller］，2009：1－2，强调为原文所加）

对物质发展的关注不仅成了许多经济利益的出发点，而且正如随后章节所显示的那样，也成为当代关于幸福作为一个社会问题的核心发声。经济学家理查德·伊斯特林［Richard Easterlin］在1974年发表的一篇论文中经常提到，不断增长的财富（通常指的是经济增长或GDP）是与幸福无关的，甚至是有害的。例如，理查德·莱亚德的《幸福：新科学的教训》开篇就问："出了什么问题？"他回答说，"我们生活的中心存在一个悖论。大多数人都想要努力争取更多。然而，随着西方社会越来越富裕，他们的人民也变得越不快乐"（莱亚德，2005b：3）。这种说法往往伴随着一系列的图表，最常见的是一个描绘"幸福率"的图表，这一"幸福率"图表呈现稳步攀升的GDP变化同幸福率的关系。内阁办公室行为洞察小组现任负责人大卫·哈尔彭（David Halpern）认为这个悖论是"当代经济学中最大的难题"（哈尔彭，2010：2）。

哈尔彭提到的"难题"来自伊斯特林（1974），后者对 20 世纪 40 年代以来搜集的发达国家和发展中国家的生活满意度数据进行了比较，最后得出结论：虽然较富裕的个体比不富裕的个体有更高的幸福感，但富裕国家在平均情况下并不比贫穷国家的整体幸福感更高，随着时间的推移，富裕国家的居民也会倾向于认为自己不快乐。因此，伊斯特林认为，增加绝对财富是事与愿违的，因为接受者只会同他人比较并提高自己的期望值。虽然他们以绝对客观的方式获得了财富，却无法以主观的方式获得收益。简而言之，幸福是适应性的、相对的，只是暂时与客观状况相关联。这些结果也在当时颇具影响力的政治期刊《公共利益》（*The Public Interest*）上引起了人们的交流。伊斯特林还补充说，这一论点指向了"令人不安的结论"，即我们"陷入了物质的竞争"（伊斯特林，1973：10）。

在接下来的几年里，这些论断在许多出版物中都得到了回应，比如在西托夫斯基（Scitovsky）的《不快乐的经济》（1992）中，赫希（Hirsch，1977）关于"发展的社会限制"（social limits to growth）的概念和弗兰克（1985）的《选择正确的池塘》以及后来的《奢侈病》（1999）。但在过去的十年中，这一明显的"繁荣悖论"经历了戏剧性腾飞，催生了大量学术与流行出版物，这些出版物在学界的分析中占据了核心地位。[4] 通常得出的结论是，如果一个特定的现象不能被观察到与增加的幸福感相关，那么我们就应当从根本上对这种追求，或至少说对其重要性提出质疑。

然而，关于伊斯特林结论的重要讨论和辩论，直到这些结论出版后近 20 年才出现。其中一个最早的辩论，是由温霍芬（Veenhoven，1991）提出的。他既质疑了数据（陈述在贫穷国家中收入特别重要的数据），又质疑了对数据的阐释。他的观点在当时迅速传播，认为幸福不是依靠客观的物质，而是依靠主观的比较。他引发了人们对潜在"意识形态含义"的关注，包括为禁欲主义辩护、"对进步绝望"，以及把人类理性抛入怀疑（温霍芬，1991：7-8）。关于后者，他指出，这个最关键问题的重要性无异于启蒙运动发现"人类有足够的智慧来做出自己的选择"（温霍芬，1991：8）。如果他们"通过幻觉而不是物质而感到快乐，那么他们就很难保持理性并做出自己的选择"（温霍芬，1991：8）。如今这一观点仍有市场，温霍芬成为这些他所称"耸人听闻的发声"的批评者之一（温霍芬，1991：2）。

围绕这一悖论的学术争议一直持续到新千年（参见伊斯特林，1995，2001；哈格蒂［Hagerty］和温霍芬，2003；伊斯特林，2005；温霍芬和哈格蒂，2006；伊斯特林等，2010），最终温霍芬给出了一个"基本需求"的阐释（温霍芬，2009：59-60），认为"幸福需要的是宜居的条件，而不是天堂"（温霍芬，2003：1）。史蒂文森和沃尔弗斯（Stevenson and Wolfers，2008）对数据也重新进行了审视，并没有发现"悖论"的证据，而且也没有发现"幸福感随着收入增加而停止增长"的"满足点"。[5]关于幸福的可测量性及其与财富测量的可比性也成了人们思考的问题。正如约翰和奥姆罗德（Johns and Ormerod，2007：31）所指出的那样，"幸福通常用总分为3分的问卷来衡量，其中3分表示"非常快乐"。更高层次的幸福没有选项。因此，即使实际上达到了更高的幸福水平，调查也无法追踪到这一点。这一批评同样适用于更复杂的、使用总分为10分的问卷调查。为了使幸福水平与国内生产总值同步增长，22%的人口在短短四年内必须实现"幸福感的一次飞跃"（约翰和奥姆罗德，2007：32）。其他一些人对于悖论的基本假设及其在公共政策中的适用性提出了类似的担忧（布斯［Booth］，2012；怀特［Whyte］，2013）。不过，正如奥姆罗德所言，批评的存在并没有阻碍进一步探讨这个问题："尽管存在不稳定的基础，在为政策制定提供参考时相对收入幸福假说仍然会被采用。"（2007：46）

上述批评很可能没有取得什么实质性效果，因为支持使用幸福统计，比质疑使用幸福统计，在寻求社会变革的过程中更有吸引力。对于那些希望把过去半个多世纪以来的所有发展都看作为了使人们更幸福的人而言，幸福统计做出的贡献很小。但是斯诺登（Snowdon，2012：98）指出："对于那些希望证明某些东西没有使我们更快乐的人来说……［表示幸福水平的］那毫无感情色彩的直线几乎可以让所有叙述更为生动。"尽管一根趋势线根本描绘不出任何趋势，也无法从中解读出多少有用的信息，但在幸福发声者手中，它依然能够成为判断任何事情对错的、强有力的能指。幸福指数成为所有现代社会问题的指标，是对现代性本身的批判。

财富与社会的完善

尽管很少有人怀疑这个激进论点的证据，但财富与幸福之间的联系真的就像最初看起来那样激进或"左倾"吗？为了把握这种问题化所反映的思维方式的转变，我们有必要将这些观点还原至历史语境中。特别是当人们对物质进步的好处感到矛盾时，往往会形成这样的结论：人类的渴望只不过是一种"享乐的跑步机"，带来的是：不断地追求却获得的越来越少（伊斯特林，1974；伊斯特林，1995；迪纳［Diener］，2000；卡内曼［Kahneman］等，2004；卡内曼和克鲁格［Krueger］，2006），或者说经济增长对个人和整个社会是有误导性的，甚至是有害的（弗兰克［Frank］，1999；莱亚德，2005b；希姆斯［Simms］和伍德沃德［Woodward］，2006；詹姆斯［James］，2007；范登伯格［van den Bergh］，2007；希姆斯等，2010）。

在过去的十年中，这种所谓的经济增长与幸福脱节的观点已经获得了前所未有的重视。即使那些针对幸福兴趣越来越大的批评观点也承认，这个想法很有吸引力，因为它代表着对消费文化和"个人主义的竞争社会"的积极挑战（肖和塔普林［Shaw and Taplin］，2007：361）。克伦比（Cromby，2011：842）注意到，在"由利润动机主导，充满消费需求"和"越来越多的人认识到需要可持续性经济增长"的背景下，把人们的"思想和情感"置于政策制定中心地位的可能性具有"不可否认的吸引力"。尽管关于幸福推广所采取的形式可能存在分歧，限制消费的观念却经常无可争议。幸福的风险在于可能被"许多人不加批判地认为是资本主义社会美好生活之一部分"，并被当作另一种商品来追求。对此，卡莱尔和汉隆

（2008：267）辩解说"越来越多的人似乎意识到过度消费的缺点"，并指出，社会运动中"过简朴生活"的兴起表明，幸福可以抵制"追求更大的社会和全球公平"的新自由主义冲动。

然而，从更长远的眼光来看物质财富在社会中所扮演角色，不断增长的富裕并不像今天人们所看到的那样，总是与"左倾"或激进的思想相对立。不应忽略的是，16 世纪和 17 世纪生产能力的发展在当时就是一场革命。生产能力挑战了几个世纪以来僵化的阶级结构造成的财富聚积，并见证了宗教权力的衰落，使现有的秩序合法化。18 世纪的革命开始要求自由权利和法律平等。关于人类完美性的观念开始与古典理想（通过与上帝结合而达到有限完美）决裂，转而期待"无限扩展的道德改善"（帕斯莫尔［Passmore］，2000：158）。例如，奥古斯特·孔德（Auguste Comte）认为"哲学研究的对象就是人类生命的系统观，认为哲学就是人类修改自身不完美处的基础"（孔德，1853：8）。财富被看作这一过程的内在组成部分。孔德写到，"人类的进步与物质的进步是分不开的"（孔德，1853：222）。人类的理性和新发现的富足旨在解决问题，属于神圣社会秩序的自然或天定成分。

爱尔兰历史学家 J. B. 伯里（J. B. Bury）在 1920 年撰文认为，亚当·斯密的《国富论》是"处理社会问题的最伟大的作品"，"不仅仅是关于经济原则的契约，还蕴含着人类社会渐进式经济发展的历史，显示了对财富和幸福无限增长的期待"（1920：55）。这样的想法并不是简单地反映了"自由市场"折中主义或为斯密辩护。对财富和生产力增长的乐观主义鼓舞了许多有说服力的启蒙思想家。虽然他们的出发点是在最广泛的意义上关注知识和社会，但他们认为"进步理论的支点就是经济发展"，"科学变革引发经济变革，进而引发道德变革"（弗里德曼［Friedman］，2005：31）。这是老式统治阶级成员的想法，他们生怕经济弱势群体出现财富增长。早期的无政府主义思想家威廉·戈德温（William Godwin）认为，消除贫困是为了让人类从卑微的劳动和奴役中解脱出来。他指出，国王有时会对进步思想感到恐惧，而且经常将臣民的安逸和思想视为统治者自身恐怖和忧虑的根源。（戈德温，1798：28）根据戈德温的观点，精英并没有推动国家走向富裕，因为他们认为"有必要让人们处于贫穷和忍耐的状态，从而使他们顺从"（戈德温，1798：28）。在戈德温看来，只有把生产力从资本主义制度的束缚下解放出来，人们才能实现真正的自由。

托马斯·马尔萨斯在《人口原则论文集》（1998）中的论调与戈德温（Godwin）和孔多塞（Marquis de Condorcet）等思想家的乐观主义格格不入。马尔萨斯热衷于把现在的局限描述为"不仅仅是政治意愿的失败或其他社会强加因素，还是无法克服的潜在自然法则的表现"。许多自由主义思想家认为，财富增加是新社会从贫穷和旧障碍中解放出来的基础，马尔萨斯渴望证明他那个时代盛行的社会安排是永恒的。对马尔萨斯来说，贫穷是所有人类社会永恒的必然，任何试图以不同方式安排事情的尝试都无法摆脱普遍存在的社会分歧，因为有"有产阶级，劳动阶级，还有自爱——这个伟大机器的主要发条"（1998：65）。

卡尔·马克思（Karl Marx）被广泛地视为资本主义最激烈的反对者之一，他并不赞同马尔萨斯对财富和进步的悲观看法。与马尔萨斯形成鲜明对比的是，他指责马尔萨斯想要"生产"，"只要生产不是革命性的"，同时还说他只是为"旧"社会创造一个更广泛和更合适的基础。同时，马克思也肯定了资本主义生产过程的革命性本质（马克思，2000：447）。"这是第一个证明人类活动能带来什么成就的东西，完成了"远远超过埃及金字塔、罗马水道和哥特式教堂的奇迹"（马克思和恩格斯，1948：11）。但那些曾经推动革命的机构很快就变得保守起来。对于马克思来说，问题不在于资本主义生产得太多，而是资产阶级社会太狭隘，无法容纳他们所创造的财富。这些财富要么被摧毁，要么被保留，都是为了维护资产阶级对财富的所有权（马克思和恩格斯，1948：15）。事实上，"财富和文化世界"的存在是革命的重要先决条件；巨大的财富就是赤裸裸的证据，这些财富既没有给予工人的可能性，又为一个新社会奠定了基础。在这个新社会中，匮乏将被消除，资源的争夺将成为过去社会的遥远记忆。（马克思，1998：54）马克思把最大的讽刺留给了像马尔萨斯那样的人，后者以自然的方式假定了当下的极限，他们甚至反对大卫·李嘉图那样"多愁善感"的浪漫主义批评家们，因为他们反对"生产本身而不是生产对象"（马克思，1969：117 - 118）。马克思得出了这样的论点："忘了为了生产本身而生产意味着人类生产力的发展，换句话说，**发展人类本质的丰富性本身就是一种目的。**"（马克思，1969：117 - 118，强调为原文所加）

很难想象一个能积极地看待财富的左派立场，这一点可以从一个经常引用的例子中得到证明（确实被伊斯特林［1995：36］引用过）。不过，很少有人能理解马克思这一观点："一所房子，不管是大还是小，只要邻近的房子同样小，它就满足了居住的所有社会要求。但是，如果在小房子旁边出现一座宫殿，小房子就会显得像一个茅棚。"（马克思，1976 年：33）尽管这一观点已被用来支持不平等导致不幸福的说法（参见多伊奇［Deutsch］和西尔伯［Silber］，2011：1），马克思并没有建议工人接受他们的命运，也没有让工人不去嫉妒统治阶级。因为从马克思主义的角度来看，工人并没有得到他们劳动的全部价值（其余的由资本家剥削），这种差距证明了他们被欺骗的程度。他工作越努力，"落在他身上的碎屑就越多"，剥削的人就会越富有，进而变成资本家（马克思，1976：39）。这是一种剥削关系，而不是由此产生的感情，这就是问题所在。不满仅仅表明，对于阶级和谐的所有主张来说，"资本利益与雇佣劳动利益是截然相反的"（马克思，1976：39）。

虽然人们对增长普遍乐观，但是许多早期政治经济学家却认为，资本主义内部的增长终有一天可能会结束。虽然幸福发声中有很多这样的内容（比如亚历山大，2014），但这些内容远非政治意愿的对象，而是至少可以追溯到亚当·斯密的观察结果，即利润率的趋势——资本主义生产的动力——随着时间的推移而下降（格罗斯曼［Grossman］，1992：127）。利润率趋于下降导致进步停滞，造成对反补贴倾向的依赖以恢复赢利能力，这种观念在 18 和 19 世纪以各种形式被人们广泛接受。[6] 里卡多（Ricardo）意识到，资本积累的动机就会随着利润的减少而减弱，"当资本的利润低到不能为麻烦提供足够的补偿时，资本就会完全停止"（李嘉图，1871：

68）。对于李嘉图及其追随者来说，这个理论的终点是"一个国家的财富和资源不允许永远增加"（1871：474）。人们对此感到惶恐，用马克思的话说，这是"资产阶级神的黄昏——审判日"（马克思，1969：544）。

另一方面，约翰·斯图亚特·米尔（John Stuart Mill）试图以更积极的眼光来看待这种倾向，认为这是一个资本主义自然推进的和谐"平稳状态"（2001：879）。但是，在这里，米尔似乎很随意地省略了利润和竞争——格罗斯曼批评这种疏忽是为了"安抚资本"，因为它试图用稳定的国家绝不会损害"人类改善"的总体进步观来"安抚资本"，因为没有人会做出没有回报的投资（格罗斯曼，1992：73）。[7] 对于马克思来说，很明显米尔属于资本主义对立后发展起来的学派。在这个学派中，必须"调和"政治经济与工人的主张和"调和不可调和的东西"（马克思，1967：25）。尽管之前的经济学家曾试图调和这种倾向与资本主义制度，或以其他方式加以描述，但马克思解释说，这种矛盾在于资本的功能本身，即它无法从所产生的物质财富中获得足够的利润。[8] 他一再强调，这些限制既不自然也不和谐，日益成为破坏性危机的根本动力。这些危机使工人们失业、工厂闲置、机械生锈、商品在仓库里腐烂，从而恢复利润率（马克思，1969：495；马克思，1981）。资本主义生产的财富必须定期销毁，而大部分人却没有证明这些"障碍不是绝对的"，即资本主义"不是一种绝对的财富生产方式，它在某种状态下会与［财富］的进一步发展发生冲突"（马克思，1981：366，350）。换句话说，马克思认为，如果资本主义破坏了自身的发展，那并不意味着人类需要退缩，而是资本主义正在束缚人类的发展。

最近，那些接受马克思结论的经济学家们警告说，为了恢复赢利能力和"现代经济的健康增长率"，潜在的破坏程度将不断增加。同时他们指出，20 世纪 30 年代和二战时期是不可逆转的破坏的例子（克里曼［Kliman］，2011：206 - 207）。一个人不需要成为一个马克思主义者也能够意识到，资本主义的发展是无处不在的，但同时明显出现了一种不可阻挡的停滞趋势。但是，在目前的危机中，强制推行紧缩措施，并强加低于最低工资水平的工资给希腊人，是使赞成平衡与和谐的发声显得不正确的少数几个例子。然而现今的著作中有一种倾向，质疑 GDP 作为一种衡量进步的尺度，从心理学层面将"增长"仅仅看作"上瘾"或社会可以摆脱的"固执己见"（斯密，2010）。这一观点的支持者经常指出，国民收入计量方法的发展造成了"对经济增长的迷恋"（科尔曼［Colman］，2001：3）、"对 GDP 的痴迷"（科伯特［Cobbet］等 1995：13），或当"对内嵌于国民经济体系之中的总产量之关注并非不可避免"的时候，作为"'成功'的实际尺度"。（麦克尔森等［Michaelson］，2009：11）西蒙·库兹涅茨（Simon Kuznets）在 20 世纪 30 年代为美国政府制定并标准化了国民生产总值（GNP）的衡量标准，人们对他帮忙创建的国民经济核算体系作为福利衡量标准持有较大程度的保留态度（科布［Cobb］等，1995：12）。[9]

尽管库兹涅茨可能已经告诫不要用国内生产总值作为衡量福利的标准，并倾向于通过"社会可接受的方式"来追求增长（库兹涅茨，1989：26），但政府委托他制定的发展措施，是一个弄清 20 世纪 30 年代经济萧条以及由此大量产生的普遍苦难之潜在原因的至关重要的工具。当时所需要和缺乏的是对经济运行方式更为精确的定量描述。相信增长的重要性随着衡量增长的工具而产生的观点是错误的。大萧条赤裸裸地揭示了经济未能增长的破坏性影响，而且在这一过程中"个人的净收入缩减了 40%"（库兹涅茨，1934：3）。

幸福发声者们倾向于将增长直接地与人类的需要对立，同时支持增长和物质的进步，认为财富增长和物质进步是一种明确的右派或精英主义的努力。[10]但是正如我试图证明的那样，激进的思想家曾经把财富看作是在为一个新的、更美好的社会奠定基础，而且把他们自己看作是在反对统治阶级，该统治阶级感到害怕，并千方百计对这些愿望进行遏制。事实上，"增长怀疑主义"可能主要产生于精英阶层。例如，《对我们生活的误判：为什么 GDP 增长不等于社会进步》（2008 年斯蒂格利茨 - 森 - 菲图西委员会的非技术版）一书的前言，受到激进的"革命"语言和"从因循守旧（和）保守主义中解脱我们自己"（萨科齐，2010：ⅩⅤ）的需要严重影响，以至于人们很容易忽视当时的法国国家元首、中右翼的人民运动联盟（UMP）领导人尼古拉斯·萨科齐（Nicolas Sarkozy）的权威。（本－阿米［Ben－Ami］，2010）[11]柳博米尔斯基（2013）的"幸福神话"所考虑的问题是，面对"世界经济困境更加紧迫"的情形，人们是否能够变得快乐（149）。她对"创纪录的失业、负债和破产"的回应，是让个人学会"节俭的古老美德"。而这一观点，是由亿万富翁沃伦·巴菲特（Warren Buffet）等人所倡导的（柳博米尔斯基，2013：149）。这个逻辑无异于马克思对19世纪工厂主的批评，后者曾称赞：工人的生活能力不应超过他们从严格意义上讲为"主人"制造幸福的能力。他们都是激进分子，远远超过了他们的时代（马克思，1967：562）。"在他们颠倒的世界里，要求富裕生活的普通百姓是保守的力量，而对克制的浪漫需求则是激进的"（本－阿米，2010）。与其去完善社会，不如接受当下的局限，在此时此地找到幸福，这样的观念已经被认为是"激进的"。

文化悲观主义的兴起

第5章的分析指出，从20世纪80年代开始，报纸话语中存在一种矛盾意识，这种矛盾意识涉及财富的潜力，该潜力在与"幸福"和"繁荣"的词语搭配变化中显而易见。然而，在过去的几十年中，政界人士显然对繁荣的好处表示怀疑。正如柯林斯（Collins，2000：63）所观察到的，在20世纪60年代早期和中期，"数量和质量之间的紧张仍然是自由主义发展的一个特征"。例如，在美国，尽管与林登·约翰逊（Lyndon B. Johnson）发起的"大社会"倡议相关的许多社会计划受到了来自经济增长承诺的支持，但这种紧张局势仍然明显存在，更不用说"向贫困宣战"了。事实上，针对社会指标的运动，在许多方面是当前对主观社会指标感兴趣的先驱者。约翰逊推动人们来"关注"货币计算的对立面（Andrews，1989）。约翰逊当时的演讲也提到了这些问题。约翰逊的演讲稿撰写者兼顾问理查德·古德温（Richard N. Goodwin）写了一篇关于社会指标的文章。该文章很有影响力，而且序言中引用了约翰逊的话："伟大的社会超越富足的前景来看**富足的问题**。［它］不是关于多少，而是多好——不在于我们物品的数量，而在于我们生活的质量。"（鲍尔［Bauer］，1966：xii，强调部分为本书作者所加）

虽然在 1950 年和 1960 年期间许多作品开始对富足的好处提出质疑，但积极态度仍然是占主导地位的观点，至少直到 1970 年，人类行为者追求增长的合理性才开始受到民众和政治思想的质疑。[12]正如丹尼尔·贝尔（Daniel Bell）所说：

> 对于诸如贫困这样的社会问题，自由主义的答案是，增长会通过提供资源来提高穷人的收入。……然而，矛盾的是，经济增长这个概念现在正受到攻击——而且是受到自由派攻击。富足不再被视为答案。（贝尔，1976：80）[13]

克里斯托弗·拉斯奇（Christopher Lasch，1979：xiv）引用历史学家大卫·唐纳德（David Donald）的话说："富足的时代已经结束了。""这就是来自上层的观点——对未来的绝望看法如今由那些管理社会的人分享出来，塑成公众的意见，并监督社会所依赖的科学知识。"（拉斯奇，1979：xiv）回到伊斯特林最初的研究，可能最重要的不是他的结论，而是他的尝试，尝试给日益增长的文化悲观主义意识和关于进步益处的矛盾意识提供一个经验基础。[14]

浪漫的回归

很难准确地界定乐观前景何时开始消逝。当然，对于资本主义的浪漫主义批判，其特点是拒绝量化、机械化和异化等，而且这种批判一直存在于资本主义内部。但是，在过去的几十年里，它又获得了一种新的显著性，成为塞尔和罗伊（Sayre and Lowy，2005：433）所分析的"现代文化的主要形式之一"。浪漫的反资本主义本质上代表了一种"对现代工业/资本主义文明的文化抗议"，它支持前资本主义的价值观（塞尔和罗伊，

1984：46；塞尔和罗伊，2005：433）。这种观点常常反对工业社会的无效量化，并渴望重新强调资产负债表中没有的生活形态，"与现代性中占主导地位的纯定量交换价值相反的定性价值"（塞尔和罗伊，1984：435）。正如塞尔和罗伊所描述的：

> 许多浪漫主义者直觉地认为，现代社会的所有消极特征体现为——"金钱之神教"（凯雷［Carlyle］称之为"财神"），所有质量方面、社会方面和宗教价值方面以及想象力和诗意精神方面的衰落，以及单调乏味的生活、人与人之间纯粹的"功利"关系，都源于同一个腐败源头：市场量化。（塞尔和罗伊，1984：437）

拒绝这一点，浪漫主义渴望回归到资本主义以前或不发达的资本主义时代（真实的或想象的，但总是理想化的）。早期的浪漫主义设定了"有秩序、更幸福的过去，反对当前的动乱和混乱"（威廉姆斯［Williams］，1973：45）。"基于暂时情况和对稳定深切渴望的理想化，掩盖并回避了时代的实际和痛苦的矛盾。"（威廉姆斯，1973：45）然而，在面对当前的不确定因素时，目前的浪漫冲动不太可能真心希望大规模回归过去（尽管这种想法确实存在）。在现代社会"没有未来"的背景下，现在的收益呈指数级增长（拉斯奇，1979：13）。因此，我们的愿望是停滞。在这个"顺从的"或"改革者"化身中，尽管存在对现状的强烈批评，却仍然存在一种接受它的必然性。当代浪漫不再关注过去的某一时刻，而是将历史抽象为对现在的批判，浪漫就不再考虑曾经支撑它们的秩序和等级制度（威廉姆斯，1973：36）。人们希望通过恢复所缺失的价值和美德来改善目前的问题和过激行为。顺从的浪漫主义者相信旧的价值观可以恢复，但提倡实现这一目标的措施仅限于改革：法律改革、意识的进化等（塞尔和罗伊，2005：442）。因此，"批判的激进主义与想象中解决方案的胆怯往往形成鲜明的对比"（塞尔和罗伊，2005：442）。如果说现代生活是"世界的觉醒"，那么浪漫的反资本主义就是通过想象来寻求它的复魅（塞尔和罗伊，1984：55；霍秋利［Hochuli］，2008）。

幸福话语回应了这种批评，并反映了其狭隘的观点。正如其余章节所描述的那样，最终的结果是把现状问题化。其解决方案，实质上是通过定量和定性并置的叙述，以及一种更"高尚的"前资本主义关于幸福的"真理"和价值观的广泛再教育，来实现现代性的复魅。存在一种对异国情调的理想化和一种信念，即今天的问题可以在失落的智慧或是较为不发达的国家中寻求解决办法，抑或是通过回到以往资本主义社会经济制度较不发达的一个点，从而在更"激进"的变化中寻求解决办法。在这一点上，它讽刺地回应了"新自由主义教科书"，它提出了"一个没有大公司（完美市场）的虚拟资本主义，并渴望回到资本主义垄断阶段之前的时期"（德斯查特［Deschacht］，2013：574）。正如德斯查特（2013）所描述的那样，2013 年的纪录片《幸福经济学》（*Happiness Economics*）对小生产者的浪漫主义和对地方主义的颂扬特别好地说明了这些趋势，尽管它不是那么田园化。

这是意料之中的事。一般来说，与那些处于危险境地的小生产商联合在一起，他们会因竞争行为而被"不断地推向无产阶级"，浪漫的反资本主义在历史上与工人阶级的运动有着矛盾的关系。（马克思和恩格斯［Engels］，1948：34；凯里（Carey，1992）因此，浪漫主义观点在一个以资本主义生产关系非政治化和自然化为特征的时代得到了扩展和推广，这一点也就不足为奇了。（普帕瓦茨，2010：695）随着传统上以右翼和左翼政治为特征的对生产的争论逐渐减少，政治分歧被限制在消费领域。（普帕瓦茨，2010：695）由于与产业基础脱节，现代消费社会已经"难以想象社会化地组织、扩张和壮大造福于人类和环境的工业生产力"，而且"反而已经被反工业化、女性化的理想所吸引"（普帕瓦茨，2010：695）。

但是，在其革命性的方面，浪漫主义的观点可以借鉴过去的理想，并为超越现在的目标而调动失落感。[15]浪漫主义的反资本主义的力量在于它揭露了资本主义进程中最糟糕的因素。当非浪漫主义的反资本主义盲目地赞扬进步力量，它警告人们不要在前进的道路上复制资本主义最严重的缺陷（罗伊和塞尔，2001：252）。但是，浪漫主义的反资本主义对损失的关注和对苦难充满激情的沉思，最终将注意力从过去的痛苦和不可恢复性的根源上转移开。当感觉和注意力被吸引到"关心穷人，而不是制造贫困"时，它鼓励对真实进行"表面性比较"（威廉姆斯，1973：94，54）。对失去价值的关注使其忽视了历史的力量；由于未能深入了解背后的事实，它寻找着对当前矛盾的神奇解决方案。威廉斯（1973：96）说，把工业资本主义视为"堕落"，已成为我们时代的一个普遍神话，也是"保护幻觉"的根源，即"伤害我们的不是资本主义，而是更孤立、更明显的城市工业主义体系"。用马克思主义的话说，对主观异化的强烈关注使我们并没有触及这种异化的客观根源。[16]虽然马克思对浪漫主义的批评颇为欣赏，并且经常运用它，但他警告说，"这种批评的局限性，是知道如何判断和谴责当下，却不知如何去理解它"（马克思，1967：474）。虽然浪漫主义往往是对现在的一种健康的批判，但浪漫主义在场就会引发麻烦。

然而，正如上文所提出的那样，浪漫主义的反资本主义正是在这样一种情境下获得了显著地位，这种情境以对元叙事的深度幻灭感为特征。这些"伟大的想法"，曾经承诺要解释社会，并能够从根本上改变社会，使社会变得更好，但现在这些观点已经无能为力了。在过去的一个世纪，世界经历了大萧条、两次世界大战、大屠杀和集中营，动摇了人们对进步的信心。人们普遍认为，僵化的决定论和使世界屈从于人类的欲望，是造成广泛苦难的根源，也是极权主义的根源。传统左派的经济分析方法似乎因战后急速发展的繁荣而失信，马克思主义被认为是"现代性问题"的一部分，而不是其理论上的解决方案（拜尔哈茨［Beilharz］，1994：2）。另外，在发达国家提供了乐观的案例之后，通过经济安全寻求国际安全的经济增长自由主义，似乎也因不平等的发展和持续的不稳定而受到质疑。就像它寻求的社会主义一样，增长不再是一个解决方案，而是一个问题（弗雷迪，2014）。新左派放弃了经济批评，转而对资本主义的主要文化进行批判，并开始把群众看作问题的根源，而不是出路（弗雷迪，2014）。与此同时，艾恩·兰德（Ayn Rand）抱怨说，新左派的胜利不是因为他们是正确的，而是因为没有人去捍卫进步（兰德，1999）。

早在 20 世纪 50 年代末，丹尼尔·贝尔就已经宣告了意识形态的终结
（贝尔，1962）。玛格丽特·撒切尔（Margaret Thatcher）提出的著名"TI-
NA"——"（资本主义）是无可替代的"——被广泛接受，这一论断有效
地缩小了政治想象的范围。正如弗雷迪所写的那样，"对于自由市场信仰
的狂热捍卫者，或者是革命性变革的坚定拥护者，已经没有空间了"
（2004：53）。取而代之的自由民主共识——市场社会是唯一可行的社会，
通过逐步的民主改革来影响完善进程。在波普尔（Popper，1945：1，3，
139）的著作中，与"乌托邦式的社会工程"和"预言性的智慧"不同的
是，从表面来看它引导着以往的政治运动走向灾难和极权主义。而塑造历
史的唯一"方法上合理"的途径，是通过对"开放社会"问题的科学应用
以避免此类风险。

治疗复魅

在缺乏有意义的替代方案的情况下，政治可能会失去其目的和意义，
进而失去认真激发公众热情的能力（弗雷迪，2004：54）。无论是贝尔
（Bell）还是后来的弗朗西斯·福山（Francis Fukuyama）都对其政治参与
的影响表示遗憾。福山的名字一直与庆祝自由民主共识胜利的论文有着重
要的关联（贝尔，1962：404；福山，1989：18）。政治家们也敏锐地意识
到，中间路线的失败和"渐进的"变革所造成的僵局，使他们无法激发选
民们的热情。旧意识形态的瓦解也将社会运动分裂为单一问题运动，进一
步加剧竞争，以与对新社会问题关注有限的公众保持共鸣。在整个西方世
界里，这些群体在面对日益减少的认同与旧的意识形态裂缝时，开始寻找
新形式的公众参与和合法性。

至少从 20 世纪中期开始，社会理论家们就已经开始描述英语国家发生
的一种深刻的变化，即越来越倾向于给生活注入"治疗性"解释（里夫
[Rieff]，1966；森尼特 [Sennett]，1977；拉斯奇，1979；诺兰 [Nolan]，

1998；克里斯［Chriss］，1999；弗雷迪，2004；贝拉［Bellah］等，2008［1986］）。心理社会符号，如幸福，都是来自一个更广泛的意义秩序，深受治疗意义结构的影响。所有的文化都认同包含特定因果关系解释模式的意义系统（见第3章）。正如弗雷迪（2004：22）所描述的那样，当从客户－从业者关系中抽象出来的符号扩展到"公众对各种问题的看法"时，"文化就变成了治疗"。贝拉等（2008：113）进行的一项开创性工作指出：

> 今天，我们不仅可能看到我们的婚姻，而且可能看到我们的家庭、工作、社区和社会的治疗条件。甚至与一代人之前比较，生活的乐趣和深刻意义，还有生活的困难，较少被归因于物质条件，而且较少用传统的道德术语来诠释。现在，"人际关系"似乎成为生活的关键。

应该指出的是，这种治疗文化描述的并不是西方文化整体的表征（弗雷迪，2004：22）。休伊特（Hewitt）指出，"文化倾向于提供多个解释动机的词汇表，而不是单一词汇表"（1998：89）。不同的假设统治着不同的活动领域，人们也会选择性地与各种各样的"文化竞争者"接触。因此，正如斯威德勒（Swidler，2001：15）所写的那样，"我们的文化世界比我们自己创造的文化更广泛、更多元"。当然，在不同时期一些道德词汇无疑会对生活领域产生更大的影响。可以说，治疗文化可以与宗教等古老意识形态的地位相提并论，因为它能够调解人们与世界的关系，为人类经验领域的日益多样化提供意义。根据弗雷迪的说法，"社会在生活中获得意义的方式没有被垄断，但它可以说是个人日常生活中最重要的意义指标"（弗雷迪，2004：22）。

在那些寻求公众参与的词汇已经大大减少的情况下，治疗学提供了一个道德中立的方式，来尽可能地与最广泛的受众保持联系。转向公众情绪是规避与公众脱离的一个重要途径（弗雷迪，2004：57）。无论个人的社会或物质现实如何，人文科学都具有一种独特的能力，可以对人类的深层本质进行解释，而不受其他道德词汇的影响。治疗性知识是在不确定的语境中发展的，在这种不确定语境中，人们会拒绝接受用包罗一切的普遍真理作为行为指导，但同时也有可能陷入相对主义。治疗性知识提供了一种手段，不是通过一个人最终可能出现的关于对与错的不可靠信念，而是通过求助于对人类的"真实"本质，一种无辜的——或许是强烈意识到的——人类的易错性本质的认识，来达成协议并赋予行动意义。行为的解释不是基于"好或坏"，而是"健康或疾病"（诺兰，1998：9）。"政策不再是好的——它们是'以证据为基础的'。"（弗雷迪，2004：54）根据贝拉等（2008：47）的说法，这种方法的"天才"在于，"它使个人能够把承诺——从婚姻、工作到政治、宗教的参与——看作个人幸福感的增强，而不是道德上的当务之急"。

　　但是，人们共同认可的道德、精神和宗教影响的衰落，或现代性的"祛魅"特征，可能会剥夺生命的意义。正如诺兰（1998）所观察到的，"［合理化］削弱了传统道德的权威，为人们更广泛地关注情绪准备了文化土壤"。情感的浪漫主义承诺通过赋予个人生命特殊的意义来"回归主观经验"（弗雷迪，2004：90）。这是当代生活的一个突出特点，代表了一种"高格调"、背离了"高科技"并且以工具为导向的公共领域（诺兰，1998）。但是，它试图摆脱韦伯式的"铁笼"，并不是要从实际上回到传统的文化体系，也不是要打破资本主义的秩序，而是通过使用情感语言鼓励"从内部逃离"（诺兰，1998：6）。

　　如果按照巴特（1980：143）的论断，神话是"非政治化言语"，那么治疗文化就是我们这个时代的"神话"。它既表达了非政治化的广泛背景，也是越来越多的问题被非政治化的标志。在巴特的译文中，神话是一种自我彰显的真理，应当与政治辩论区分开来。巴特并不否认讨论的对象——例如，资本主义是一种破坏性的系统。但是，巴特以一种"净化它们"的方式来讨论它们，"使它们变得无辜"，并且"给它们一个自然而永恒的理由"（巴特，1980：143）。在"幸福问题"的解决方案（见第9章）中，人们倾向于将当前的经济环境表现视为是自然的，或者至少是不可改变的。这一趋势几乎一致地将个人视为变革的场所。即使是在明显的、"系统性"的"去增长"或"稳定状态"之类叙述中，市场必然性也是毋庸置疑的。随着当前经济秩序的自然化，由此产生的问题得到了自然化的回归，这一点也就不足为奇了。布鲁克斯（2011）对前一章提到的解决社会问题尝试的失败描述很好地说明了这一点。他没有将失业这样的问题视为资本主义社会改革的局限性，而是将人类对情感的理性信念视为危险信仰的必然祸源。[17]资本主义成为自然的一个事实，它的缺陷只是有缺陷的人性的反映，它只是一种表达。当经济秩序超越政治批判的时候，当我们不能指望以真正的物质方式改变世界的时候，个体的身体和心灵就是剩下的一切。

因此，内部人际关系的倾向性促使社会问题的概念化重点发生转移，从社会的物质条件转移到关注人们如何思考、感觉、表现和处理相互关系上。菲茨帕特里克（Fitzpatrick，2001：89 - 92）描述了新工党如何采用"社会排斥"这个术语，巧妙地把注意力从资本主义社会的长期问题，转移到物质劣势和资源分配上，转移到主要的"文化和心理"解释，让人们关注"尊重的平等"而不是收入。社会问题越来越多地表现为与社会联系不大的健康问题，除非后者具有"侵入个人的潜力"，成为疾病和疾病的根源（勒普顿，1995：48）。

韩礼德（2004：xvii）指出，"每种语言的语法都包含了人类经验的理论"。治疗学的语言倾向于将"人们的情绪状态作为特别的问题，同时定义他们的身份"（弗雷迪，2004：26）。因此，尽管塞利格曼希望创造一种具有"积极特征"的人类视野，但幸福话语仍然再现了一个脆弱主体的视野，其正常运作需要治疗专家的介入。由于情绪被视为个人和集体行为的根源，所以人们的不满可以转化为"对治疗干预有帮助的个人问题"（拉斯奇，1979：13 - 14）。正如温赖特（2008：83）所描述，这种文化氛围越来越鼓励人们从"个人无法满意地管理自己的情绪和精神生活"这一角度来思考社会问题。于是，如"自尊"或幸福这样的情绪符号就成了可能被用来"解释几乎所有的社会问题"的潜在民间神话。[18]

结　论

虽然政府一直关注公众情绪的管理，但情感符号学只有驯服了曾经煽动人们行动的激情，才有可能产生广泛吸引力。正如弗雷迪（2004：37）所写：

> 将情绪排除在政治之外，是由于人们认识到，在极端的环境下，愤怒和怨恨可能会引发不稳定和社会动荡。今天的政治形势截然不同。与20世纪革命和社会斗争相关联的政治热情似乎已经耗尽。

在这种"戏剧性转变"发生很久之后，在市场未受挑战的优势有效地限制了政治想象的范围之后，健康、福祉和幸福就被政治化了（菲茨帕特里克，2001：viii）。因此，虽然看起来幸福已经以史无前例的方式变得政治化了，但它实际上表现了我们这个时代的非政治化气候。也就是说，情感符号学将社会问题置于（人）的本性之中，寻找解决方案，即使批评已经自然化了。

本研究试图在非政治化的背景下帮助读者更广泛地理解社会问题的表现。作为一种社会弊端的其中一个原因和一个解决方案，似乎"幸福"在以失去进步信念为特征的文化背景中变得病态。而在这种文化背景下，人们往往能想到的唯一解决办法是浪漫、渐进和个性。在放弃了深入的"全面分析"和这些曾经承诺过的未来之后，对停滞在不断变化的车轮上的浪漫渴望可以被理解为激进。

我试图解释更广泛的历史和文化背景中的一些关键方面，在这一背景之下，幸福的概念需要产生，并在其中获得突出地位。关于世界本质的主张反映了产生此类主张的文化温床，同时此类主张也成了文化的组成要素。社会行动者在增加新台词的同时，也借鉴了更广泛的文化剧本。尽管这些趋势为幸福问题的出现奠定了基础，事实上并非只有这些趋势才能让幸福成为公众辩论的最前沿，这需要在接下来两章中详细介绍理论和方法论工具。

3

社会问题的修辞

本书的基本前提之一是，不是通过寻求在所有地方和时间都作为世界基础的超验真理，而是通过考虑人们在某一特定时间通过何种构造来理解这个世界，从而获得更大的对世界的理解。任何符号学资源被赋予的含义和重要性都是不固定的，因此理解它的"符号学潜力"，包括研究它"过去如何，现在如何，以及能够如何用于交流目的"（范李文，2005：5）。不过交际从来都不是中立的。从某种意义上说，每个符号都包含一个有说服性或修辞性的元素。本章描述了修辞在新社会问题发声中的作用，以此提供一些用于解释"幸福问题"的基本理论工具，探究幸福问题发生的来源语境、修辞和幸福过程的交叉点。首先，我概述了社会现实构建的基本方法，接下来讨论了新社会问题的"发声"以及它们与文化的关系和修辞特征。

在许多方面，贯穿于这一章讨论的核心方法都是关于"思维"与"存在"之间关系的永恒问题，这个问题自古以来一直困扰着哲学家，形成了巨大的张力。不过马克思和恩格斯提出的唯物史观可能对知识社会学产生了最大的影响。正如他们的名言，"不是人类意识决定社会存在，而是社会存在决定人类意识"（马克思，2000：425）。虽然这一观点经常被误解为人类主体决定论，但这一观点其实可以被更好地理解为对权力的陈述——人类对生存条件的持续控制："人类创造了他们自己的历史，但他们并不是随心所欲创造历史；他们不是在自己选择的环境中创造历史，而是在过去被直接遭遇、给予和传播的环境中创造历史。"（马克思，1954：10）不同于他之前的康德二元论或黑格尔的理念主义，马克思的伟大洞见是认识到思维与存在的本质统一。那就是，存在是有意识的存在，思想是社会性思想。正如雅库博夫斯基（Jakubowski，1990：19）所总结的，"知识不是纯粹的冥想，而是具有转换功能的思想"；知识不在历史之外，而是历史的一部分。

苏联语言学家瓦伦丁·沃洛希诺夫（Valentin Voloshinov）在对索绪尔语言学的批判或者说颠覆中汲取了这种唯物主义历史观。该批评的核心焦点是索绪尔认为语言（表意系统）的特权超过了言语（言语行为）。对沃洛希诺夫来说，"这个符号标志不能脱离具体的社交形式"；它"是组织社交活动的一部分，不能在社交之外存在"（沃洛希诺夫，1973：21）。因此，不同于索绪尔在符号交叉点或"二元对立"中进行意义定位，沃洛希诺夫将意义定位在"［他们的］使用的社会环境"中（钱德勒［Chandler］，2007：9）。就像社交话语之外的语言即是抽象，共时性也是如此："没有真正能够构建共时语言系统的时刻。"（沃洛希诺夫，1973：66）在强调语言的历史和唯物主义基础之上，他回应了马克思关于"人不是抽象地蹲在世界之外"（马克思，2000：71）的基本认识。就像生产一样，"没有个体生活在一起，相互交谈"的语言是荒谬的（马克思，1973：84）。然而，思想和物质环境的相互依存是马克思和恩格斯观点的核心，而沃洛希诺夫旨在提供他所认为的第一个全面的马克思主义语言阐释。他拒绝了马克思主义者先前的尝试，如乔治·普列汉诺夫用"社会心理学"概念将社会政治秩序与意识形态之间的联系当作理想主义者（沃洛希诺夫，1973：19）。相反，他充分肯定了物质符号的重要性。也就是说，意识形态现象并不存在于抽象中，而是存在于具体的物质话语中。社会心理学没有"内在"的存在，只有外在的存在；它采取社会交流中由生产关系所限定的形式存在（注：不是机械性的）。语言的无处不在使这种现象成为可能。它渗透到社会生活的各个层面，从生产层面到哲学家的椅子。沃洛希诺夫的关键问题是，"真实的存在（基础）如何决定符号，以及符号如何在生成过程中反映和折射意义"（沃洛希诺夫，1973：19）。

沃洛希诺夫经常被认为是用社会符号学方法研究社会现象的先驱者，甚至是先祖（威廉姆斯，1977；霍奇和克雷斯，1988；范李文，2005）。对于社会符号学家而言，人类对现实的体验通过符号媒介来传达，而符号只能在社会交往过程中产生意义。正如威廉姆斯（1977：37）所描述的那样，语言不是"'物质现实'的简单'反映'或'表达'"。相反，我们通过语言来理解这一现实，因为现实意识是饱和的，它浸透了所有的社会活动，包括生产活动。另外，由于这种理解是社会性的和持续性的……所以它发生在一个活跃和变化的社会里面（威廉姆斯，1977：37）。根据霍奇和克雷斯（1988：1）的研究，这些"符号学系统的社会维度对其本质和功能是如此的稳固，以至于无法孤立地研究系统"。因此，镜头聚焦于人类的经验和活动如何转化为意义，以及意义相应地如何转化为人类的经验和活动。关键问题涉及特定话语的形成是如何发生的，并成为有影响力的经验介质，以及这些话题可能带来的后果，包括主体如何反思经验和对世界采取什么行动。这是我试图用这项研究来阐明的内容。但是请注意，我不能说人们是如何"解码"这些信息，并在日常生活中使用它们的。我只能说他们是如何被邀请使用这些信息的。关于幸福发声是一种邀请，让我们以特定的方式来思考自己和世界。不过在特定的地点和时间，某些邀请可能会比其他邀请更有吸引力。

建构社会问题

这些洞见可以以多种方式融入社会现象研究。按照建构主义者解决社会问题的方法，我的目标是把语言看作一种"发声活动"（斯佩克特和基特苏斯 [Spector and Kitsuse]，2001）。这种方法力图理解社会问题的兴起，不过不是以内在的方式——例如，作为客观"伤害"的必然结果，而是在不断变化的社会意义上。在这个范式的最著名的程序性陈述之中，斯佩克特和基特苏斯将社会问题定义为"个人或团体对某些假定条件提出申诉和要求的活动"，而不是"不管我们对它们有什么了解和看法，都存在有害情况"（2001：75）。从这个角度来看，或者更具体地说，随后发展起来的"语境建构主义"，意义产生的话语过程发生在公共生活的具体领域中，其成功与否在很大程度上取决于文化语境（古斯菲尔德，1981；贝斯特，1987，1990，1993，1995，2008）。[1]

这种方法对目前的研究特别有用，因为它仅仅是简单意义的"幸福"本身。幸福在过去的各个时代都被重构，目前也在被重构（尽管情况可能如此），只是幸福已被特定地问题化了。最近出版的一系列书籍和文章的重点并不是提出了理解和实现幸福新方式的承诺，而是提出了幸福的缺乏，对幸福知识的引导应当采用不同的方式来定义或暗示。例如，幸福发声者将注意力集中在不同群体的"幸福水平"上，要求他们进行干预，从而助长了那些耸人听闻的标题党：宣称"孩子们'过得越来越悲惨'"（沃德［Ward］，《每日电讯报》：2013）和"11 岁以后孩子的幸福指数就开始下降"（盖德尔［Gadher］，《星期日泰晤士报》：2014）。健康部门警告说："在中年时脾气暴躁的人死亡可能性是生活在幸福中人的三倍。"（《每日电讯报》：2012）但问题往往更含蓄："你有多幸福？"建议起另一个标题："如何变得更幸福。"（皮特［Pitts］，《每日电讯报》：2014）文章继续写道："有时候，直到你坐下来分析情况，你都没有意识到存在什么问题，或者没法明确到底是什么问题。"（皮特，《每日电讯报》：2014）无论你是否意识到，根据幸福发声者的说法，每个人都可以通过帮助的方式来获得幸福。如果认为幸福是一个需要干预的问题，这一观点并不是凭空而来，那么它就是存在这样一个过程，即这些被认为是理所当然的观念需要被解构。接下来的章节将更全面地解释一些关键分析工具的范例。下面的章节将讨论"幸福发声者"作为对符号学理论的必要补充。

发 声

斯佩克特和基特苏斯根据社会问题的定义提出幸福发声活动，从而将幸福发声和幸福发声者的词汇引入建构主义者的词汇（贝斯特，2002：702）。我用"发声"这个术语来指代"为进一步实现某个实际目标而设计的解释或故事"（米勒［Miller］，2000：317）。发声是具有方向性的信息；它们有"来源和目标、社会背景和目的"（霍奇和克雷斯，1988：5）。简而言之，一种发声是一种观点，这种观点存在一种特殊的令人不安的情况，具有特别的特征，并需要加以解决（贝斯特，2008：338）。

在日常生活中，人们经常会面对关于现实性质的多种争议。相互作用和修辞——也就是说服——建构的本质是社会生活中意义产生和分享过程中的一个关键要素（波特［Potter］，1996：13）。也许没有什么比这种说法更适用于此社会问题，通常情况下这些社会问题不足以让发声者指出和描述一个令人关注的新问题。相反，最初的定位通常是遵循一些行动的要求，即"必须做的事情"。

虽然潜在社会问题的清单可能是无穷无尽的，但是在公共话语的各个领域中给予它们的关注却是有限的。关于新社会问题的发声并不存在于真空中，必须与众多追求公共关注的"稀缺资源"的发声竞争，才能在当今最紧迫问题的常识性认识中赢得一席之地（希尔加德纳［Hilgartner］和博斯克［Bosk］，1988：53）。并非所有的发声都会成功；事实上，即使在"医疗市场"中，也没有多少发声者能够胜出。发声要求的各种公共场所承载的能力有限；人们能够借超越直接关切的事业而召集起的"剩余同情"十分有限；会议记录、政治运动的核心信息或报纸专栏的篇幅有限（希尔加德纳和博斯克，1988：59－60）。根据希尔加德纳和博斯克的说法，"潜在问题的数量与讲述这些问题的公共空间的大小存在不平衡，从而使问题间的竞争成为集体定义的关键和核心过程"（1988：59－60）。

竞争迫使发声者调动有说服力的言辞，这些言辞可能会说服目标听众减少对立并争取到最大程度的关注（贝斯特，1987：103）。随后的章节会详细说明发声者在试图获得认可和支持并为其研究提供框架时通常使用的修辞策略。不过现在需要指出，为什么竞争会提高修辞的重要性，使之成为发声过程的一个重要方面，甚至成为研究社会问题和幸福的必要因素。大众传媒，尤其是新闻媒体的制约性竞争以三种重要方式塑造了发声：它们创造了吸引广大受众的需求，制作引人注目的故事，并尽可能避免争议和减少阻力。

首先，发声者必须意识到他们的受众，以及哪些发声可能在各种媒介中都有吸引力。[2] 通常情况下，成功发声不仅取决于能否吸引专门的支持者，还取决于成功获得广泛的认识和支持基础。因此，一个社会运动活动家在主要由支持者组成的抗议集会上发表演讲同在一份适合广泛人口的全国性报纸上采用的言辞是不同的。比如说，莫伊雷尔（Maurer，2002）作为一个寻求促进素食主义的动物权利活动家，尤其推崇需要人们不吃肉的道德理性。当他试图向更广泛的受众群体提出这些要求时，就采取了以健康福利为中心的"缓慢教育过程"，并逐渐走向更明显的意识形态立场（莫伊雷尔，2002：145）。[3] 一旦在公共场合阐明了主张，以说服和提高认识的方式来获取群体的实质性支持，发声者也会受到影响，需要采用不同的措施对各种不同的观点做出令人信服的发言和让步。

其次，成功的发声往往是设法避免最大的反对。发声不受争议的程度越小，形成有影响政策的可能性就越大。不过这在实践中可能显得尤其困难，专注的发声者在成功引起人们对其主张的广泛关注之前可能需要尝试多种不同的表述方式。然而，如果成功的话，"精心设计的发声有时会在不同意的人之间形成惊人的联盟"，从而将潜在的冲突转化为共识（贝斯特，2008：43）。一些研究强调了以无争议和极具象征意义的方式发声，以便通过各种机构实现广泛的支持和快速传播。例如在一项关于拐卖儿童这一社会问题的研究中，金特里（Gentry，1988：422）描述了如何"将媒体的注意力转移到被拐卖的儿童身上……政治家和公关人员面对的是一个必须得到同行、选民、从极左到极右的人士都认可的价值问题"。因此，有关这个问题的严重程度和流行性质的发声几乎没有受到任何批评，并且在决策者直言不讳的支持下迅速增长，正如他们所做的那样，为"任何试图把自己塑造为家庭成员保护者的政治家"提供了机会（弗里茨和阿塞德 [Fritz and Altheide]，1987：477）。

于是，公众在就新社会问题进行辩论时就引入了重要的"价值问题"。从选举研究中借来的价值问题对于理解发声激发幸福的成功来说至关重要。价值问题像"虐待儿童"、"和平"或"国家力量"这样的发声一样能够促成共识，并在通常不一致的各方之间建立联盟，使得表面看来没有争议的内涵具有特别的吸引力。纳尔逊（Nelson，1984：28）认为，价值问题的特点是"缺乏特殊性，并试图重申公民生活的理想"（删去了原书强调字体）。与"流产"或"安乐死"这样的"立场问题"不同，这种立场问题可以引发激烈的、往往是两极分化的争论。"自由"或"改变"的抽象理想是"一种单一的、强烈的、相当一致的情绪反应，并没有对抗性的特质"（纳尔逊，1984：27）。因此，关于"幸福"的发声与关于虐待儿童和"受害者权利"的类似发声有很多共同之处；很难想象幸福发声会如何受到争议或反对，因为很少有人会为抑郁症辩护，为儿童虐待者辩护或"责备受害者"（贝斯特，1999：108）。发声者可能不同意问题的所有方面，可能会以不同的理由获得所有权和（或）支持，但是这些问题引起的广泛共识往往会推动他们迅速形成文化认同。正如我后面所展示的那样，幸福已经渗透到日益广泛的社会问题的语言之中，并且在特别多样化的发声者之间建立了共同点。

最后，在次要发声受到空间限制和媒介需求制约的程度上，它们必须足够有说服力，才能吸引目标受众的关注。根据尼科尔斯（Nichols，1997：325）的说法，发声者可能会在考虑两种受众的情况下精心打磨发声：普通大众，以及有能力制定和颁布政策的人（例如立法机构、监管机构）。这些发声不仅必须看起来足够引人注目，足以引起公众和决策者的反应，还必须迫使大众媒体进行报道，因为大众媒体经常充当大量受众的守门人，并在一定程度上具有合法性。符合预期媒体需求的发声更有可能吸引工作人员的注意力。就新闻工作者而言，他们更可能关注那些被认为与读者/受众相关、容易理解、新颖、动人心弦或富有戏剧性的故事（甘斯［Gans］，2004）。为了吸引人们的注意力，"作为问题假设条件的构建不仅取决于典型形象的创造，而且取决于它们在故事叙述中的成功运用"（尼科尔斯，1997：325，删去了原文强调字体）。成功的发声必须设法说出一个"引人入胜的故事"，不仅包括问题的例子、定义和构思策略，还包括为什么不同观众应该关心这个特定问题的可信服理由。

　　总而言之，只有吸引广泛的受众，并尽量减少阻力，才能使框架问题成为对发声者特别有吸引力的策略。我们需要创造一个令人信服的叙述，即我们的观点需要得到广泛认同。社会问题往往表现出共同的策略，例如断言局势的恶化和强调脆弱无辜人民的痛苦。发声的这些方面非常重要，因为它们有助于理解为什么要以特定方式定义和描述幸福，并让幸福通过传播不同的关注而成为一个有吸引力的能指。随着社会上分裂出更多元化的信仰，一种承诺以最低共同标准团结人民的意识形态似乎无可否认地具有吸引力。对于许多发声者来说，"幸福"成了一个令人信服的答案。"为什么人们应该关心我的问题？"新闻媒体关于社会问题的讨论经常表现为单纯地反映令人不安的状况，当然也容易受到谬论、偏见甚至外部压力的影响（例如媒体集团所有者所施加的影响）。然而，重要的是我们需要认识到，我们对面临问题的重要性和性质的认识，可以通过产生同样强大影响的更微妙的过程来塑造。我将在下一章再讨论这一点。

发声中的修辞

　　因此，发声不仅仅告诉我们现实，而且必须**说服**我们相信它们的现实。于是，问题发声就成了一种修辞形式。为了把幸福作为一个社会问题来理解，就要理解修辞和修辞选择在构建问题形象中起的重要作用。修辞的重要性体现在它一直是西方哲学史上规范性、描述性和解释性文本的研究主体。在那段历史的大部分时间里，它的研究都是说教性的；从亚里士多德的三种劝说模式（情感、逻辑和人格）到西塞罗的五大法典，重点都是培养熟练掌握说话艺术的学生（范迪克［van Dijk］，1997）。但正是因为他们敏锐地认识到修辞的力量及其能够迫使个人采取行动或做出决定的能力，古典哲学家们发展并演变了修辞，使之成为三种古老的话语艺术之一。事实上，这种理解是柏拉图对于智者情感和奉承类修辞诉求的批判性描绘基础，所以"如果糕点师和医生不得不在孩子们面前展开竞争［……］医生就会饿死"（柏拉图［Plato］，1999：101）。

虽然创造话语仍然是当代修辞学的领域，但哲学和社会科学的"语言学转向"已经将话语和修辞的人工制品转移到了分析的中心。虽然这一转变是由大量的、高度可变的工作机构所代表，但其核心观点一直在于强调语言和语言结构在整理和赋予经验意义方面的作用。此外，它还提高了人们对"修辞文本与语境之间动态交互作用"的认识，即文本如何回应、强化或改变对受众或社会结构的理解（吉尔［Gill］和韦德比［Whedbee］，1997：159）。在最极端的情况下，这种方法可能导致对社会太过相对主义的描绘，因为在分析社会问题时片面地关注语言会导致明显地否认它们所描述之现象的存在。不过最有成果的是，对建构主义修辞学的研究，可以引起人们对语言在构建甚至构成我们对周围世界的感知方面的作用的注意，使我们意识到，我们对现实的描述不是没有作用的，而是影响我们如何看待现实和我们自己的（勒普顿和巴克利［Barclay］，1997：4）。正如费尔克拉夫（Fairclough，1992：41-42）所说：

> 这就意味着，话语会主动联系现实，语言在**其意义建构**的层面上意味着现实，而不是话语被动联系现实，语言仅仅指在现实中被视为给定的事物的对象。（强调字体为本书作者所加）

虽然修辞学研究比其他语言学领域的研究少得多，但是修辞学是社会问题建构研究的核心。对于斯佩克特和基特苏斯而言，定义活动并不是寻求理解社会问题的重要考虑因素，而是构成了社会问题的基本组成（施耐德［Schneider］1985：211；斯佩克特和基特苏斯，2001：75）。也就是说，什么是社会问题在很大程度上取决于它如何被概念化和定义。在其社会存在中，社会问题是一系列的发声。

为回应主导了建构主义者思考 20 世纪 80 年代社会问题的争论，语言在社会问题中扮演的角色在这种方法论的指导下得以进一步巩固（伍尔加［Woolgar］和保鲁希［Pawluch］，1985；伊巴拉［Ibarra］和基特苏斯［Kitsure］，1993）。这在伊巴拉和基特苏斯（1993）对范式的纲领性陈述的重新制定中，可能是最明显的。将斯佩克特和基特苏斯最初的"假定条件"替换为"条件范畴"，试图更敏锐地将建构主义研究者的注意力集中于"社会对自身内容的分类——在实际情境中用于对社会现实进行有意义的描述和评价"（伊巴拉和基特苏斯，1993：30）。通过这种方式，他们重申了"发声的符号依附性和语言依附性特征，以及成员们如何利用某些特定的话语策略——包括修辞习语和推理习语——引发并建构社会问题过程"（伊巴拉和基特苏斯，1993：31）。然而，正如伊巴拉和基特苏斯所说，"严格"或完全"一元"的建构主义的可能性和可取性"永远不会离开语言"（伊巴拉和基特苏斯，1993：31）的观点一直受到质疑（贝斯特，1993；荷斯坦［Holstein］和米勒，1993；贝斯特，1995）。尽管如此，他们对语言重要性的肯定强调了从标签理论中提取的核心力量。也就是说，"脱离对象的意义独立性，与或可能与觉悟行动者息息相关，因为他们创造、再造了社会生活，而且被社会生活所创造"（施耐德，1985：226）。

确信无疑，"外部的"对象世界是真实存在的，除了关于对象世界的观念之外，无疑人类也在与之互动。然而，语言必然是我们与那个世界之间关系的仲裁者。命名现实是指在特定的意义辐射下，将各种现象结合在一起。这样做的方法（此外在某些时候，它是与某些特定的现实片段联系起来的）会影响我们看待现实的方式。

对修辞学的关注和对其语言依附特征的关注也带来了进一步的紧张局面，这种情况在研究采用建构主义立场时经常会出现；也就是说，在科学的作用和"比其他信仰系统更能准确地把握客观现实"的能力基础上，人们往往表现出某种矛盾心理（温赖特，2008：13）。这种歧义在"社会建构"（贝斯特，2008：107）的科学处理中表现得尤为明显。也就是说，发声者在构建社会问题时将其作为一种文化资源使用（阿伦森［Aronson］，1984）。不过通过文化的仲裁者，科学的作用则不需要如此含糊。巴斯卡尔（Bhaskar）总结说，我们的目的并不是要反驳科学是一种优越的探究方式，确实它拥有一种独特的能力，能够穿透各种不同的现实层，从而达到最底层（巴斯卡尔，2002：52 – 55），需要指出的是，文化中和了从探究到话语的转变。事实上，文化对我们提出的问题以及如何寻找答案提出了条件。尤其是在大众媒体对一个新的社会问题进行发声的时候，这一点尤其正确，它利用了科学的修辞力量。

当我们从对象和事物领域转移到人类领域时，这种理解变得更加重要，因为与原子或动物不同，人类不仅需要被描述出来，而且需要有意识，存在于一个动态的和辩证的关系中，从而让现实成为可以被划分的范畴。然而，现在越来越多的人倾向于提出"证据基础"来考虑各种现象对人类大脑的影响，或者以"研究展示"这个词组为前提方法，似乎"科学"能够消除对关于人类生活行为或社会组织的争论（李［Lee］等，2014）。自然主义认为"世界是静止的，在它被观察、试验、测量和推理"的时候就应该让它像名词一样（在时间上是稳定的）（韩礼德，2004：21）。在为自然科学服务的同时，这些描述把人类冻结在特定的时刻，并投射出在时间上倒退和前进的图像。当下人们获得了一种持久的感觉：人类今天的反应就是他们永远的意志。人的形象遵循动物主义的隐喻，关于纯粹"运动"或"对外部条件的被动反应"的隐喻，而不是评价和反映"行动"所暗示的人性（古斯菲尔德，1989：9）。关键区别在于"动物直接对刺激产生反应，而人类对事件展开解读"（古斯菲尔德，1989：9）。

旨在衡量幸福及其各种相关因素的大量研究并非单纯的"不真实"。

不过把人们的注意力吸引到特定的现象上，把它们聚集在一起，或把它们单独作为有意义的审查和研究对象，并赋予它们迄今为止前所未有的意义，这在一定程度上有助于创造新的社会对象。此外，从这些描述中产生的人类形象，反映了描述形成的背景以及对正在进行的新学科建设的贡献。正如哈金（Hacking）所描述的那样，"人们可能首先会获取一种人类行为或状况图像，然后是知识。事实并非如此。这类知识和认识一起成长"（哈金，1995：361）。[4]

用来把现象概念化的词语是一种邀请，使受众能够以特定的方式来构想现实，并强调他们经验的某些方面胜过其他方面——简而言之，就是要受众接受发声者的解释。有些邀请比其他的更吸引人。这种对语言角色的理解，对分析社会问题最有用。也就是说，不同阶段的行动者如何以某种方式而不是其他方式来构建社交世界，以及如果他们希望引起注意，并转向特定的解释时必然会使用这些修辞。

虽然从表面上看，社会问题的描述可能看起来并不重要，而且作为对现实的简单描述而直面接受者，但是这些活动表明，发展的发声既是一个动态的过程，也是一种激烈的修辞手段。贝斯特（1987：115）描述了这个过程：

> 发声不可避免地涉及了从现有论据中对其进行选择，按照某种顺序选择论据，并给出一些特别强调的论点。这些都是由修辞决定的。此外，当发声者评估对他们发声的回应时，或者他们在向新受众说话时，发声可能会被修改和重建，以期使发声更有效。在这种情况下，**即使是最天真的发声者也必须有意识地去做些修辞工作**（强调是本书作者所加）。

那些不断重复的发声和那些消失或进行调试的发声，都被这种力图使人接受的言辞所打动。随着时间的推移，发声越来越多地反映了文化价值，因为发声者明白需要唤起哪些价值观值作为确保注意力和采取行动的关键，同时也明白需要避免哪些因素。

文化资源

因此，社会问题是一种社会实践，抑或荷斯坦和米勒（1993：152）所谓的"社会问题工作"。这种"工作"根植于历史、文化和组织的环境中，理解这一点对于把握问题的轨迹必不可少。同样的道理，探讨一个问题的发展可以帮助我们以特定方式定义和描绘这个问题，从而更深入了解以促进其发展和传播的背景。根据阿塞德的话语（2009：66），主张采用共同的修辞策略并结合特定主题的倾向，提供了"关于认知社群的集体情绪、偏好和身份声明的途径"。发声者利用现有的文化理解，在系统地阐述发声的过程中希望对各自文化的成员都有说服力。因此，研究那些经常被重复和肯定的发声可以提供一扇窗口，以了解产生发声的文化时刻。

这些文本旨在说服人们已经得到广泛的研究；不管是在自然科学领域产生，还是在新闻杂志的版面上刊载，这些努力都是为了让一个特定的解释社群相信其内容的重要性和真实性（拉图尔［Latour］，1987；克诺尔－塞蒂娜［Knorr－Cetina］，1999）。只是受众并不单纯地相信他们所听到的一切。人们基于熟悉的标准、时代和文化来评价新的发声，他们希望看到证据（贝斯特，2008：16）。与此同时，令人信服的"证据"并不是一个静态的考量因素。是什么让这一发声令人信服？什么样的陈述可能会促使一个预期受众想要采取行动？为什么一些概念化的现实容易被受众在某个时间和地点接受，而不是在其他时间和地点接受？

从理论上讲，一个发声者可以以他/她选择的任何方式发声。只是每种文化和时代都会呈现一个图像和想法存储库，以此来说明世界的运行模式。如果他或她想要自己的主张被广泛接受，就需要和这个时代图像和想法存储库一致。发声必须根据人们习惯于把世界概念化的类别"变得有意义"。事实上，即使涉及关于物质世界本质的一些观点看似非理性，人们依然会根据他们熟悉的知识和证据的形式持有一种明确的理性立场。埃文斯－普里查德（Evans－Pritchard）著名的阿赞德（Azande）例子就充分说明了这一趋势。

根据埃文斯－普里查德的说法，尽管阿赞德人对巫术的信仰明显没有受到事实的阻碍（按照他自己的说法），"正如他们所设想的那样，他们显然不可能存在"，社会禁止他们解释世界的方式"决不会与因果关系的经验知识相矛盾"（1976：18，25）。相反，他们的社会类别为他们提供了一种自然的哲学，通过这种哲学可以解释人与事件之间的关系，从而做出合理的解释，以及预期的反应。对于阿赞德人来说，通过巫术的习语来解释不幸就可以包含一套规范人类行为的价值观体系（埃文斯－普里查德，1976：18）。正如他在民族志叙述中描述这类现象一样：

> 感官所知的世界对他们来说就像对我们一样真实。……他们正在缩短事件的链条，并且在特定的社会情况下，选择与社会相关的事情并忽略其他事情。……另外，死亡不仅是自然的，还是一个社会事实。不只是心脏停止跳动，肺部在一个有机体中泵出空气，也是一个家庭成员和亲属，乃至一个社区和部落成员的毁灭。死亡引发了人们协商神谕、魔法仪式和复仇。在死亡原因中，巫术是唯一对社会行为有意义的东西。（埃文斯－普里查德，1976：25）

而且，即使那些相信巫师的人也不会不分青红皂白地这样做。即使是空想的概念也有规则将其联系在一起，并赋予自身连贯性和功能性。例如，撒谎或犯通奸罪的人不能说自己被蛊惑就能逃避惩罚："巫术不会让人说谎。"（埃文斯－普里查德，1976：26）[5]巫术和魔法的发声修辞学中倾向于在神秘的意义宇宙中找到事件的原因。因此，阿赞德人更容易接受他们的文化环境，这一文化环境包含了一个复杂的系统，其中这些范畴在发挥作用、产生运动。虽然这些信仰也包含了一些确凿无疑的"真实"现象，人们确实会遭受疾病和遭遇死亡，但正是这种文化凌驾于这些事件的总和之上，并赋予它们社会和道德价值。

阿赞德的例子并不像最初看起来那样晦涩难懂。当代西方文化中出现的新声音也必须同现有的信仰体系产生共鸣。这些信仰体系使得一些现实的概念化成为可能，也可能使另一些被忽略。谈到 PTSD 的兴起，肯尼（Kenny，1996：154）指出，"赞德巫术和西方创伤记忆疗法都在道德判断的框架内运用了因果关系理论"。与之相似，医学人类学家艾伦·杨（Allan Young）指出，当代西方对精神障碍和疾病经验进行分类的方法，包括在他自己的研究中，"创伤记忆"都涉及了类似的排序和重新排序经验的方法，以此思考个人、事件和记忆的特定道德地位和意义。杨描述道：

> 为了这一目的，个体"选择"创伤后应激障碍症（PTSD），以便重新组织他们的生活世界，因为它是一个众所周知的现成构造，受到最高医疗机构的认可。据说它起源于外部环境而不是个人的缺陷或弱点，并且（在某些情况下）可以获得补偿。（2009：98）

为了理解这些信仰差异背后的过程，以及一些现实解释在特定的地点和时间获得共鸣的方式，杨用"认知文化"（epistemic culture）这一概念来描述"任何群体都知道的共同点"（杨，2009：325 - 326）。克诺尔 - 塞蒂娜（Knorr - Cetina，1999）首次将这个术语引入科学研究。此术语与爱米尔·迪尔凯姆（Emile Durkheim）的"集体意识"（collective consciousness）、卢德维克·弗莱克（Ludwik Fleck）的"思想集体"（denkkollektiv）、米歇尔·福柯（Michel Foucault）的"知识型"（episteme）和托马斯·库恩（Thomas Kuhn）的"范式"（paradigm）概念有许多相似之处。当这些概念在主题和焦点上出现分歧时，将这些概念结合在一起的共同主线是尝试概念化并解释一群人在不同程度上所共有的符号范畴，通过这些符号范畴，他们可以理解他们的世界。在克诺尔 - 塞蒂娜（1999：1）的概念化中，认知文化是"那些通过亲和力、必然性和历史巧合结合起来的安排和机制的混合体，它们是一个给定的领域中构成我们如何知道我们所知道的"。[6]

是什么使得个人和集体的"幸福"、创伤后应激障碍症或其他诸如拉丁美洲的"惊骇症（Susto）"或尼日利亚北部的"坏命运（Bad Destiny）"

在其文化中对此类案例进行合理的解释和分类？正如肯尼（1996：156）所解释的，每种文化都有文化历史和文化相关性；它们是"建立在对自我或灵魂本质的地方性文化理解基础上，在适当的背景下，它们会对某一文化或其他文化进行合理的诊断，而且这是不可避免的"。

这些时间变量和文化理解意味着发声所采取的形式非常依赖于文化语境。发声需要适应这些更广泛的文化理解。不过，发声者本身可能是与目标受众来自相同文化的成员，当他们设计出自认为具有说服力的发声时，他们可能至少反映了一些假设，而这些假设可能会被更广泛的认知社群视为理所当然的说法（贝斯特，2008：30）。阿塞德在研究"9·11"事件后媒体对恐怖主义认识的影响时提出了发声方法的核心观点：

> 证据并不是客观给定的，不是"在那里"，需要被捡起来。证据是由社会定义和社会意义构成的，反过来又被文化、历史、意识形态和特别专门的知识建构成语境。证据也有话语，总之，需要一些共享的意义、视野和标准。科学和宗教无法"相互交谈"的"原因"，在于它们的运作方式与库恩（1970）所称的"范式"不同。当然事实情况并不止这些。二者的宇宙观不同的，权威性的边界也不同。当一个人看历史时，很明显这是一个人的证据——或者更准确地说是一个认知社群的证据，它并不能作为另一个人或另一个社群的证据。（2009：77）

换句话说，倡导者如何描述一个新的社会问题，什么构成了令人信服的证据，以及用来描述受害者和恶棍的文字，很大程度上取决于人们对人类本质的理解、人们与周围世界的关系以及人们在世界中的定位。因此，在因情感脆弱而获得特殊解释力的文化中，基于情感原因和解决方法的社会问题解释能够形成独特的修辞方式，这并不会让人觉得惊讶。

这样的话，可以说"没有什么新的社会问题"（贝斯特，1999：164）。然而，正如贝斯特（1999：164）所描述的那样，"倡导者如何描述一个新的社会问题，很大程度上取决于他们（以及他们的受众——公众、媒体和决策者）是否习惯于谈论已经熟悉的问题"。熟悉问题的文化背景反映了过去的成功发声，而新的发声可能会吸收以前出现的、对现实的普遍性解释。成功的问题——占据头条的问题，使得问题构成了政治运动的焦点，其核心主张是让我们对世界、人类和当前（问题）的状态产生共鸣——恰恰因为在他们的历史和文化时刻取得了一个有效的、"合适"的修辞。发声者在塑造这一时刻的过程中也扮演了一种反思性角色，因为发声者和受众都在与那些新的发声进行互动，适应旧的发声。在许多情况下，发声者会根据自己的要求重塑他们的生活世界。这可能意味着发声者在其个人生活、工作、组织中要实施新的想法，或者要发展新的组织和政策，以回应发声，并对新成员进行社会化改造和实施教育。在酝酿那些得到不断重复和肯定的发声时，发声者可以深入了解自身所处的文化资源，从而深入认识更广泛的历史和文化时刻。正是这些时刻使得某些发声变得合理和有吸引力，甚至变得可以考虑、"可以言说"和令人信服。

本书详细描述了一种理解世界和人类本质的特殊方式，就根本而言这种方式与先前的方式有所不同。二者都能引起共鸣，并代表着一种治疗理解主导着的、包罗万象的意义体系所产生的新表达和新发展。只有在这样的文化氛围中，所谓对幸福的发声才能诞生并根植于肥沃的土壤。只是幸福发声并不是无实体的或抽象的社会过程。正如尼科尔斯（1997：325）所指出的，"当不同类型的发声者之间形成共生关系时，对新问题的叙述才可能更有效"。在下一章我将转向社会问题构建方面的内容。

4

发声者与新闻

发声最初只有在大家理解了"发声者"（Claims - makers）是如何被建构的情况下才能被描述和定义。尽管如此，意识到"符号是社会的产物"（霍奇和克雷斯，1988：229）也是很重要的。它们不是抽象存在的，人们必须创造它们。因此，重要的是将符号视为一种语境化活动而不是一个对象（布洛马特［Blommaert］，2005：3）。事实上，这种理解也体现在以下各章节中，在这些章节里，对发声者活动的审查要先于对他们所构建发声本身的讨论。

简单地说，"发声者"就是那些有试图说服别人接受存在麻烦情形并亟待解决这样一种观点的个人或群体（贝斯特，2008：338）。从理论上说，几乎任何人都有可能成为一个发声者，因为他们是从事发声活动的人，"要求服务，填写表格，提出投诉，提起诉讼，召集新闻发布会，写信抗议，通过决议，出版曝光，支持或反对某些政府的做法或政策，设立警戒线或进行抵制……"（斯佩克特与基特苏斯，2001：79）在日常生活中，很多人提出了大量的社会事件发声，并且可能在发声的产生过程中有不同程度的参与。他们可能通过传递发声或表达同意与否的意见来成为"发声者"，而不必非要身体力行地参与解决该事件。然而，如果没有极大的努力，许多发声是不可能在更广泛的文化层面获得显著成效的。因此，仅仅确定了麻烦情形的存在是不够的——何时、何地以及由谁来进行发声对于他们能否取得广泛认同有巨大影响。[1]

暴力事件、潜在的健康威胁以及新形式的风险每天都在大量地被报道。但是，20世纪80年代昙花一现的诸如"高速公路暴力"一类的事件在今天我们这个时代却成为持久性的事件，区别就在于前者会变成旧闻乃至淡出公众视线，而后者却通过那些接受此事并将之视为自己的事的发声者活动来保持活力（贝斯特，1999）。人们需要保持一个事件的新鲜度以确保进一步的报道，因此他们需要采取一些引人注目的做法来求得持续的关注，进而能够做一些跟此事件相关的事情。一部分人相较于他人来说更具优势，他们可能具备更多的金融资源，隶属于熟悉的机构，或是具备一些能为他们的发声提供特殊支持的专业知识。无论潜在的社会事件是被忽略还是被制度化，都很大程度上取决于发声者的活动、他们彼此之间的联系、他们在社会中的角色，以及他们为使这一事件保持在公众视线内所做出的贡献与具备的能力。当不同类型的发声者之间存在共生关系时，这个发声过程的进行效果最好。当达到这样的程度时，一个事件成功的概率就更大。

现在有必要强调的是，这些发声被拥护或普遍接受的程度不应被夸大。这是因为第一个关于幸福的发声事件并没有以"自下而上"的方式进入公共话语（见第7章）。与典型的"运动"形式不同的是，关于幸福的说法最初并不是来自那些基层组织中愤愤不平的、能成为敲门者而发起竞选运动来改变现状的人。相反，第一批幸福发声最初由专家提出，并被现有的团体和有组织的智囊团所采用，且拥有不同程度的影响力。他们随后的扩散遵循了斯特朗和索尔（Strang and Soule，1998：270）所称的"广播式"扩散模式。也就是说，与普通人群内部的"蔓延"扩散不同，关于幸福的发声来源于外部，主要通过非关系渠道"广播"到人群中，还有一种更加横向的扩散模式，它在与国家机器密切相关的网络内运行，并且本身就是国家机器的组成部分（斯特朗与索尔，1998：270-271；贝斯特，2001：11）。这一扩散的关键在于非关系渠道，例如大众传媒和"刻意（蓄意寻求）促进扩散"的"变革主体"，或者即我所说的"幸福发声者"（斯特朗与索尔，1998：271-272；贝斯特，2001：11）。也就是说，尽管采用了社会运动的修辞，但关于幸福的问题化路径遵循的是在良性促进中所看到的类似趋势，它的幸福发声话语是在国家内部而非外部（勒普顿，1995：61）。

在接下来的章节中，我描述了不同类型的发声者和他们在发声过程中起到的作用，以帮助理解在后续章节中某些事件的构建和扩散。

发声者的类型和发声过程

在有关社会事件的建构主义文献中，一些不同类型的发声者之间的区别被广泛地扩散。然而，这些文献缺乏一个完整的、广义的发声者类型学。因此，后续使用的术语必然汇集多个来源而同时忽略其他某些来源，但这并不意味着存在一个在所有语境中普遍适用的穷尽一切的类型学。尽管如此，这还是很有用的，因为它证明了许多发声者所扮演的角色与目前的分析是相关的。

在已经被提出的各种建议和可利用的文献类型中，有两种可以用来区分发声者类型的定义基础：根据发声者在促进发声过程中所扮演的角色来定义，或是根据他们被更广泛认可的社会角色（诸如职业、组织关系、社会地位）来定义（表4.1）。这种区分允许就发声过程中发声者与他人的关系、发声者的社会地位以及由该地位和/或组织提供的附带限制和机会等方面对发声者进行讨论。

表 4.1　发声者及其在发声过程中的角色

发声过程中的角色	发声者（例）
知情人	公众
局外人	积极分子
守门人	记者
大众媒体	名人和公众人物
	政治家

发声过程中的角色	发声者（例）
	政策专家
	专家
	社会运动组织
	智囊团
	慈善机构和其他非政府组织
	商业组织

这两种分组绝不是相互排斥的。更确切地说，左边列出的"过程中的角色"可以理解为发声者（右）在制定或采纳发声的过程中可能执行的首要功能。这些过程中的角色突出了个人和团体之间的相互联系，并提供了弥合差距的机会，通过这些机会，有时可以获得新的公共舞台和政策领域的使用权。图4.1展示了某些潜在关系以及这些关系被认可与制度化的途径。

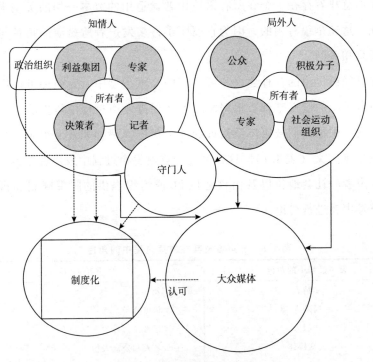

图 4.1　发声过程中的发声者

制度化是指在公共生活的各个领域，对发声者的意识形态和术语的"官方承认"与一般赞同，以及随之产生的程序和法律上的变化（贝斯特，1999；维特尔［Weitzer］，2007：458）。当然，这一过程并不是朝着既定结论的方向线性发展。在任何给定的时间内，发声可能存在于整个过程中的不同阶段，例如在媒体上辩论定义、争论结果、制定或废止政策、提出和修改新的发声，等等。

知情人和局外人

上面所显示的是存在于"知情人"发声者与"局外人"发声者之间的首要区别。根据贝斯特（1990）的说法，知情人因与媒体和决策者的更直接联系而著称。[2]相比之下，局外人的特点则是他们通常很难接触媒体和决策者。表4.2详细说明了知情人发声者与局外人发声者的关键属性。

知情人发声者和局外人发声者的联系影响着他们的发声活动所遵循的路径。知情人发声者包括有组织的游说团体和政治机构，或者说也就是所谓的"政治"的一部分，他们由"一组可以经常影响政府决策并能确保其利益在决策过程中得到认可的团体"组成（尤西姆与查尔德［Useem and Zald］，1982：144）。相比之下，局外人与媒体和决策者之间的间接联系意味着在对社会事件的发声中他们很难获得认可。

表 4.2　知情人发声者与局外人发声者

知情人发声者	局外人发声者
可能是"政治"团体的一部分，他们经常被咨询并能够影响政府的决定（尤西姆与查尔德，1982 引用自贝斯特，1990：13）	政体外部；对决策者的接触有限且影响甚微
有组织的	不同程度的组织
准备好进入媒体	困难的、间接的媒体接触（例如，通过示威、使用社交媒体、出现在脱口秀中、接受采访等来吸引注意，进行发声）

续表

知情人发声者	局外人发声者
有时能够绕过公众对发声运动的认知，并试图"隐蔽地"影响政策可能有"战术"理由来引导公共发声活动	发声的媒体中心，被认为是提高认知、增加成员，并通过公众压力接触决策者的最佳手段
利用媒体来吸引注意，增强公众意识，接受社会事件的存在，并迫使决策者采取行动来反对它	利用媒体来吸引注意力，增强公众意识，接受社会事件的存在，并迫使决策者采取行动来反对它
例如记者、专家和专业人士，他们负责进行研究和推荐解决方案、政府官员、包括政策机构和有组织的游说团体在内的各种利益团体	例如社会运动组织、道德领袖、普通大众、专家和（一些）学者

注：改编自贝斯特（1990：13～15）。

对于没有组织的普通民众来说就更是如此了。德拉·波塔和迪亚尼（Della Porta and Diani，2006：119 – 121）指出，招募更为激进的社会行动形式可能会通过个人之间强有力的社会关系来得以更好地实现，而获得广泛的支持通常取决于动员的"真正关键过程"，即通过非关系型渠道"传播认知信息"，例如能够远远超越人际关系的大众媒体。然而，无论是知情人还是局外人，媒体都是一个重要的工具。在大众媒体中得到广泛的认可和支持（或至少被动接受）能够促使对某事件的看法成为一个严肃话题，并可以迫使决策者将这些发声纳入考虑。

所有者

"问题所有权"是成功建构社会问题的关键因素。为了让一系列孤立的事件，比如一个令人不安的统计数字，或者是一个短暂的犯罪浪潮，成为一个全面的社会事件，必须有人把这个事件拿到台面上来并使之成为他们自己的事件。据古斯菲尔德（1981：10）所说：

"社会问题所有权"的概念源于人们认识到在公众舆论和辩论中，

所有群体都没有平等的权利、影响力和权威来定义事件的真实情况。启发和影响公众定义一个事件的能力也就是我所谓的"所有权"……在任何历史时期，都有这样一种认知，即特定的公共问题是那些能够操控公众注意力、信任和影响的特定人员、特定角色与特定政府部门的合法职责范围。他们有信誉，而其他试图获取公众注意力的人没有。所有者可以提出声明和主张。他们被其他渴望定义和解决问题的人所关注和报道。他们在这方面有权威。即使遭到其他团体的反对，他们也能赢得公众的关注。

问题所有权通常在这种意义上被理解：它是几个对立的团体或势力寻求的东西，用以强化他们自己对一系列情形的定义，并用以建构自身形象。例如，菲格尔特（Figert，1996）描述了几个有利益竞争的集团，如何为经前综合征（PMS）的定义控制权斗争，这些利益集团包括致力于维护一个医学模式的精神病医生们、单身女性及从事女性主义和性别研究的文化批评家，他们都把经前综合征限定在污名化和社会控制范围之内。然而，所有权既不需要如此具有争议，也不是必须处于某个被公认为问题"所有者"的特定群体的明确限定之内。如图4.1所示，所有者的类别可以包括不同利益的组织，它们作为权威出现，并不同程度地操控着注意力。很重要的一点是，一个发声本身不能成为一种有影响力的文化信息；人们必须借用它的语言，运用它，更新旧的发声，或者扩展旧发声的边界以囊括新发声。最重要的方面在于，问题所有权的关键不在于某个群体的主导地位如何高，而在于至少某些群体或个人的一致努力迫使发声成为引人注目的问题。

许多不同类型的发声者在知情人发声者和局外人发声者两个领域内进行发声，但并不是所有人都能获得潜在新社会问题的"所有权"。在没有一定程度的隶属关系或后续组织的情况下，作为一般公众的个人或许很难成功地获得社会问题所有权。他们可能缺乏资源，缺乏对官僚程序的知识，缺乏阐述当下社会的条件以及他们如何和为什么应该被改变的能力与权力。兰德尔（Randall）和肖特（Short，1983：410）描述了权力的作用，即"改变他人态度或行为的能力。它既需要获得相关资源的能力，又需要使用这些资源的能力"。发声的有效性很大程度上取决于拥有所有权的个人或团体对于资源的占有程度，这些资源包括金钱、接近媒体的机会、高水平的组织、献身精神、支持者和拥护者基础、身份地位、知识、专长、技巧和合法性（兰德尔与肖特，1983：411）。

例如，施耐德（1985：217）举了一个在加州农场工作中短柄锄头被废除的例子："就是说，在提出发声的地方，如果一个人对官僚政治有现有的详细的知识，那么他如何，以及对谁，用一种可轻易预测的方式来约束随后的定义活动。"以农场工人为例，虽然他们打赢了一场反对农场管理的官司，但仍不能使社会注意所有企业生产的危害，以及工人和管理层之间的权力差异。"如果没有法律专家的建议"，作者总结道，"申诉人通常不具备这方面的知识"，而专家们的加入不论是就主要问题还是繁文缛节的手续而言都能够"控制甚至改变问题"（施耐德，1985：217）。另外，社会运动组织虽然是典型的"局外人"发声者，但他们往往是发声过程中的老手，他们可能具备不断改造事件以使之保持在公众视野内，进而以此来推动变革的必要资源和献身精神。那些反对现有政党拥有某一特定事件及其定义权的发声者，可以通过有组织地反对和诉诸那些接受该目标的专家，来推动所有权的获得和建立自己的定义。再举一个与前面农民相反的例子，将同性恋从美国精神病协会解除的运动，是由有组织的各团体反对派的争议推动的，这些团体包括同性恋活动人士，组建了"同性恋精神病学协会"的同性恋精神病学家，以及活跃在媒体、法庭和学术刊物上的，提供关于非制度化的专业意见的一群有同情心的专家（柯克和卡钦斯［Kirk and Kutchins］，2003）。

尽管一个有影响力的个人或团体的参与可能意味着，一个短期的潜在社会问题与一个在各种由来已久的活动领域中获得支持的社会问题之间有所不同，但这也并不能保证成功。就像目前正在讨论的过程中的角色的所有方面一样，在发声过程中，这些职能被越来越多的发声者占有，发声有更大的可能得到广泛和持续的肯定。

守门人

在社会建构主义者的文献中，"守门人"一词经常被用来描述那些跨越不同交流领域之间界线的人，尤其是那些在大量的原始发声中筛选并决定将哪些信息传播给他们各自受众的大众媒体中的人。它最初被心理学家库尔特·勒温（Kurt Lewin）用于研究交际活动，他创造这个术语的目的是解释社会规范中影响变革的方式。勒温描述了关于商品、思维以及个人的运动是如何通过各种渠道传递的，这些渠道的入口被个人在不同的地方"守卫"着，他们使用一套规则或标准来允许或阻止它们的通过（斯塔克斯和萨尔文［Stacks and Salwen］，2009：76）。

因此，新闻媒体的成员是最重要的守门人之一，因为正如贝斯特（1990：115）所描述的那样，"简单地接收新闻报道有助于验证一个发声是否值得纳入考虑"。对反战运动、妇女运动和环境运动等诸多运动的研究表明，发声者往往通过不懈的努力来让他们的发声被报道（贝斯特，1990：115－116）。那些将这种（次级）发声者的需求和做法纳入考虑的发声更有可能获得媒体的报道，而这一报道——即成功通过了这些"大门"的发声——是让社会事件发声得到肯定的关键。

然而，如此思考或许更管用：不要仅仅是将"守门人"设想为公关公司或编委会成员，而且应该将之视为那些跨越不同机构和政策领域之间的鸿沟而非简单地过滤不同领域之间信息的人。通过这种方式，守门人也可以作为扩散主体，通过各种渠道促进发声的传播。因此，他们的守门人角色可能是短暂的，不一定是他们在这个过程中所扮演角色的决定性因素。相反，这类发声者可能会以一种传教士般的热情来承担起这个问题，成为问题的所有者，并且接触更广泛的领域以扩大其影响力。尽管在文献上较少提及，但这类精心构思的、专门的"守门人"对某问题的获取和采用可能是社会问题历史上的一股特别推动力，它促进了多个领域之间的扩散，从而扩大了其潜在的支持基础。

大众传媒与新闻

意义系统在文本中被具体化了。认知文化是在交际行为中产生、复制、被肯定和被质疑的；否则它们"将不复存在"（霍奇和克雷斯，1988：6）。因此，"每一种符号系统都是符号化过程的产物"，它通过"既是符号系统的物质实现，也是不断发生变化的场所"之文本来记录自己构建的历史（霍奇和克雷斯，1988：6）。随着时间推移，在寻找文本来研究公共话语中幸福使用方法发展与变化的过程中，我选择将新闻媒体印刷文本作为数据搜集和分析的起点，原因有很多。

首先，如果发声者希望与"大众"沟通，新闻媒体的报道至关重要。据贝斯特所说（1990：18），"希望吸引广泛注意的发声者——尤其是对局外人发声者来说——通常是转向媒体。他们的策略包括游行、写新闻稿、开新闻发布会，以及其他为吸引报道而做出的努力"。尽管大众传媒正在不断地分裂和扩散，但其庞大的规模和潜在的范围意味着它们仍然是问题发声扩散的核心。就像洛赛克（2003a：41）所描述的那样，大众媒体的"大众""始终表明许多人可能会看到或听到这些地方的发声"，从而使发声者们最大可能去接触潜在受众。虽然社交媒体作为新闻内容的生成器和传播者变得越来越重要，但许多"市民记者"仍依赖于传统媒体渠道来获取大量受众（沃森［Watson］，2011，2012）。[3]事实上，网络新闻运动已经大大增加了主流媒体的收视率和新闻媒体对日常生活的渗透（蒙克和汉利［Monck and Hanley］，2008；兰塔宁［Rantanen］，2009）。向更广泛的受众进行播送意味着有更大的机会让以前未知的、没有联系的个人加入运动或参与这个问题（贝斯特，1990：14）。它也能给"可能觉得自己必须对媒体的报道做出回应，或感觉到了来自运动成员或公众压力"的决策者们施压（贝斯特，1990：14）。

新闻媒体的报道也给予了这些发声一定程度的可信度。正如比格内尔（Bignell，2002：84）所描述的那样，"世界上有无数可能的事实可以被报道，但是新闻话语只报道筛选过的事实。被报道的都是被筛选过的那些被认为具有重大意义的事实"。"严肃大报"（quality press）所采用的正式语言也同时具备权威性和客观性，使新闻报道的引用显得更"自然"（比格内尔，2002：90）。虽然受众们可能不同意这种说法，但主流新闻媒体的报道至少暗示了新闻行业标准最低限度的应用，并肯定了新闻报道的价值。

虽然许多社会问题的直接经验往往局限于相当小一部分行动者，但他们的知识和关注往往远超出这些界限。根据佩奇和夏皮诺（Page and Shapiro，1992：340）的说法，"像失业、刑事受害，或者被征召到国外去作战这样的经历只会被极少数人体验"，但它们往往被赋予语境意义，并通过大众媒体的仲裁放大，大众媒体有助于将个人经验与更广泛的社会问题联系起来。作者还说道：

> 如果没有关于整个国家失业率上升的消息，一个被解雇的人可能会认为这纯粹是个人的意外……尽管加油站与杂货店都注意到了价格的上涨，但只有当媒体把注意力放在成为全国性现象的"通货膨胀"上时，它们的全国性意义才会被感受到。**因此，公众舆论往往并非回应事件或社会趋势本身，而是回应对这些事件的报道。**这使得在那些被报道、被强调和被忽略的事件之间有了巨大的差异。这也关系到"事实"如何被传递与如何被解释（佩奇与夏皮诺，1992：340，强调为本书作者所加）。

虽然人们并非毫无思想的媒体信息的被动棋子，但媒体还是给我们对所相信的周围世界解释增色不少。正如阿塞德（Altheide，2000：288）所说，"当流行文化，尤其是网络电视新闻广播将他们对犯罪和危险的报道增加到六倍以上时，观众认为当代生活极不安全而他们正处于极大的危险之中，就并非巧合了"。更重要的是，对代表社会重要问题的情形的评估更多地取决于新闻媒体对这些事件的报道，而非个人经验（利普曼［Lippmann］，1991；麦库姆斯［McCombs］，2004）。或者，正如伯纳德·科恩（Bernard Cohen）所说的那样，大众媒体可能并没有有效地告诉人们"该怎么思考"，但却非常成功地告诉了他们"该思考些什么"（科恩，1963：13）。

在对议程设置的早期研究中，人们发现媒体的报道很大程度上会影响选举活动中某一个问题是否被采纳（麦库姆斯和肖，1972）。根据麦库姆斯（2004：2）的说法，"虽然许多问题都在争夺公众的注意力，但只有少数几个是成功的，而新闻媒体在人们对一天中最重要事件的看法上发挥了巨大影响力"。因此，假若发声者希望在公共议程上赢得一定的空间，那么，以解决问题而做出改变的发声就往往要求他们在其他问题上成功地展开竞争。目前有多种证据表明，包括诸如《赫芬顿邮报》等政治博客在内的非传统新闻媒体的增长正对传统媒体的议程设置影响力形成挑战，而这些博客本身已经发展为更传统的新闻媒体模式（梅拉斯［Meraz］，2011）。尽管如此，麦库姆斯关于传统新闻媒体对议程设置的重要性的断言在关键时期仍然成立，在此期间，对幸福的最初关注开始得以发展和扩散（麦库姆斯，2004；梅拉斯，2009，2011）。此外，跨传统和非传统媒体的议程继续显示出明显的同质性（库什［Kushin］，2010；麦库姆斯与芬克［Funk］，2011）。

新闻媒体的覆盖范围和潜在有效性意味着，无数发声者争相获取"最大可能的受众"，使媒体行为成为希尔加特纳和博斯克（1988：57）所称的社会问题"市场"。因此，他们提供了一种理想的场所，以便研究随着时间推移各种发声者之间相互作用的发展进程，以及随之而来的共识和争议的发展。这种理想场所还提供了研究不同发声者之间交互影响的机会，这些发声者在开始发声时不会彼此接触，比如，彼此独立的专家小群体之间，或者决定如何处理一个发声的组织机构之间，都存在竞争性发展。阿塞德（2000：289）写道，"最有意义的沟通在于符号能指与其指示物，也就是所指，之间产生了理所当然且根深蒂固关系的共鸣"。通过研究在媒体市场激烈竞争中得以生存和发展的发声，我们有可能更深入地了解在产生它们的历史和文化中，它们被赋予的意义和关系。

应该指出的是，仅仅出现在新闻媒体中，即使获得了大量的报道和轰动效应，也不一定足以将一个潜在的社会问题放在公共议程的最前沿，并影响其长期的变化。纳尔逊（1984）在媒体的"问题关注周期"上修正了安东尼·唐（Anthony Down）的作品，以了解19世纪的一个时间跨度很短的问题，比如虐待儿童问题，在她写作之前的二十年里，美国获得了一种更持久的制度化反应。她指出，"专业媒体和大众媒体之间的联系——专业媒体向大众媒体提供新信息——有助于解释大众媒体的持久利益"（纳尔逊，1984：51）。虐待儿童问题在公共议程上得以迅速发展也得益于其积极的价值。正如纳尔逊所描述的，"这个问题被成功地包装、推广，最终被大多数国会成员认为是无可置疑的。因此，重要的是研究虐待的价值特性如何影响议程的设定过程"（1984：94）。对于决策者来说，与问题有关的最强烈动机取决于那些被认为对普通大众有高度了解而对群体冲突缺少关注的人（纳尔逊，1984：94）。从某种程度上说，发声者能够构建一个无可争议的问题，他们有更大的机会影响公共议程。通过"幸福科学"的迅速发展，以及使用幸福科学之语言表达的发声表现出来的明显积极性，人们很容易看到"幸福"是如何在公共议程上获得相应空间的。

综上所述，研究幸福如何在新闻媒体中成功地问题化，提供了一种理解方式，即对事件随着时间推移取得进展的理解，对有效的、有说服力的修辞之用法及其如何形成问题的理解，而且，这个研究还提供了一扇进入文化的窗口，此类幸福发声已嵌入这个文化之中。新闻媒体提供了一个有用的起始点，因为报告显示了对新闻标准的最低期望和所描述问题的新闻价值，都仅仅是由于它们被报道而已。新闻媒体是一个"市场"，在这个市场里，那些原本毫无联系的人的利益会突然发生冲突，通过这个市场可以确定某些问题的诸多特征，因为它渗透到越来越多的公众关注的领域，从人们如何养育自己的孩子到人们与工作的关系。在这个问题上作为公共权威的发声者，随着问题的扩散，可以确定的是其专业素养将越来越被需要。因此，尽管人们理解，在媒体技术形态碎片化、逐渐缩小又急剧增长的时代，人们不能光靠纸质新闻媒体来了解社会问题的建构，但从纸质新闻媒体仍可以推断出已然成为公共权威的主要发声者的切入点，从纸质新闻媒体身上我们也可以了解到幸福话语的主要特征和进展，然后再对其他公共领域发声者的活动和发声进行考察。

5

幸福：从前历史到悖论

关于幸福的公共话语似乎正在增多，这是不可忽视的，但目前这些当代讨论的具体内容有哪些不同尚不明确。毕竟，美国《独立宣言》在两个多世纪前就将"追求幸福的权利"视若神祇。新发现的意义仅仅是对古老追求的重新发现吗？经济危机突然揭示出物质财富之短暂性的时候，是一个重新聚焦于"真正重要的事情"的适当时机吗？本章通过对 20 世纪初到"发现问题"的 20 世纪末与 21 世纪初纸质媒体所讨论的关键词"幸福"进行历时性分析，从而对这些问题进行揭示。我对关键词"幸福"的关注来自威廉姆斯（Williams，1983：15），他将"在某些活动中重要的、有约束力的词及其解释"和"某些思想的指示性词汇"等文字视为社会历史资源。然而，正如我所希望的那样，幸福并不总是幸福发声活动中的"捆绑话语"。直到最近，它才从"悬浮的"或"空洞的"能指变成了科学形式逻辑的对象，成为一种其"等级"和"标准"可以被识别、测量并服从于专业和政治干预的"客观化""事物"。

在接下来的讨论中，我将把涉及"幸福"这个关键词的话语讨论划分为三个时间段，这三个时间段与随时间而变化的幸福之用法相对应。然而，这不应该被理解为暗示了任何突然的间断，而是对应于每一段时期内可识别的三个重要的发展：从随意把幸福作为自由浮动的空洞的能指，到去语境化和幸福研究的引入（始于 20 世纪 80 年代），再到 20 世纪 90 年代出现第一批的问题化话语。在下一章中，我将探索 2003 年以来，幸福开始成为一种吸引越来越多发声者解释社会问题的有影响力的符号学资源。[1]

前历史

在新闻媒体的讨论中，关键词"幸福"越来越普遍，最近几十年提到这个词的文章也越来越多。《卫报》、《泰晤士报》和《独立报》（及其周日版）中关键词的出现次数从 1993 年的 1073 次增加到 2006 年的高峰2258 次。[2]当这种搜索局限于最具包容性的《泰晤士报》（第一次完全索引为 1986 年）的时候，这种趋势就更加明显了。尽管 1986 年只有 147 篇文章使用了这个关键词，但在 2012 年就达到了 1177 篇。然而，仅仅增加使用频率并不意味着它更重要了。当细想这些文章内容时，很明显，幸福的意义、用法和重要性并非保持不变。相反，它的能指已经演变为，不但它本身成了一个社会问题，而且它又是其他社会问题概念化过程中所利用的日益流行的资源。

正如在《泰晤士报》和《纽约时报》档案中发现的那样，幸福的使用在当代关注之前就出现了，这说明，直到最近，幸福仍然很少被明确地直接呼吁或提及，而是作为一个更模糊的修辞放大器，一个带有"模糊性和高度变化性、无法一一列举、不存在所指"的"浮动能指"（钱德勒，2007：78）。它被用于各种主题的讨论，但很少作为一篇文章的明确主题出现。相反，它更常用于无意义的传递，因为它本身就是一种能指。它反而从它自己的语境中获得了意义与价值，同时也为这个语境提供了积极的内涵和"良好"的感觉。这样，早期的用法就证明了艾哈迈德（Ahmed，2010）的断言，即幸福意味着与"良好"的"结盟"或联系。因此，"幸福的历史可以被认为是一个联盟的历史"（艾哈迈德，2010：2）。

正如人们所预料的那样，幸福通常是一些美好愿望、新年希望、冒险或者作为轻松或欢乐表达的组成部分。它也常出现在"和平""正义"

"自由""财富"等"词群"中。作为其他积极措辞的一部分，这种使用经常在政治主题方面得到阐述，特别是在冲突时期。例如，《泰晤士报》1916 年的一篇文章引用法国商务部长的话，希望"战争可以为后代们带来更多的幸福、财富和正义"（《泰晤士报》，1916a）；一位政治家宣称"世界的幸福与和平"取决于英国及其盟友共同目标的实现（《泰晤士报》，1916b），早些时候的一份（提到政府部长的）公告声称，"他们在很大程度上促进了国家的物质幸福和财富……他们维护了帝国的利益、威望和荣誉"（《泰晤士报》，1901）。在这里，"幸福"在很大程度上是其他问题的外围因素，是用来强化指称物所暗示的或不言而喻的"善意"的。这在 20 世纪中期也很明显，当时人们发现幸福与诸如"自由"和"民主"这样的词联系在一起并非罕见。幸福被认为是英国社会固有的东西，它本身是好的，只不过受到了敌人的威胁。引用苏联总理的话说，"我们的生活方式处于危险之中，我们的幸福以及我们孩子的幸福与未来都处于危险之中"（《泰晤士报》，1951）。

值得注意的是，这些对幸福的提及大部分都是处于外围的。除了主题本身，"幸福"几乎没有什么意义。另一个例子是，一项旨在为退休人员提供兼职工作的计划被描述为"对公众幸福极好的投资"（《泰晤士报》，1957）。然而，如果说"公众幸福"代表了某一特定主观定义目标的完成，那就太荒谬了。更确切地说，它是为了表示这项提议的"好"和它的广泛利益。

尽管如此，还是有人试图调用幸福来支持某个问题发声。例如，1954 年的一篇文章讲述了坎特伯雷大主教（the Archbishop of Canterbury）对护士、教师和神职人员短缺的解释："短缺的原因……并不是说这些职业条件艰苦——事实上也有一些是——但简单地说，人们已经忘记了，只有在这些职业中才能真正获得服务的幸福。人们追求幸福，却忘记了创造幸福的条件。"（《泰晤士报》，1954）然而，这种试图宣称"真正的"幸福意义，并调用它来支持特定价值观的尝试，并没有引起更广泛的讨论，而且这些主张很少在它们的第一次发声之后被重提。

再看看《纽约时报》档案中所载的美国人对幸福的使用方式，在20世纪60年代中后期，尤其明显的是，与美国总统林登·约翰逊（Lyndon Johnson）有关的关于幸福的使用，在更广泛的文化中缺乏共鸣。在这段时间里，《纽约时报》上提到幸福的文章开始表现出一种对财富产品的幻灭感。例如，有一个标题"财富的危险"与美国诗人的警告有关，写的是"别让幸福和舒适成为唯一的目标"（彼得森［Petersen］，《纽约时报》：1956）。几年后，一份报告描述了一位心理学家对物质主义文化的蔑视，他提醒一些母亲说："人们自己，而非某些事情，才是良好家庭关系的核心。"（《纽约时报》，1960）

尽管如此，政治话语中对幸福的直接诉求似乎并没有动摇。也就是说，尽管如第2章中所讨论的，人们关注的"不在于有多少，而在于有多好——不在于货物的数量，而在于生活的质量"（古德温［Goodwin］引用鲍尔［Bauer］，1966：XII），这显然取得了一定的影响力，但在当时它似乎在很大程度上仍未能获得共鸣，以作为公众参与的基础。1965年，美国总统林登·约翰逊在签署《健康法案》的一份声明中说，他很快就会组建一个白宫研究小组，在健康、教育和"幸福"等方面定义美国的目标，并用引号将幸福标注出来（罗伯逊［Robertson］，《纽约时报》：1965）。约翰逊曾读过芭芭拉·沃德（Barbara Ward）的《富国与穷国》（*The Rich Nations and the Poor Nations*）（1962），在当天发表的完整演讲中，他指出，尽管财富增加，但美国社会未能呈现"美好生活"的形象（见约翰逊［Johnson］，1965）。第二天，专栏作家罗素·贝克（Russell Baker）在他的"观察者"专栏中讽刺总统的言论，引用了前一天的新闻并继续说道："总统今天在迪士尼这样欢快的环境中签署历史性的《1966年内部幸福法案》（*The Historic Internal Happiness Act of 1966*），将把联邦政府的全部重心放在人类长久以来与抑郁情绪、蓝调音乐、无所事事、令人沮丧的工作、毫无情调的婚姻以及自卑情结的对抗上来。"（贝克，《纽约时报》：1965）约翰逊的副总统和准接班人休伯特·汉弗莱（Hubert Humphrey）在宣布参加总统竞选时，发表了类似于约翰逊的言论，宣布了他追求"幸福政治"的意图，这一点在媒体上引起了注意（韦弗［Weaver］，《纽约时报》：1968；参见里兹［Reeds］，《纽约时报》：1968）。[3] 社论（贝克，《纽约时报》：1968）[4] 和政治反对派都对他进行了攻击，在其他批评中，罗伯特·肯尼迪（Robert Kennedy）用这样的话来作为反对意见，"说这是一种幸福的政治是很容易的——但如果你看到密西西比三角洲的孩子们正在挨饿，印第安人居留区的绝望，那么你就会知道美国的每个人都不满意"（赫伯斯［Herbers］，《纽约时报》：1968）。尽管肯尼迪在一个月前就提出了类似的主张，但这一批评还是在这个时候出现了。[5]

1969 年，一个叫"民主研究中心"的机构主导的会议上有一篇文章，披露了一个与"约翰逊大社会"有联系的智囊团的倡议，智囊团的小组成员如此评论"富裕的危机"："经济学家们明确表示，在过去十年中，财富将产生公共幸福的概念在这个国家遭受了粗暴的冲击。"（雷蒙特［Raymont］，《纽约时报》：1969）然而，这篇文章被一种怀疑主义观点所歪曲，作者指出，这样的言论是在一名"很有礼貌且显然很有希望的受众"面前发出的（雷蒙特，《纽约时报》：1969）。事实上，在汉弗莱竞选失败、肯尼迪遇刺以及政府更迭之后，作为政治计划把幸福与"富裕危机"联系在一起的想法便消失了。[6]

尽管在 20 世纪 60 年代末的美国，与幸福直接相关的一种幻灭感已经被迅速鼓动起来，但在英国，幸福似乎在整个 20 世纪 70 年代和 80 年代仍保持了大部分上述品质。事实上，以"幸福"和"繁荣"为关键词对 1960 年到 1985 年间的《泰晤士报》进行档案搜索显示，当这些词语紧密相邻时，它们总是相互加强，与"正义"和"自由"等以同样的方式被视为不证自明的一系列优秀术语。举几个例子："我无法想象任何政府，无论其性质如何……会想要阻止我们继续从事一份对社会幸福和繁荣至关重要的工作"（《泰晤士报》，1963），或者引用一位法国官员的话，"当然，政府的职责是首先考虑法国和法国人民，考虑他们的繁荣、幸福，以及我们国家的伟大和独立。"（《泰晤士报》，1972）然而，在过去 15 年里所进行的类似搜索结果却大相径庭。有这样一个"繁荣悖论"："创造繁荣，毁灭幸福"（布雷菲尔德［Brayfield］，《泰晤士报》：2000）。评论家警告说，"确保英国有明显的繁荣潜力"并不能"保证国民幸福"（邓肯［Duncan］，《泰晤士报》：2008），"今天的西方社会崇尚的是经济繁荣和永葆青春，而非我们内心的善良或幸福"（霍华德［Howard］，《泰晤士报》：2006）。表5.1详细列出了《泰晤士报》历史上和近几十年来使用"幸福"和"繁荣"这两个词的文章。在1960年至1985年的26年间，67篇文章在同一句话中使用了"幸福"和"繁荣"这两个词，每次在意义上都不自觉地相互联系，反映了不证自明的美好。在这26年中，尽管相似数量的文章都包含了同一句话中的两个单词，但其中1/4以上是相反的用法。

表 5.1　1960~2011 年《泰晤士报》使用"幸福"和"繁荣"的文章

（单位：篇）

类　型	1960~1985 年	1986~2011 年
对立的	0	15
相辅相成的	67	53
总　计	67	68

注：在时代数字档案馆（Times Digital Archive）（1960~1985）与新闻全文数据库（Nexis）（1985~2009）中搜索《泰晤士报》（为保持可比性，《星期日泰晤士报》不包括在内）上同一句话中出现的"幸福"和"繁荣"。

在更广泛地考虑英国新闻媒体的消息来源时，这一趋势也很明显。而这些词一旦聚集在一起，就更易于被作为直接对立的词语调用，处于悖论的两端："富裕的西方心理学家和经济学家的特殊矛盾令我们感到困惑的是，我们的幸福感并没有随着社会的繁荣而增加"（阿华加，《泰晤士报》：2004）。正如一位评论员的悲叹：

　　我觉得西方人确实有这样的优势：拥有这么多的物质财富，他们已经经历了我们社会告诉我们的能带来幸福的一切事情。如果他们有点感觉，他们就可以看到，在大多数情况下，物质繁荣只会带来短期的快乐，而真正的幸福一定在别处。世界上大多数人都没有财富，但他们仍然认为，财富会让他们得到它的推销者们向他们保证的满足感。但欲望

就像盐水。你喝得越多，也就越渴。（鲍威尔［Powell］，《卫报》：2009）

显然，认为幸福与恰当的"商品"相关的文化观念已有所改变。下面这些例子就是幸福讨论中出现的部分倾向，这种倾向使用与之前截然不同的方式操控幸福，进而宣称幸福形成了需要干预的社会问题。这些转变的开始早在20世纪80年代末期英国媒体话语中就已经很明显了，而在美国和世界其他地方媒体讨论中，幸福的问题化也是很明显的，现在轮到英国新闻媒体对这些倾向进行调查了。

去语境化的幸福（20世纪80年代末至1992年）

尽管在早期，幸福的大多数用法仍然在继续，但边缘化的叙述开始出现，幸福从它所依赖的相关语境中脱离出来，开始更多地作为自我实现计划的一部分被追求，或是与之相反，其追求被批判。更重要的是，就这个问题的后续发展而言，第一批发声似乎要把幸福当作可测量和可描述的对象，后来就顺理成章地流入了心理学专业领域。

在20世纪80年代末和90年代的一些文章中，与早期用法相比，幸福的概念化方式的改变开始显现出来，这些文章将幸福本身视为一个目标，或是将之视为以个人追求或自我实现为目标的东西来进行讨论。有些人提倡旅行、非西方文化或东方哲学，将其作为比现有途径更接近幸福的平衡感或"真实感"的途径。一篇文章描述佛教需要"冷静、洞察力、慷慨、耐心"等心性培养，以便"能够实现真正的幸福"（埃里克［Erricker］，《卫报》：1992）。幸福一旦与"成功"和"繁荣"联系在一起，逐渐地，这些东西就会被认为不能共存，甚至可能威胁到一个本身就是更大目标的幸福。对查尔斯王子（Prince Charles）的采访描述了"公共的'行动的人'"与"私人的、内省的人"之间的不协调，试图调和"物质成功的外在生活"与"内心平静"二者之间的关系，并描述了为什么"外在的生活并不足以使人幸福"（斯蒂芬［Stephen］，《星期日泰晤士报》：1985）。作者解释说，"他所说的话意义很明确：物质富裕条件并不一定会带来幸福"（斯蒂芬，《星期日泰晤士报》：1985）。

"快乐"和"真正的"幸福之间开始产生分歧，在这种分歧中，"快乐"与对物质主义的拒绝有牵连，并且与非道德和自我放纵有关。另一篇文章的标题则是："每个人都想要幸福：但对它的寻求从心理上讲是不可能的。"文章的作者是一位哲学家，他继续说道：

> 有些人通过采用许多人所说的自私行为来追求幸福：对占有金钱和物质的热爱、肆无忌惮的野心、对他人的剥削，以及通常被谴责为肉体快乐的自我放纵。这些是否带来真正的幸福，只有那些追求它们的人才知道，毕竟，这是他们自己的生活。但另一些人似乎通过不那么明显的获取方式找到幸福——通过对他们的伙伴或事业的忠诚，通过自我控制和认真的生活，即使这需要牺牲个人的欲望。（比林顿［Billington］，《卫报》：1989）

虽然这个作者主张自我牺牲，但许多人担心幸福与对他人的依赖有所区别。一位记者写道，只有在独处的时候，"我们才能发现自己真正是谁"，并"学到重要的一课：别人根本没有能力给予或消除幸福。我们越是把希望寄托在别人身上，我们就越有可能变得更悲惨"（霍奇金森［Hodgkinson］，《卫报》：1990）。

个人的追求往往是寻求西方文化之外的幸福，西方文化被认为越来越不利于人类幸福。家庭治疗师罗宾·斯克纳（Robin Skynner）在致力于提高幸福感研究意识的一系列栏目以及他自己对幸福和心理健康的看法中，经常提出印度北部与西藏接壤的偏远地区拉达克的例子，将其描述为"一个异常健康的社会"（斯克纳，《卫报》：1992）。根据斯克纳的说法，拉达克人看起来很开心，一部分原因是因为他们的家庭结构更有利于幸福，人们的"占有欲"，"物质上的"和"情感上的依赖比我们在工业社会中更少"（斯克纳，《卫报》：1992）。就连对遥远文化的回忆也可以作为对日常生活单调乏味的"慰藉"，正如一位游记作家所描述的西藏那样："如此的壮丽景象，是未来白日梦的不竭源泉。它不会轻易被平凡的工作抹去，它仍然留在记忆里，是幸福和慰藉的永恒源泉。"（鲍威尔，《卫报》：1992）

一些评论家批评说，追求幸福和自我满足是过分个人主义文化的反映。例如，丽奈特·伯罗斯（Lynette Burrows）在1988年提出，"离婚并不是要确保孩子得到更好的父母，而是要确保父母得到幸福和自我满足的权利"（罗德威尔［Rodwell］，《泰晤士报》：1988）。同样，专栏作家梅兰妮·菲利普斯（Melanie Phillips）在1993年写到："家庭破裂是个人主义大转变的结果，个人幸福感和自我实现的个人期待也更高……我们觉得有权要求个人幸福，因为文化告诉我们，这是有意义的。"（菲利普斯，《观察者》，1993）幸福，或至少其中那些被认为是现代的、被误导的概念，被这些评论家认为等同于社会和文化的恶化。

尽管幸福在问题发声中有明显的含义，但这些评论家的广泛关注仍然在很大程度上处于外围。尽管如此，对于繁荣、财富和成功，以及对西方文化在此处制造明显不满的复杂性方面的矛盾情绪，仍然是持久的主题。然而，目前给予幸福一个集中角色的趋势可能是，这一主题更多是突然出现的科学话语的产物，第一次发声也就从这里开始出现。

幸福研究的介绍

在整个20世纪80年代，民意测验及调查的结果都是被零星报道的。例如，根据盖洛普民意测验（Gallup Poll），英国是"世界上最幸福的国家之一"（多亏了"家庭视频革命"）（《泰晤士报》，1985），或者如一项未归类的"幸福指数"所揭示的，"十分之九的英国人对自己的生活感到满意……尽管他们担心金钱、住房、失业、法律和治安、性和暴力等问题，但英国人总的来说依然是幸福的，并且越富裕，他们越感到幸福"（《卫报》，1987）。另一种说法是，根据一项"研究"，英国只有3%的人"非常不幸福"（克兰西［Clancy］，《泰晤士报》：1991）。

这个早期报道中最有趣的一点是，它显然缺乏一种当下进行广泛报道的典型框架。儿童协会发布的 2012 年度报告警告称,应该是有十分之一的儿童"主观幸福感较低",而不是十分之九的孩子对自己的生活感到幸福(古德贝格 [Guldberg],2012)。1991 年的文章报道说,"只有 3% 的人"是"非常不幸福"的,将这些结果与 10 年前进行的民意调查相比较,结果没有太大变化。目前,正是这种变化的缺失成为问题的焦点。"在过去 50 年里,西方生活水平大幅提高,但调查显示,英国人和美国人现在并不比半个世纪前更幸福"(查克雷伯第 [Chakrabortty],《卫报》:2009)。虽然结果是一样的,但对它的解释已经改变了。

最初,正是从幸福研究结果中得出的结论受到怀疑。1988 年,一项旨在衡量幸福,并创建了排行榜以比较国家、职业和其他变量的跨大西洋调查结果被一名评论员(此项研究的作者)否定了,他说:"英格哈特(Inglehart)和拉比(Rabier)先生是如何得出他们结论的?这是我所不能理解的。"(斯坦霍普 [Stanhope],《泰晤士报》:1988)另一位评论员,总结了让·科勒德(Jean Collard)和佩妮·曼斯菲尔德(Penny Mansfield)关于婚姻幸福社会学研究的回顾,他说:"幸福,特别是共同的幸福,是语言难以捉摸的;当这种语言被社会学的沉重盔甲进一步压倒的时候,幸福就应该像一个小斑点一样留在远处,这没有什么好奇怪的。"(布朗 [Brown],《星期日泰晤士报》:1988)

然而,强调幸福科学本质的说法似乎被认为是更新颖、更有新闻价值的,而且许多出版物都重复了好几次。报道幸福研究新发现的记者们也倾向于以一种直截了当的方式接近主题,简单地将专业术语翻译给普通读者,就像他们在物理或生物科学领域有了新发现时的做法一样。例如,《泰晤士报》科学作家的一篇文章说道:"广告商可能已经自信地宣布了什么是'幸福'。"但由于不同的原因,科学家们正在制定一种测量它的方法(莱特 [Wright],《泰晤士报》:1988)。文章继续说:

> 临床心理学家发现越来越多的人需要测量幸福。这种措施对于检查新心理治疗方法的有效性是很有必要的,这些新的治疗方案被设计

来作为各种抑郁症治疗的替代方案，因为原来治疗方案的用药以苯二氮卓类药物为基础，这种药物由于其成瘾性而致人焦虑。新的幸福指数是由一个与牛津大学迈克尔·阿盖尔（Michael Argyle）教授合作的团队设计的。它被设计为心理学家们长期以来用于各种测试项目的技术替代品，被称为贝克抑郁症状量表。（莱特，《泰晤士报》：1988）

另外一篇提到阿盖尔的"牛津幸福量表"（Oxford Happiness Inventory）的文章说："基于牛津幸福量表和奥塔哥大学情感量表的调查问卷——被认为是用于评估心灵状态的心理学工具——证实了卡洛琳·庞婷（Caroline Ponting）是一个非常不幸福的女人。"（亨特［Hunt］，《独立报》：1996）阿盖尔将成为英国新闻媒体频频提到的首批专家之一，自从他关于幸福本质的评论被首次报道后，他的幸福量表也被具体提过好几次（见表5.2），而科勒德和曼斯菲尔德对婚姻幸福的不太明显的科学定性研究却得到了上述批判性评价，并且从此再未与幸福同时被提及。

美国心理学家米哈里·契克森米哈伊（Mihaly Csikszentmihalyi）的"心流"（flow），也是目前出现的一种被类似对待和反复提及的概念。1991年《独立报·生活版》一篇文章的开头写到，"马克·霍尼斯鲍姆（Mark Honigsbaum）调查了美国教授的声明，发现了实现人类幸福的秘诀，并描述了契克森米哈伊的书《心流》，该书随后也成为美国的畅销书。"根据这篇文章所说，"心流"是"一种深度集中的状态"，可以与"东方神秘主义者所经历的超越意识"相媲美，其"水平"可以通过"电子蜂鸣器法"（electronic beeper method）来测量和识别（霍尼斯博姆，《独立报》：1991）。作者提到，"在某些方面可以说，《心流》是美国最好的自助成功书"，但要将契克森米哈伊从任何类似的描述中区别出来需十分小心，比如警告读者"契克森米哈伊并没有试图提供任何去天堂的轻松十步指南"，并继续描述该书是如何被英国出版商拒绝的，因为对于一般读者来说，它"要么太学术，要么太'美国'"（霍尼斯鲍姆，《独立报》：1991）。

另一篇文章描述了美国行为遗传学家、心理学和精神病学教授大卫·

T. 利肯（David T. Lykken）关于双胞胎个性的"基因突破"（genetic break-through）理论，其中包括幸福的倾向性理论，得出的结论是，同卵双胞胎对幸福水平的感应比异卵双胞胎频繁。作者用类似的科学术语描述了利肯的工作，"但这些特征必须在一定程度上由基因决定，或者说分开的同卵双胞胎不会有任何相似之处。利肯认为，决定幸福的基因不能简单地相加或相减，和身高的情况一样。用技术性话语说，它们彼此相交"（萨瑟兰[Sutherland]，《观察者》：1993）。

这些关于幸福本质的科学主张被认为是一种客观现实，其研究属于科学专业知识的范畴，这在很大程度上并没有受到质疑，并成为幸福话语反复提及的特征。表 5.2 举了三个例子，并列出了支持、中立或批评观点。在被归类为"批评"的五篇文章中，有三篇并不是对幸福科学观点的批评，而是来自其他幸福专家对数据特定方面的反对意见。

表5.2　新闻全文数据库中关于幸福的三种专家意见的反应态度

（单位：篇）

姓名及理论	支持/中立	批评	总计
米哈里·契克森米哈伊——《心流》	33	3	36
迈克尔·阿盖尔——牛津幸福量表	8	1	9
大卫·利肯——幸福的遗传基础	16	1	17
总　计	57	5	62

注：在接下来的时间里，我们对所有英国全国性报纸都进行了搜索。每个搜索的关键词分别是"契克森米哈伊"和"心流"，"阿盖尔"和"牛津幸福问卷"，"利肯"和"幸福"。由于利肯的基因研究与几个不同的理论和关键词（包括"集合点"理论和遗传学）有关，其搜索范围更广。

此类发声为幸福的客观现实奠定了一个迅速增长的证据体系基础，幸福的客观现实被当作一个独立的实体、一个心理的事实，其速率和水平可以被测量和微调。然而，这些早期的专家发声并未将幸福提升为一个社会问题，而是更加关注幸福，心理学家迈克尔·福特斯（Michael Fordyce）引用一篇描述电脑程序的文章，就像"一个可以自动评分，并向治疗师和顾问解释其对客户幸福度的评估的电脑程序"，幸福"比大多数人所怀疑的更加稳定、可理解和普遍"（阿尔比［Albery］，《卫报》：1988）。而且，随着十多年的发展，幸福研究的"进步"不仅在于它受到关注，而且在于多样化的发声者开始出现，他们利用这些信息来支持社会问题的发声。

问题的发现（1993～2002 年）

从 1993 年开始，出现了一些运用各种研究结果来支持社会问题争论的发声。用斯克纳的话来说，早期的用途表明，研究可以或应该被用于"带来改变"（斯克纳，《卫报》：1990），或者根据阿盖尔的说法，在项目和培训中心的创建中"带来改变"。然而，他们未能共同努力将这些说法付诸实践。他们也缺乏这样一种发声，宣布特别缺乏一种应该被关注的幸福知识。[7]事实上，心理学家迈克尔·艾森克（Michael Eysenck）最初提出了这样的观点，例如，澳大利亚是"最幸福的国家"之一（汉克斯［Hanks］，《独立报》：1990），阿盖尔甚至去过澳大利亚，提出了一种类似的观点，即"澳大利亚人在幸福方面的排名很靠前"，同时他还描述了他与墨尔本心理学家在"幸福训练课程"的发展过程中的合作，并提出了如何获得幸福的建议（霍巴特·梅曲里［Hobart Mercury］［澳大利亚］：1988）。1993年以后，倡导者们开始提出这样一种观点，即不仅要把幸福研究用于影响改变，而且具体来说，他们提出了一个应该如何引导改变的问题。

幸福的"悖论"

从这个时期开始出现的观点来看，幸福是现代社会面临的一个严重问题。社会在以各种错误的方式追求幸福。个人并不像他们本可以的那样幸福。

使该问题成为问题的关键方法之一，是通过建立幸福数据与其他变量之间的矛盾来创建"悖论"。如果幸福意味着与善的结盟，它同时也具备表明什么是非善的符号潜力。"悖论"通过建立幸福与发声者所希望问题化的世界各方面之间的对立，来表现这种潜力的"发现"。它将社会善意和社会问题联系在一起。此外，通过把"科学"作为一种文化资源，它在某种似乎无可争议的程度上"重新描述了已经被评估为善的东西"（艾哈迈德，2010：6）。

正是这个幸福悖论，在 20 世纪 90 年代首次出现在英国各大报纸上，这个悖论在当下问题发声中变得无处不在，并且在通往制度化的道路上发挥了重要作用。许多主要发声者都多次提及这一点，其中包括经常被媒体称之为"幸福大师"或英国的"幸福沙皇"的伦敦经济学院经济学家理查德·莱亚德。第 1 章摘录了莱亚德关于"我们生命的核心矛盾"的发声，他接着说：

> ……难道我们的生活不是更舒适了吗？事实上，我们有更多的食物、更多的衣服、更多的汽车、更大的房子、更集中的供暖、更多的国外度假、更短的工作时间、更好的工作，最重要的是，我们有更好的健康状态。然而，我们却并没有更加幸福。尽管政府、教师、医生和商人都在努力，人类的幸福却没有得到改善（莱亚德，2005b：3-4）。

这一悖论首次出现在英国新闻媒体的讨论中是在 1993 年，来自与英国政策机构（包括新劳工智囊团 [New Labour Think - tank Demos] 和社会事务部门 [Social Affairs Unit]）密切相关的幸福发声者（见第 7 章）。表 5.3 包含新闻全文数据库档案中搜索幸福关键词的结果，每年抽取其中前 200 篇最相关的文章（由新闻全文数据库 [Nexis][8] 排序）。这说明，在 1993 年初步介绍之后，声称繁荣与幸福之间存在悖论的文章数量在增长。[9]

表 5.3　提出幸福悖论的文章数量的增长

年　份	关于幸福悖论的文章数量（篇）
1992	0
1993	2
1994	3
1995	5

续表

年　份	关于幸福悖论的文章数量（篇）
1996	3
1997	6
1998	10
1999	4
2000	11
2001	9
2002	5

而后来的悖论越来越标准化了。在这些早期的幸福发声中，牵涉现代世界无法增加幸福感的情况是各种各样的。从倡导者的观点和讨论的性质来看，它是由经济增长、个人财富增加、个人自由度的提升或资源的消耗等因素决定的。代表"不幸"的东西同样具有灵活性，通过进一步参考诸如犯罪率或精神疾病等统计数据，我们发现幸福研究的结果往往会得到补充甚至完全被取代。

把幸福视为一个问题的最早发声——或者更准确地说，是把幸福与各种现象联系起来作为一个问题——与经济增长和环境问题有关。例如，一个描述新经济基金会（NEF）目标的发声者叙述了该组织的观点：

> 即便通过关注国民生产总值，一些因素仍没有被考虑到。健康、个人福利和集体安全都被传统的经济统计数据忽略。通过使用可持续经济福利指数，新经济基金会认为它有一种实用的衡量生活质量的方法……在最新的新经济基金会调查中，据称个人收入的增长被增加的社会和环境破坏所抵消。（库斯克［Cusick］，《独立报》：1995）

这篇文章最后引用了该组织的社会指标负责人亚历克斯·麦吉利夫雷（Alex MacGillivray）的一句话，他在1998年新劳工智囊团制作的宣传册的一章中写到了这个问题，表达了这样的愿望："我们可能将在2020年听到带有关于幸福度和满意度政府统计数据的新闻读者领导纲领。现在已迈出了第一步。"（库斯克，《独立报》：1995）时任英国乡村保护委员会主席的乔纳森·丁布尔比（Jonathan Dimbleby）在另一篇文章中解释说：

> 统计数字告诉我们，自从战争以来，尽管经济衰退，英国和欧洲绝大多数人口的经济状况却一直在好转。通过什么方法呢？汽车拥有率、自有住房、盥洗室、浴室、中央供暖、双层玻璃、国外度假吗？统计数字告诉我们，无论哪个政党执政，用货币和物质术语来衡量的话，大多数人的生活水平都在提高。所以现在我们所有人都应该更加幸福。我们有更好的健康、更长的寿命以及更多的财富。然而，我们显然离幸福还很远。似乎有些东西丢失了。我们更多的是焦虑、沮丧、愤怒，而不是满足。人们情绪低落，心理失衡，脱离和谐。他们觉得被欺骗了。当经济增长带来的生态约束终于被认识到时，我们逐渐意识到物质繁荣与人类幸福之间没有因果关系。（丁布尔比，《卫报》：1993）

詹姆斯·勒·法努（James Le Fanu）（一名全科医生）在同一年出版了一本与名为"社会事务部门"的右倾英国智囊团合作的宣传册，他声称，"没有什么能掩盖西方国家在过去十年间幸福感的逐渐下滑。尽管实际财富大幅增加，但来自美国的数据显示，'幸福感'并没有增加"（勒·法努，《泰晤士报》：1993）。勒·法努继续描述到：

> 婚姻和教会这两大体系的衰落可能是重要的。宗教信仰和宗教传统主义与主观幸福感有着积极的关系，英国 1979 年的一项研究证实，婚姻是主观幸福感中最强的预测器，即使在教育、收入和职业被考虑的情况下也是如此。进入高等教育人数的增加似乎并没有使情况得到改善，与高素质相矛盾的是，更广泛的种族平等并没有实现。来自美国的数据表明，尽管黑人在战争后取得了巨大的政治进步，但受过高等教育的精英阶层变得不那么幸福了。（勒·法努，《泰晤士报》：1993）

这些早期的用法说明幸福感符号学迫切需要多种背景和兴趣的发声者。有趣的是，勒·法努对幸福数据的比较，包括改善种族平等的数据和其他更无争议的历史发展数据的比较，在后来的幸福发声努力中表现并不突出。在此重申之前的观点，对于任何声称想以发展来让我们更快乐的人来说，幸福调查并不是很有用。但是，对于那些希望把发展视为问题的人来说，幸福率是诱人的统计数字。

扩展领域

很早之前就证明了幸福可以很容易与不同诱因相联系。早在 20 世纪 90 年代中期，无畏的发声者们就把关于幸福的发声吸收进了他们所有的报告。威尔·赫顿（Will Hutton）写到："消费社会，以及我们过多地暴露于市场关系中，似乎是我们失去友谊、弱化亲属关系、减少幸福的部分过程。"（《卫报》：1994）几乎所有被问题折磨的领域都可以通过将其归结为对幸福的关注而得以扩张。"只有一个指标很重要，"波莉·托因比（Polly Toynbee）写到："那就是，人们更幸福吗？"（《卫报》：1998）讽刺的是，幸福也可以被用来塑造社会恶化和衰落的形象：

> 以人均收入的年增长率来衡量的话，西方国家比 50 年前甚至 20 年前富裕得多。但在美国，幸福指数仅在战后时期小幅上升，在欧洲，人们"对生活的满意度"仅略高于 70 年代中期。在包括英国在内的一些国家中，满意度实际上更低。根据华威大学经济学家安德鲁·奥斯瓦尔德（Andrew Oswald）的说法，这也不是问题的最终结果。富裕国家的自杀率往往较高，在过去 20 年中，男子自杀数量有所上升。（艾略特［Elliott］，《卫报》：1997）

幸福发声者们也开始尝试向心理学专业领域扩展，把幸福囊括进心理学领域，幸福就可以成为一个合法的关注点。把幸福与已经享有合法性的领域联系在一起，幸福发声者们就可以把人们的注意力引向生活领域，他们假定受众发现这个生活领域没有问题，就可以对受众进行治疗干预。一个神经精神病学家认为：

每10个人中就有1个会在一生中的某个时间遭受精神疾病的折磨。另外9个从医学上来看精神是健康的。然而实际上，这些人并不是精神病患者的事实并没有说明他们过得有多么好。没有任何证据显示他们发现生活有多令人满意，或者他们把生活经营得有多成功……有很多人多年来在工作或人际关系中都忍受着长期的、轻度的不愉快。这些人当中很少有人可能引起精神科医生的注意，但他们的心理健康状况实际是远低于正常标准的。但是，是否有一种与健康饮食和锻炼身体有关的方法来改善我们的精神状态呢？我相信是有的。我们现在已经足够了解，为了在我们的生活和思想中产生必要的改变，以达到一种我称为心理健康的持续状态，心灵是如何工作的。（芬威克[Fenwick]，《独立报》：1996）

在描述幸福研究的过程中，勒·法努提出了一个证据，表明幸福感在人们的生活质量中居于核心地位。"然而，这着实令人惊讶。"（勒·法努，《星期日电讯报》：2001）"更重要的是，我们应该对那些缺乏这种幸福能力的人——即一种被称为'快感缺乏症'的人——表示同情，并给予帮助……"（勒·法努，《星期日电讯报》：2001）虽然试图通过能指"快感"来解决幸福问题的尝试可能是一个过于遥远的话题，但人们仍然认为，我们每天都需要接受对于追求幸福的指导。

事实上，关于专业知识的这种说法往往得益于这样一种描述，即幸福是缺乏这种知识的普通个人无法理解的东西。据称，"人们不善于解释为什么他们感觉好或坏"（莱恩[Lane]，《卫报》：1993）。"如果个人对于他们选择什么以及为什么这样选择并不具备心灵基础条件呢？也许经济学家就不得不猜想究竟是什么让我们感到幸福。"（赫顿，《卫报》：1993）如果幸福的关联物正在减少，那么人们将会沿着一条他们自身并不知道的、并不能带领他们走向幸福的路一直走下去。据勒·法努所说，"一旦我们转向那些在新兴的心理学文献中发现幸福的因素……，这些倾向几乎都是错误的，这表明英国人的心理不安感只会变得更糟"（勒·法努，《泰晤士报》：1993）。因为一般人在评价那些会不会给他们带来幸福的事情时，总是"一贯错误"的（麦克劳德［MacLeod］，《独立报》：2005）。因此，用另一名倡导者的话来说，"如果我们非常了解什么使人幸福，那么我们就有可能且合情合理地把社会推向一个让更多人获得幸福的方向"（麦克雷［McRae］，《独立报》：1994）。

与幸福有关的不幸或迷茫是作为对现代生活的正常反应建构起来的。许多幸福发声者发现，在现代社会假定幸福缺失并非难事。一篇同意精确评定幸福水平指数能力的批评文章甚至认为这是不证自明的：

> 法比人引用了"可持续经济福利指数"（Index of Sustainable Economic Welfare）这一相当不可靠的指数，表明自 20 世纪 70 年代以来，尽管富裕程度普遍上升，但我们的国民幸福感一直停滞不前。我真的不明白怎么能以这样一种过于客观的方式来衡量一个国家感觉良好的主观因素——或者说在这种情况下，感觉阴郁的主观因素。我们自己的主观观察表明，尽管我们所有人几乎都比我们的祖父母辈过得好得多，但我们中很少有人对自己的生活感到满意。我们实际上到底过得怎么样呢？（莫里森［Morrison］，《泰晤士报》：2003）

"停滞不前"的幸福感很容易导致关于不幸福的发声。根据心理学家奥利弗·詹姆斯（Oliver James）的说法，"与 1950 年相比，我们今天非常不幸福"（奇滕登［Chittenden］，《星期日泰晤士报》：1997）。在当今时代，社会越来越不幸福，对幸福的"真正"追求正濒临灭绝，这一观念已经被反复提及。然而，在这段时期内，这些幸福发声仍然相对边缘化。直到 2003 年以后，这个问题才开始在公共议程上占有一席之地。关于这个时期的描述我将在下一章中提及。

6

内心问题

我们迄今为止所描述的幸福发声的效果和影响不应被夸大。在 2003 年之前，大多数幸福发声在获得影响的同时也相对处于边缘。本章概述了从 2003 年开始之后的时期，我认为这是对于制度化问题发展最关键的时期。这是一个关键时期，但很大程度上不是因为这些发声在频率和细节方面与之前预期有所不同，而是因为在 2003 年，发声者开始拥有自主权，并致力于将这个问题置于政治议程上。我特别关注 2010 年之前的几年，当时英国政府在一段时间内启动了包括国家幸福指数在内的国家福利计划。虽然在此之前，幸福感已经以各种形式制度化，并且继续发展到了现在，但随着这一发展，它已经正式成为一项政治议程。就像幸福问题之前许多成功的问题一样，现在有了有效的政策和保存的记录（贝斯特，1990：63）。转述贝斯特的话（1990：63），不管媒体是否继续关注这个问题，它已经做出了重要的转变，它现在是社会政策的对象。在这一章中，我将回顾这些发展之前的阶段，然后在本书的其余部分深入探讨与其过程和修辞相关的问题。

21 世纪初，关于幸福是一个社会问题的观念不仅越来越普遍，而且关于它应该成为公共政策焦点的观念也越来越多地被接受。此外，幸福也越来越多地被接受为一种能指，人们通过它来解决发声者们所希望向前推进的各种问题，就像寻求干预一样。当它牵涉更广泛的问题叙述时，社会和环境退化的主题就占据了主导地位。与此同时，幸福的话语也开始转变，关于幸福的道德反对意见不仅与个人情感相结合，而且还成了一种关于"幸福"和"善行"的发声。虽然在过去，已经在不同程度上制定了政策建议，但在2003年之后，作为政策目标的幸福才开始变得更重要和更紧迫。关于话语中微观事件的反对意见开始大量出现，但是更为基础的批评却被证明没有什么影响力。

适应新发现

在过去十年中，不断扩大熟悉问题领域的趋势一直在持续并加剧。作为一种符号学资源，幸福很容易被用来支持各种各样的动机，即使它们很明显地导致了相反的目的。有了新的幸福科学作武器，就有可能不是用道德术语，而是采用真理总是与正确生活行为相关这样一个证据基础，来颂扬婚姻、宗教和花时间与家人在一起的好处。文章提供了包括"结婚"（亨德森［Henderson］，《泰晤士报》：2003）和"培养良好家庭关系"（凯利［Kelly］，《星期日泰晤士报》：2009）在内的幸福处方。家庭和婚姻比金钱更重要（米尔斯［Mills］，《卫报》：2003）。美国作家格雷格·伊斯特布鲁克（Gregg Easterbrook）最近出版了《进步悖论》（*The Progress Paradox*）一书。他解释道："从经济角度看，获取金钱并不与获取幸福同步。人们真正想要的生活——爱情、友谊、尊重、家庭、地位、乐趣——都没有标价，也无法通过市场进行交易。"（西格特［Sieghart］，《泰晤士报》：2005）

与此同时，关于家庭关系的其他公告和讨论也是矛盾的。一篇文章声称，"一位心理学家说，婚姻生活是幸福的关键，而一旦有了孩子幸福就全毁了"（德夫林［Devlin］，《每日电讯报》：2008）。另一些人则指出，新的研究发现，"没有确凿的证据表明有了孩子或受过良好的教育会增加幸福感"（艾略特，《星期日泰晤士报》：2007a），或者，"如果你认为看着你年幼的孩子日渐长大是生活中的简单乐趣之一，那就请你三思吧。据最新的研究来看，为人父母实际上对你的精神健康是有害的"（尼哈［Nikkhah］，《星期日电讯报》：2007）。一篇文章引用了一位英国医生的描述："为什么父母不能'创造'令人满意的孩子"，并把教室看作提供这种满意感的场所（布伦南［Brennan］，《星期日泰晤士报》：2006）。另一份报告则解释了联合国儿童基金会的一项研究结果，该研究声称，在21个发达国家中，英国儿童是最不幸福的，因为他们家庭破裂，而父母在养育子女方面表现也很差（古德温，《星期日泰晤士报》：2009）。

如果要列一张清单来告知人们哪些事将使或不能使他们获得幸福感，那这张清单写起来可能是没完没了的。典型的例子包括彩票中奖："忘记彩票吧——过去一年中赢得了5万至100万美元的人，在分值为5分的幸福量表中只得到4分，而其他人平均得分为3.8分"（马歇尔［Marshall］，《泰晤士报》：2006）；或是突然残疾的情况，"几项研究已经明确地观察到，在个人因意外而导致部分肢体或四肢瘫痪的一年内，这些人对自己的评价几乎和他们以前一样幸福"（贝利斯［Baylis］，《泰晤士报》：2003）；或是关于富有与贫穷，"新的研究证实，只要你不是非常富有，钱确实能买到幸福"（帕尔默［Palmer］，《星期日电讯报》：2002），"研究表明，一旦满足基本需求，幸福感就不会再增加"（伍兹［Woods］，《星期日泰晤士报》：2006）；以及所谓的"与同等地位的人攀比"之说，即"对于中等收入人群和高收入人群来说，决定幸福的其他因素，比如与他人的比较，很可能和绝对收入水平一样重要"（凯利，《星期日泰晤士报》：2009）。随着幸福研究结果的不断报道，发声者利用"具有新闻价值"来支持或证实这样那样的所谓的文化偏见，他们能够在幸福研究中找到能适应于几乎任何问题的发声也就不足为奇了。

幸福研究开始特别涉及关于工作性质的争论，因为它既有可能增加幸福，也有可能减损幸福。谈到失业问题，"研究表明，失业这个事实对个人幸福感的影响远大于实际收入的损失或过量工作所带来的影响"（霍根［Hogan］，《观察者》：2007），一个"从幸福研究中得来的明确发现是，失业所带来的伤害是巨大的，能超过其影响的，只有那些重大生活事件，比如某个家庭成员的去世"（理查兹［Richards］，《卫报》：2005）。然而，家庭生活是幸福描述中最有意义的地方，而它也正受到工作和野心侵蚀的威胁。"工作与生活的平衡"和"可持续性"被认为是被"无休止地追求GDP增长"所"践踏"（斯特拉顿［Stratton］，《卫报》：2010a）。莱亚德用熟悉的事物来比喻工作，他把工作比作吸烟，提倡通过税收来"防止人们以自我挫败的方式工作"（莱亚德，《独立报》：2003a）。据《卫报》专栏作家波莉·托因比说，莱亚德的"快乐跑步机"是"一个使我们大多数人都产生共鸣的短语"。"追求金钱"并不是现在科学上用来影响幸福的七大关键因素之一，它只会导致"更多的压力，更拼命的工作节奏，更强烈的不安全感，以及对难以捉摸的收益的追逐"（托因比，《卫报》：2003）。财富不仅不能产生幸福，而且额外的收入也被描绘为实际上"败坏"了他人，因为它导致人们"为了追求更高的收入而在自己的私人生活中做出巨大的牺牲"（莱亚德，《星期日独立报》：2003a）。

如前一章所述，幸福发声在早期就发生了改变，以支持现有的对环境和可持续性的担忧。快乐从属于"可持续的"、道德导向的幸福。一个标题如此断言，"你真的想要幸福吗？那就停止所有对快乐的追寻行为吧"（肖赫［Schoch］，《星期日独立报》：2006a）。一篇将幸福描述为GDP替代指标的文章指出，"常规的国民收入和生产核算没有考虑到经济发展的巨大成本，比如环境污染、自然资源的枯竭等"（斯图尔特［Stewart］，《观察者》：2009）。为了对"福祉与环境的可持续性"进行衡量，法国政府将制定主观进步指标的声明被其开发者描述为必要的（沃特菲尔德［Waterfield］，《每日电讯报》：2009）。伦敦主教试图说服议会在气候变化问题上采取更快行动，他声称："这是人们摆脱单调枯燥的工作，恢复一点儿平衡的好机会。"（史宓斯［Smyth］，《泰晤士报》：2009）他提出了一种生活方式，即"承诺不仅要使我们的能源消耗'可持续'，而且要使我们的福祉'可持续'"（史宓斯，《泰晤士报》：2009）。

尽管金融危机的爆发使一些关于幸福和财富的核心发声有可能听起来

不诚恳，但发声者们也能做出相应的调整。有一篇文章质问，考虑到"目前的失业、财政困难和地方政府财政削减"，为什么政府还应该关注幸福？（克林顿［Clinton］，《星期日快报》：2011）这篇文章引用了这样的回应，"这正是评估的最好时机。人们知道真正重要的是什么，因为他们所珍视的大部分东西即将被剥夺"（克林顿，《星期日快报》：2011）。事实上，莱亚德认为，对幸福更加重视将有可能完全避免经济危机。正如他在的网文《幸福行动》所写的：

> 危机的一个原因是过去的错误已经发生……如果相反，我们看清了对人们真正重要的东西是什么，我们就会知道，经济稳定才是最重要的，而长时间的经济增长则不那么重要（莱亚德，不详）。

经济学家约瑟夫·斯蒂格利茨（Joseph Stiglitz）把这场危机视为对用不同方式测量进步之需求的认可："这场危机给工作带来了显著的影响……通过观察 GDP，你并不知道正在发生的是不是可持续的——显然它不是。"（斯图尔特，《观察者》：2009）"过去两年的危机已经推翻了大量的经济学说"，文章总结道，"包括斯蒂格利茨和奥斯瓦尔德（Oswald）在内的许多人都相信，之前惨淡的科学让幸福加入的时机终于成熟了"（斯图尔特，《观察者》：2009）。

"内心"问题

"幸福"可能曾经代表着美好、幸运，不然就是宜人的环境或事件的转折（邓肯，2007），这样的所指已经被牢牢地重新安置到人们心灵之中。虽然幸福通常与"道德"行为和活动联系在一起被发送，但这些行为的回报却存在于内心之中。实际上，一个人越是学会不顾自己所处环境感到快乐，就越可以说他获得了更真实、更有价值的幸福。前面章节中摘录的，在神经学测试中被证实为"极不幸福的女人"总结了她的"成功故事"，她说，"在我的生活中没有什么真正的改变……所以我觉得幸福来自内心"
（亨特，《独立报》：1996）。文化历史学家理查德·肖赫（Richard Schoch）
的观点经常被人引用，为人们从心理导向上来理解幸福提供了哲学对比，
这与他优先考虑个人内心世界而非外部环境的观点是相似的：

> 幸福是你毕生都必须为之努力的东西。但为幸福而努力工作并不
> 意味着你必须改变你的环境、赚大钱或者成为圣人……"这样的努力
> 是浪费的，因为它们浪费了一直摆在我们面前的机会：成为更好的我
> 们，而非成为别的什么人"。我们总是处于正确的位置，尽管我们尽
> 力忘记。在各式各样的幸福版本中，主题都是接受我们自己的平凡。
> （伍兹，《星期日泰晤士报》：2006）

这在利用幸福科学的发声中得到了回应：

> ……越来越多的科学研究表明，幸福确实是一种精神状态……而
> 非我们通过环境所获得的，我们似乎可以按照我们在健身房锻炼身体
> 一样的方式继续努力，去超越我们的"遗传定点"，以及我们天生的
> 幸福（或不幸）倾向。（哈迪［Hardy］，《卫报》：2007）

也有人问，"那么，是什么决定一个人是否容易得到幸福？明尼苏达
大学的研究表明，无论情况如何，分开的同卵双胞胎的幸福水平都是一样
的"（兰廷［Lantin］，《每日电讯报》：2003）。

在幸福与物质繁荣及社会发展的关系中，这些内向型的所指显得尤为
明显。如果幸福意味着与善良结盟，那么财富无疑会被幸福发声者们认定
为不好。"更多的信息、金钱以及声望并不会让我们的社会变得更幸福
……为了持续稳定的幸福，我们需要改变我们感知世界的方式，我们内在
的心理状态至少和我们外部的环境一样重要。"（本·沙哈尔［Ben - Sha-
har］，《卫报》：2006）

正如第10章将要更详细探讨的那样，幸福发声者们鼓动反消费主义或
反资本主义修辞，甚至引起了马克思主义者关于这些问题的发声，比如，

"马克思认为资本主义会因自身的矛盾而被推翻"（艾略特，《卫报》：1997），因此，这些问题以及它们的解决方案也将在内部被找到。奥利弗·詹姆斯（Oliver James）认为，"政府忽视了另一个关键的事实：我们不仅不幸福，实际上我们还很可能患上了一种精神疾病。这种先进的资本主义，尤其是在花样繁多的美国，正在使我们生病，而这并没有成为新工党所考虑的问题"（詹姆斯，《卫报》：2003）。另一位倡导者认为，市场有"一种描述幸福的自由手段——新车、新沙发、新假期——以及操纵我们对周围状态产生不安全感"（邦廷［Bunting］，《卫报》：2005）。"顺其自然吧，"她警告说，"国家将越来越多地为消费资本主义所产生的抑郁、压力、焦虑等非健康情绪买单"，而"政府可以并且应该进行干预"（邦廷，《卫报》：2005）。

　　一个病态社会在面对此种压力时，被描绘成使个人堕落、易受攻击、虚弱无力。"这是一种彻头彻尾的炫耀性消费，是我们消费经济中最赚钱的一种名人生活风尚。自由市场资本主义所导致的巨大收入差距，令人们对自己的命运远不如他们应该有的那么满意。"（奥尔［Orr］，《独立报》：2006）根据这个发声者的说法，解决方案就是"幸福必修课"，它旨在教学生成为"充实"的人（奥尔，《独立报》：2006）。另一个标题提问道："钱不能带来满足。那么，你该如何打造一个让幸福成为首要任务的政治蓝图呢？"同时它又回答说，"莫里认为，关于它的研究应该给政府一个抑制'消费主义和工作，以及促进教育人们更加全面地看待幸福'的理由。"（托因比，《卫报》：2004）公众被描绘成现代社会陷阱的牺牲品，他们是消费主义的奴隶，是"攀比"的奴隶，他们有着过高的期望，并出于"贪婪"和秉持对幸福真正源泉的错误信念而努力工作。一篇文章报道称，"华威大学的经济学家安德鲁·奥斯瓦尔德（Andrew Oswald）说，有这么一个解释就是，在资本主义下，我们在与别人攀比这件事上花费了太多时间。"（霍尼斯鲍姆，《观察者》：2004）另有解释：

　　　　自1930年以来，我们所创造的许多财富，都是花费在了能彰显地位却无实际作用的奢侈品上，我们买它们只是为了攀比。我们已经把自己束缚在了心理学家所谓的"快乐跑步机"（hedonistic treadmill）上——过度工作，过度借贷，而忽视了我们的家庭。毫无疑问，自1950年以来，生活在西方国家"幸福"人口的比例，在最好的情况下也只是保持不变而已，而在美国，尽管收入大幅增加，但实际上比例却下降了。（哈里根［Halligan］，《星期日电讯报》：2004）

人们有一些问题化倾向的渴望：

> 美国学生曾被问及他们认为对美好生活至关重要的主要消费品是什么……然后，他们在16年后再次被询问。实际上他们拥有的物品数量与当时相比已经有所提升（从3.1到5.6），但是他们的期望也随之上升了……他们总是认为还缺一两件东西。（比德尔［Bedell］，《观察者》：2006）

另一名倡导者说，不幸是由"另一种状态的焦虑——贪婪，或一种由嫉妒推动的占有欲"所引起的（卡彭特［Carpenter］，《观察者》：2006）。降低期望值是通往幸福的有效路径。"幸福不是得到你想要的，而是想要你已拥有的。"（罗伯茨［Roberts］，《观察者》：2006）如果将幸福与物质世界联系在一起，那就是"有毒的""有污染的"，是一种"瘾"：

> ……我们很快就迷上了新东西。我们提高了我们的期望……研究表明，我们是否对自己的收入感到高兴，并不取决于收入的多少，而是取决于与朋友、邻居或同事的比较。幸福的秘密，就像我在研究康拉德·布莱克（Conrad Black）贪得无厌的贪婪时所写的那样，就是把你自己与那些没有你成功的人相比，而不是同那些比你更成功的人相比。（西格特，《泰晤士报》：2005）

奥利弗·詹姆斯的一项早期发声总结了许多现在普遍流行的主题：

> 我们已经成为一个想要成为的国家，我们想要我们所未曾得到的

东西——我们期望得到更多，并且觉得有资格得到它。这是发达资本主义发展的结果——经济增长意味着每个人都对他们所拥有的东西感到不满……治疗是非常有用的，它绝对是一种反资本主义的手段。它的最终结果是更清楚地了解你如何以个人经历适应并充分利用新技术所带来的美好机会。（莱西，《独立报》：1998）

持久的幸福

这种批评和它引起的干预使它本身适合作为对变革的一种含蓄批判。正如一位倡导者所说的那样，"不断增加的精神疾病似乎是市场资本主义导致的那种快速、颠覆性改变的必然结果。这并不是说人们变得软弱了，而是因为他们在无休止的、非连续性的变化中彻底迷失了方向"（邦廷，《卫报》：2004）。对"持久"幸福的呼吁也增强了人们对现代生活和物品繁荣的幻灭感，许多倡导者表达了一种"回到""更简单"时期的浪漫愿望。这种渴望常常因"简化你的生活"的训令而被注意到，也通过以非西方文化和欠发达国家为榜样加以效仿而被注意到。

这一点在早期也很明显，但通过利用科学修辞学，这些讨论获得的验证感远远高于旅游作家的浪漫记录。媒体大量报道各种世界范围的幸福调查结果和指数，声称尼日利亚（诺顿［Norton］，《独立报》：2000）、哥斯达黎加（西格尔［Seager］，《卫报》：2009）和瓦努阿图等国家是世界上最幸福的国家（桑顿［Thornton］，《独立报》：2006）。2006年出现了一大波关于"幸福星球指数"的文章，将岛国瓦努阿图列为"最幸福"国家名单的首位。《卫报》的一篇文章称："根据今天公布的一项激进新指数来看，地球上最幸福的地方是南太平洋岛国瓦努阿图。而英国甚至没有进入前100名。"（坎贝尔［Campbell］，《卫报》：2006）除了报告结果外，许多文章还提供了更多的理由：

　　如果他们只问我，为什么这个由 83 个岛屿和 120 种不同部落语言组成的美拉尼西亚国家很容易就有资格获得最高荣誉，我可以给他们一千个理由。瓦努阿图的岛民们骄傲、多姿多彩、开朗，而且最重要的是，对周围世界的烦恼无动于衷，他们享受着一种四千年来几乎没有变化的生活方式。（希尔斯［Shears］，《每日邮报》：2006）

作者继续详细说明了使瓦努阿图以一种"相对原始的生活方式"而远超过英国幸福感的指标：

　　首先，是预期寿命。尽管岛上居民很贫穷，但许多人能活到 90 岁甚至更久。……第二，是安宁的生活。在瓦努阿图，这是一种由自我满足、自豪感和延续了几个世纪的文化所激发的精神状态，这些文化没有任何可以容纳西方世界最大弊病——贪婪——的空间。很简单，在瓦努阿图没有人会在意跟别人攀比这件事。独一无二的是，他们认为你所拥有的就是你应该得到的，事情就是如此而已。最后，这里没有任何污染。（希尔斯，《每日邮报》：2006）

在英国的全国性报纸中，这个指数基本上以不加批判的甚至是用欢快的语调被反复提及 26 次。一名评论员评论道："'贫穷但幸福'是一种陈词滥调，它对殖民势力起到了很好的作用，但在这里，它似乎是真的。"（帕特森［Patterson］，《独立报》：2007）一位读者将瓦努阿图视为一个"太平洋天堂"，他作为一名援助工作者住在那里。然而，他提醒人们注意，"这里并非幸福的天堂"，他还怀疑，"幸福星球指数是否也像调查男性那样调查过女性"，是否注意到性别歧视和家庭暴力问题（莫里斯［Morris］，《卫报》：2006）。事实上，在瓦努阿图并没有任何人接受过调查，在提及"生活满意度"或"人类幸福"时，没有任何一份早期报告注意到这一点。一年之后，在该指数被重复了 20 多次且没有被质疑的情况下，唯一严肃的批评出现了：

　　在宣布瓦努阿图登上"幸福星球指数"榜首的新闻稿中，新经济基金会宣布说调查的结果"令人惊讶，甚至令人震惊……"是的，这将是"令人惊讶的，甚至令人震惊的"，但前提是新经济基金会的幸福指数并没有刻意偏向于支持那些低碳国家。在那方面，调查所采取的措施只不过是人们为之付出的良好意见而已……从世界价值观调查组织的一项早期研究中发现，它所有的"满意度"分数都被购买了。来自世界价值观调查组织的人从来没有到过瓦努阿图，而电话民意调查几乎是不可能的。所以，"地球之友"的朋友们大概是做了统计学家们术语称为"外推法"，而我们其余人称为"胡乱拼凑出来"的东西。（劳森［Lawson］，《独立报》：2007）

然而，尽管如此，即使没有最初的研究做参考，一个原始社会的观念，"摒弃现金经济，恢复传统形式的可交换财富，如猪、编织草席和贝壳项链"，而世界其他地区却"沉迷于圣诞节消费主义的狂热之中"（斯夸尔斯［Squires］，《每日电讯报》：2007）的说法继续在被重复着（一个我们将在第 8 章回答的观点）。[1]

2009 年，时任法国总统的尼古拉斯·萨科齐呼吁建立一个新的指标，即"关注环境保护、工作与生活的平衡以及经济产出等问题，以评估一国维持其居民'可持续'幸福的能力"（戴维斯［Davies］，《卫报》：2009）。一篇标题为"萨科齐幸福指数值得重视"的文章继续阐述了萨科奇与经济增长"教条"斗争的细节，它被描述为"不再可持续。它必须被扩大为一种新的政治成功和国家成就的衡量标准，这种衡量标准考虑普通人的生活质量，以及我们宣称的拯救地球于环境灾难中的欲望"。（利奇菲尔德［Lichfield］，《星期日独立报》：2009）

对运动的可持续性的优先考虑也反映在一种倾向上，即相比快速而短暂的幸福而言，优先考虑那些"可持续"幸福的倾向。短暂的幸福经常与破坏性的愉悦联系在一起。一位精神病学家将从"一杯好酒"中获得的"'即时'享乐主义"幸福与一个人应该寻找的"基于理智""可持续的幸福"区分开来。（克拉克［Clark］，《星期日泰晤士报》：2005）另一名发声者警告说,"财富、成功、爱情、地位、名声——我们之所以寻找,是因为我们相信(往往是错误的)它们会使我们幸福",但"这种效果很快就会消失"。(西格特,《泰晤士报》:2005)与之相反,作者引用了行为心理学家的观点,"爱情和友谊,或者是其'连通性'……是幸福最重要的决定因素。与金钱不同,它的效果是持久的"。(西格特,《泰晤士报》:2005)

幸福的戏剧化

正如我在下一章中所说的那样,幸福的问题化被一些有影响力的倡导者大大促进,他们把这个问题提出来并使之成为自己的事。莱亚德在 2003 年对该问题的理解,不仅意味着他对该问题享有最高专属所有权,而且意味着他对该问题最有效的戏剧化。莱亚德警告说,把这个问题与精神疾病联系在一起是造成"痛苦"的最大原因之一,四分之一的人在他们生命中会患有"严重的精神疾病"。(莱亚德,《星期日独立报》:2003a)支持莱亚德幸福发声的专栏补充说:"不幸福是一项昂贵的业务""精神亚健康是人们丧失工作能力的最重要原因,在生产力和效益上估计会给这个国家造成 90 亿英镑的损失"。(邦廷,《卫报》:2005)基本上,如果你没有不幸福,那你就可能正在为某个不幸福的人埋单。

这些发声根源显然自相矛盾,因此它们具备新闻价值。比如,从很早的时候起,倡导将幸福研究应用于政策制定的经济学家们就被描述为,代表了一种"激进的反思""在这些政治体制准则的影响之下冒泡"。(邦廷,《卫报》:2001)莱亚德表现为一个叛逆者,挑战着"包括他自己的GDP 中心主义在内的基本原则"(《卫报》:20030),并"悄悄地在这个悲惨的、物质的、过度工作的国家里发起一场革命"(杰弗里斯 [Jeffries],《卫报》:2008)。引用莱亚德自己的话说,"任何没有革命性的事物都是不被需要的"(劳伦斯,《独立报》:2005)。

莱亚德在新闻媒体上的言论所产生的反响,证明了这种戏剧化的成功。2005 年有这样一个标题——"不幸福是'英国最严重的社会问题'"
（劳伦斯，《独立报》：2005）；许多人重申了其对"不幸福的流行"之主张
（阿华加，《泰晤士报》：2004；利思，《每日电讯报》：2004；劳伦斯，
《独立报》，2005；格里菲斯，《星期日泰晤士报》：2007）。一位专栏作家
将她的写作描述为"游说工作中一个不起眼的部分"，并且未能对莱亚德
的"国家丑闻"提案起作用。（西格特，《泰晤士报》；2006）

　　另一些人则将这个问题与已经接受的社会问题联系在一起使之戏剧
化："酗酒、心理健康问题、（以及）青少年自杀"揭示了"英国目前在
帮助年轻人实现幸福方面做得很糟糕"。（埃文斯［Evans］，《泰晤士报》：
2008）"通过对抑郁症、犯罪、肥胖和酗酒等问题的衡量，我们开始变得
非常不幸福"。（邦廷，《卫报》：2005）在如此广泛而富有戏剧性的术语铸
造之下，干预的提议很少遭到反对就并不奇怪了。许多人建议采用个人生
活方式改变和一览表方式活动的计划，但这些计划很快就转向了意义更为
深远的提议。"如果争论越来越迫切，那它也就越来越务实了。这就是幸
福，不仅仅是一种心灵的状态，更是政府的政策。"（沃尔特［Walter］，
《卫报》：2005）对莱亚德发表演讲的回应是这样的：

　　　　什么能够带来更多的幸福？更少的失业，更安全的社区，更和谐
　　的关系，以及更重要的是，更广泛的心理健康治疗。莱亚德勋爵在他
　　讲座的结尾强调了这一点：一种疾病，占所有被测残疾的 50%，却只
　　获得 12% 国民医疗服务体系（NHS）资金。这个案子已经办好了，现
　　在可以采取一些行动。（《卫报》：2003）

批评与反对意见

　　很少有批评否认关注幸福的重要性，或者质疑幸福感下降或缺失的潜
在逻辑。虽然幸福发声本身通常被称为"有争议"，但大多数批评还是倾

向于在问题的逻辑内部进行操作，认为幸福的存在及其重要性是理所当然的，但这些批评的重点和改进建议不同。这个问题的出现似乎说明了其必然性。例如，莱亚德和与之长期合作的惠灵顿学院院长安东尼·塞尔登（Anthony Seldon）之间的细微差异，在一篇文章中被描述为"需要显示而不是隐匿"的"观点多元主义"，因为年轻人在"经过考验的思考和生活方式"方面得到了指导（埃文斯，《泰晤士报》：2008）。此问题最好是通过认知行为治疗来缓解，还是通过另一种更有效的手段来治疗其间的分歧，被描述为"意识形态的斗争"。（霍德森［Hodson］，《泰晤士报》：2006）另一篇文章标题是，"幸福永远是一种错觉"，其中提到了对一位精神分析学家的采访，他批评幸福书籍的意义是作为"问题，而不是作为解决的方案"（杰弗里斯，《卫报》：2006）。然而，他对于幸福是一个严重问题这一点深信不疑："正是因为有这么多的不幸，幸福才成为当务之急。而那种如果你仅仅多说几遍我们就都会高兴起来的观点是非常荒谬的。"（杰弗里斯，《卫报》：2006）

一些在最显著位置刊载的反驳文章批评幸福提倡者们倡导一种短暂的精神状态、倡导个人主义或过度依赖心理学。一篇文章援引心理学家拉吉·佩尔绍（Raj Persaud）的观点，认为快乐（pleasure）和"持久的"幸福（happiness）之间必须有所区别。他继续说，"我认为莱亚德和我观点一致的地方在于，情感幸福没有被讨论，这是非常有趣的。持久幸福并没有在国家议程上，但它本应该在"（克拉克，《星期日泰晤士报》：2005）。据肖赫所说，"问题就在于国家误解了什么是幸福"，他补充道，"当提到幸福，政府所能做的就只是测量舒适度和满足感"。（肖赫，《星期日独立报》：2006a）在这个地方，他提出了一个获得持久幸福的主张，并警告说，快乐（pleasures）是"幸福极其不可靠的基础"，因为"从本质上说它们是短暂的……当然，我们希望我们的幸福是由更结实的材料做成的"。（肖赫，2006a）

肖赫对惠灵顿学院院长安东尼·塞尔登引进"幸福课程"的决定提出了类似批评："问题是，惠灵顿选择通过积极心理学来教授幸福的行为，在我看来，这与在学术体面掩饰下的自救行为差不多。"（肖赫，《每日电讯报》：2006b）他反驳说，有一种更可能通过"恢复幸福的伟大哲学和宗教传统而找到"的"幸福道德"，我们可以"让它们在我们今天的生活中起作用"（肖赫，《每日电讯报》：2006b）。而塞尔登的发声也反映出类似担忧，他指出了诸如"名誉、金钱和财产"等短暂快乐的危险（罗宾逊［Robinson］，《每日电讯报》：2006），并强调需要"让青少年理解什么能使生活繁荣"（沃德［Ward］，《卫报》：2006）。

强调"道德"与"哲学"基础的发声显示出一种亚里士多德所说"极乐"（eudaimonia）的倾向，他的"幸福"通常被翻译为"繁荣"（flourishing），发声者们极力主张不能把它与现代幸福（happiness）相混淆："它意味着更微妙的东西。更接近原意的翻译应该是类似于'伴随着与你的守护神或本真自我相一致的行为的那种感觉'的东西。"（《星期日泰晤士报》：2005）根据 A. C. 格雷林（A. C. Grayling）的说法，"我们现代的幸福理念很单薄。对亚里士多德来说，幸福意味着善行、安宁、繁荣、满足和成就。它是一个非常丰富的概念。而今天人们只是想着中彩票和整天坐在沙滩上"。（霍格德［Hoggard］，《独立报》：2005）

这些批评反映并肯定了他们声称反对的更广泛叙事的关键方面。正如艾哈迈德（2010：12）所描述的那样，"那些需要回归古典美德概念的幸福产业的批评，不仅维系了幸福与善之间的联系，而且暗示了一些形式的幸福比其他形式的更好"。此外，区分"强"和"弱"思想的尝试意味着一种道德决策，即判断"某些形式的幸福，因为需要更多的时间、思想和劳动……比其他形式的幸福更有价值"的特权。（艾哈迈德，2010：12）通过这种方式，这种思想被公认为是"资产阶级的"，而且它要求人们将注意力从这种使"苦思冥想"的生活成为可能的政治经济中转移出来。（艾哈迈德，2010：12）事实上，正如第9章和第10章所述，吸收这种哲学反对意见是幸福问题化的核心。

最尖刻的批评文章往往在社论中。联合国儿童基金会的报告称，英国是世界上最不幸儿童所在的国家，该论断在 2007 年发布之后，英国媒体大量报道，众多评论家们也纷纷用来支持他们的发声。采取了更有批判性立场的文章来自大卫·阿隆诺维奇（David Aaronovitc）。他反复提到这个报告接收到的一些反响，并引用坎特伯雷大主教把结果归结为"物质竞争力文化"的观点，并质问："这是研究告诉我们的吗？"（阿隆诺维奇，《泰晤士报》：2009）更深入地看，他发现在研究中使用的幸福指数，比如在父母有冲突行为的家庭，并非价值中立。他总结说，大多数用来衡量幸福指数的统计数据都是"被预先决定的结论"所操纵的（阿隆诺维奇，《泰晤士报》：2009）。另一篇批评奥利弗·詹姆斯主张的文章认为，尽管有相对多的财富，"26.4%的（美国）人在过去12个月里患有精神病，患病率是上海或尼日利亚的6倍"，文章还指出詹姆斯的错误：没有考虑到心理健康专家人数的增加和诊断数量的扩大，以及"某种程度上不太友善的评论：预期只能活47岁的尼日利亚人可能由于忙着去死而没有时间沮丧"。（沃尔斯特［Worstall］，《泰晤士报》：2007）

　　经济学家保罗·奥默罗德（Paul Ormerod）在批评繁荣悖论的一篇文章中指出，尽管经济增长，但对于导致幸福水平停滞不前的所有愤怒感来说，实际上似乎没有什么能改变幸福水平：

　　　　公共支出、休闲时光、犯罪、性别失衡、收入不均、抑郁——随着时间的推移，这些都与幸福程度无关……当然，另一种情况是，这些数据并没有告诉我们任何有价值的东西。最基本的，因为数据的构建方式，幸福的记录水平不能随着时间变化太多。人们通常被要求以1~3的级别给自己的幸福打分，3代表"非常快乐"。因此，即使你欣喜若狂，也不可能达到更高的水平。[2]（奥默罗德，《星期日泰晤士报》：2007）

　　然而，这些担忧在很大程度上未能对幸福感的增长和传播产生重大影响。在这个问题升级的关键阶段，大多数的批评都采取了轻松的形式，或者从非专业批评者的角度进行"一次性"反对。

　　2010年11月，当国家统计局宣布在全国范围内倡导评估公众"幸福指数"时,尤其是建立在金钱无法买到幸福那种重要发声基础上的政治热点,开始遭到冷遇。而在几天前,学生骚乱席卷了威斯敏斯特,国家正处于经济衰退的深渊中,政府开支大幅削减。《卫报》报道说,"唐宁街的紧张局势"令人印象深刻,并强调这是将"远大志向"付诸实践(斯特拉顿,《卫报》:2010b),小报头条这样写到:"如果感到幸福,而且你很阔绰,你就拍拍手。"并想一想:"有什么比金钱对生活更重要吗?……当你非常有钱的时候你当然可以轻易说出这句话。"(莱基[Leckie],《太阳报》:2010)对一些观察者来说,卡梅伦对幸福的兴趣只是其削减开支的一个讽刺性幌子。联合组织的秘书长莱恩·麦克拉斯基(Len McCluskey)将这一倡议形容为"联合政府为了欺骗人民(把羊毛拉过来遮住人们的眼睛)的另一项尝试"(马尔霍兰[Mulholland],《卫报》:2010)。另一位评论员评论道:"随着经济紧缩现象变得越发明显,我们开始关注情感发展,这肯定不是巧合。"(摩尔[Moore],《卫报》:2012)《卫报》专栏作家马德琳·邦廷(Madeleine Bunting)警告说,政府削减开支与幸福感之间的明显矛盾实际上可能惊人地一致:"卡梅伦关于幸福与福利削减的想法实际是一回事。'边沁主义'(Benthamite)意外地没有成为描述苛刻福利的术语。"(邦廷,《卫报》:2010)然而,即使在大家嘲笑幸福来源的时候,大多数评论仍捍卫了幸福对政治争论的重要性。波莉·托因比尖锐地写道:"大卫·卡梅伦并没有发明幸福",她赞扬了许多在联合政府上台之前就"认识到人们需要建立更全面的观点,而不是只关注 GDP"的人的努力。她还补充说:"卡梅伦的谈话在一段时间之前就已经与实际走向分道扬镳了,国家统计局的数据将记述他选择的不幸福道路。"(托因比,《卫报》:2010)

然而,决策者们对幸福发声的接受远不是一种在经济衰退中才出现的思想,它早就清晰地显现出来了。时任英国首相的托尼·布莱尔(Tony Blair)的内阁办公室战略部门早在 2002 年就发表了一篇关于"生活满意度"的论文。2006 年,大卫·卡梅伦作为保守党领袖的任期只有 5 个月,他把幸福作为一个核心政治问题,而在戈登·布朗(Gordon Brown)的领导下，一系列以幸福为基础的建议已在实现。在经济衰退最严重的时期出现一个更高调的倡议是一个不幸的巧合。即使是强烈鼓吹 GDP 与幸福之间脱节的莱亚德，也认为这一声明非常"勇敢"（托因比，《卫报》：2010）。

尽管把幸福视为公众问题的观念使人们明显感到不安，但似乎很少有人愿意把所有权当作批评的对象。相反，批评视角更倾向于强调其潜能的不同方面，以表达他们自己对终极利益的反对意见。正面内涵和相对宽容性使其成为一面有吸引力的旗帜，号召支持而不是反对，从而使幸福发声者们很少受到批评和严重的反对。专门的反对派对评论家几乎没有什么意见，因为很少有人会主张经济萧条、庆祝"炫耀性消费"或认为 GDP 是生活中最重要的一件事。作为一种符号学资源，幸福给予它所涉及的主题一种十分美好的感觉。但是，目前对这个符号本质的高度合理化和解构，使这一策略显得更具潜力。科学和历史都证实，它给予发声者所倡导的那些观点一种确定性的感觉，同时也提供了一个看起来复杂，不过却诱人的简单答案，用以回答各种各样的问题。在提出幸福主张的时候，倡导者们不是仅仅将幸福的性质、为什么会失去幸福，以及如何发现幸福转化为知识。相反，他们正在利用它的叙述权力，用一种对绝对的良知和很难在其他地方找到的目的，唤起一种无可争议的绝对真理感觉，激发他们的世界观。

7

拥有幸福

在过去二十年中，幸福已经从一个模糊且"自由浮动"的能指转为一种符号，这一符号的指称物日益客观物化——成为一种能被客观验证、衡量和调整的物质实存。幸福也成了许多自称拥有幸福的人在面临现实问题时所采用的一种关键符号资源。这种意义生成过程嵌入拥有幸福的活动，并与其密不可分。在本章及下一章，我将通过探讨自认为幸福者在幸福被问题化最关键时期出现的最频繁的活动来揭示幸福的生成过程。他们从奈克斯数据库（Nexis）中抽取了306篇刊载在2003年至2009年的《泰晤士报》《独立报》《电讯报》《卫报》等报纸周日版的文章作为样本进行研究。[1] 我首先描述样本中所确定的个人和机构的普遍特征，再描述关于问题的证实和传播之结论。在下一章，我将讨论那些突出和不太突出的幸福发声者（包括专家、决策者和公众）的作用。

在306篇样本中，与幸福相关的340个人和89个机构被作为来源或被参考。来自不同背景的诸多个体和组织都对该问题做出评论或自认为幸福，但在从整体上建构幸福这个更具重要意义的问题上，很少人能被称为真正拥有幸福。较少数仍可被视为持续地拥有幸福，上述人群是以著名权威的身份出现和被提及的。此外，虽然在这些论述中，来自幸福专业各个领域的证据占据了显著地位，但问题发声大多不是来自这些专家本身。相反，最重要的评论来自那些与发声的"知情"部门紧密相关的发声者。

关于这些观察中的第一个，即使这种相对较小的样本，也呈现最显著的特征，即幸福发声者的多样性。毫不夸张地说，幸福发声者来自专栏作家、动物学家等诸多不同领域。图7.1显示了样本中所确定的幸福发声者类型以及他们在样本总人数中所占的相应比例。

很明显，"专家"是最常见的幸福发声者类型，其次是记者（正在被研究的数据假象）和私营机构成员。除了作为信息来源的个体，自称幸福的人也与机构有关。图7.2显示了样本中确定的机构类型和各类机构数量的相应比例。

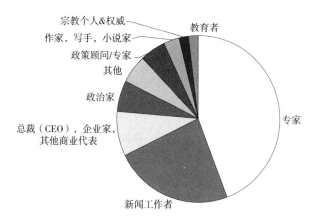

图7.1　样本中确定的个体发声者的类型

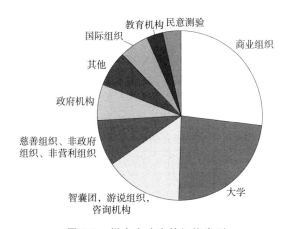

图7.2　样本中确定的机构类型

在可能的情况下，个体或机构在样本中的主要行为方式基于幸福发声者所在的类别。比如说一位政策顾问因他/她在经济学专业知识方面所拥有的权威被频繁引用而被列为"专家：经济学家"。但必须强调的是，试图在特定类别中"归档"为特定行动者的效用和意义最终是有限的。分类仅仅是为了更好地理解幸福话语的来源和已经出现的评论范围。突出的类别可能指向对某一特定类型评论的依赖，但只有在对这些类型的内容、特定个体和机构的活动、历史及其相互关系的解释中，我们才能找到更有效的分析。事实上，最突出的幸福发声者体现了多元并存的特征，这种定位促进了公共领域连接的多样化和扩散性。

虽然专家和商业机构是最普遍的信息来源，但是这些领域并非最持久的兴趣所在，很少有群体和个人能够被定义为幸福问题的"所有者"。例如，样本中所确定的 24 个机构中只有一个出现过一次以上。[2] 来自这些类别中的大多数幸福发声者并不是问题的最初提出者，而是在这一问题已经成为公司政策和实践制度之后才出现的。举例来说，麦当劳和迪士尼是引入积极心理学家"教导"员工的公司，正如一位代表所说，"信息是有效的"（里德［Reid］，《泰晤士报》：2008）。"基恩传媒"（Keen Media）首席执行官被引述为通过操作"不丹国民幸福总值的概念"将其"曼谷创意公司的员工"工资水平维持在"伦敦工资水平的五分之一"，继而使公司能够保持价格上的竞争优势。（萨姆纳·史密斯［Sumner Smith］，《每日电讯报》：2009）案例还包括，围绕幸福概念涌现了一些生活指导或私人咨询公司，包括"幸福地工作"（Happy at Work）、"笑声网络"（The Laughter Network）和"开启者"（iOpener）（专门通过使人感到更幸福来提高工作效率的咨询公司）等。（查诺韦思［Chynoweth］，《星期日泰晤士报》：2009）另一些则公开把这一概念作为营销工具，包括采用各种幸福调查，以及分发雅各布奶油饼干公司给出的、关于如何提高幸福水平和改善福祉的小册子（麦卡德［McCade］，《星期日泰晤士报》：2007）。[3] 另一方面，虽然只有三所教育机构成为幸福发声者的索引源，但其中惠灵顿学院出现的频率高达 20 次。

最常见的幸福发声者和其他评论家之间存在着巨大的分歧。尽管诸多个人和机构对幸福问题发表了评论，许多人也肯定了幸福的重要性并推进了发展，但很少有人将其视为一场战役，将获得幸福的事业视为己任。340 名自称幸福的个体中只有 71 名在样本中出现过三次及以上：出现两次的有 41 名，而另外的 228 名只出现过一次。专家的阐述重点不是以专家为导向的问题化，而是把幸福科学当作一种文化资源加以利用的倾向和趋势。但是，这并不意味着专家在这个过程中始终处于被动状态。相反，正如下章所详细阐述的，幸福专业知识传播和影响的扩大是幸福创始人有意识发起的一个项目。不过，如果持续创造出的幸福专业知识与取得信息所有权，如果幸福发声者活动之间没有形成一种为解决幸福问题服务的、共同发展的符号性关系，那么这个项目可能就不会如此成功。从这个角度来看，极少有幸福发声者在幸福认可度和幸福体制化问题方面产生太大的影响。

知情人和发布权

虽然大多数幸福发声者都属于"专家"类别，但是拥有这些信息、为问题发声而重塑信息、引起媒体注意的著名权威人士往往来自其他领域。实际上许多最频繁出现的幸福发声者专家所提供的只是二手参考资料。在公共领域中获得幸福问题发声所有权的并不是专家。相反，在幸福问题的整个生命过程中，那些拥护在幸福研究的基础上影响变革思想的人，主要来自第 4 章所说的知情人"政治集团"流。这一点在考察幸福早期问题化的发声及 2003 年后的发声之间的关系中尤为明显。在这两种情况下，知情人都拥有所有权，不过只是在 2003 年之后，这种所有权才成了聚焦于一点的运动形式。而从心理学、经济学学科中获得的知识，以及从哲学中获得的小部分知识，都为问题的形成提供了基础。但是这些人基本上都不是这些知识的生产者，而是数据收集参与者和研究执行者，当然也是最有力的实质性支持者与推动者。

问题的发现者（1993～2002 年）

第 5 章提到，最初"发现问题"是在 20 世纪 90 年代初，当时知情人与政策联系密切，率先试图将新兴幸福研究结果政治化。到 20 世纪 90 年代中期之前，研究结果就已经在各种国家新闻出版物中出现。从某种程度上来说，有些成果还被那些可以随时接触媒体的人占用，比如心理学家罗宾·斯克纳（Robin Skynner）就在《卫报》开设了专栏，但是大部分活动在更广泛的讨论中没什么影响力，更不用说影响和改变政策了。然而，最初发现针对这种新知识的问题，应当归功于那些与政策领域联系更密切的幸福发声者——即属于第 4 章所述的"政治集团"知情人类别的利益集团和智库。例如，英国全国性报纸首次提到与幸福相关的悖论，并非来自研究成果被借用的专家（事实上，这种观点仅仅归功于"一位社会学家"［勒法努，《泰晤士报》：1993］），而是来自詹姆斯·勒法努（James Le Fanu），一位经常接受社会评论的医生，他最近还为英国智库社会事务部制作了一本小册子。[4,5] 表 7.1 展示了在英国报纸上排名前十、与幸福相关的社会问题发声者，并根据第 4 章所列的特征和所绘制的信息来分辨他们在发声过程的地位是知情人还是局外人（如果是记者的话则是"守门人"）。

第一批作为社会问题的幸福发声者不一定是在这个问题上被频频提及的专家。事实上，支撑这些发声的科学通常是完全没有归属的。最初的发声也不是由敦促变革的专门公众部门提出的，而是从发声程序的"知情人"部门中产生的。虽然根据定义，知情人更容易接触大众媒体，但是许多社会问题（例如民权运动）的历史却以基层组织为特征，他们利用一切可能的手段进入大众媒体，以此引导公众关注他们的事业。因此，被视为源于知情人类型的问题所有权不太可能仅仅是一种收集的数据类型的假象。

表 7.1　1993～1995 年幸福问题化的第一批发声者

文章和描述的作者	知情人或局外人	发声	消息来源	自主研究
詹姆斯·勒·法努——医生和活跃的社会评论员，在右倾的英国智库"社会事务部门"工作	知情人	在过去的十年里，没有什么能掩盖西方国家幸福指数的逐渐下滑。尽管实际财富大幅上升，但是美国幸福的数据显示"幸福"并没有随之增加；根据一位社会学家的观点，自战争以来，美国人反而变得更不幸福。（勒·法努，《泰晤士报》：1993）	美国的"数据"；不知名社会学家	否
罗伯特·莱恩（Robert Lane）（1）——来自美国的政治学家	局外人①	关于发达经济体的研究表明，正如人们所期望的那样，每增加1000英镑的收入，其幸福就会随之提升——但这只针对最贫穷的五分之一的人而言。除此之外，随着收入水平的提高，人们的生活满意度几乎没有任何增加。（莱恩，《卫报》：1993）	"先进经济的研究"	否
乔纳森·丁布尔比②——政治评论员	知情人	所以我们现在应该更加幸福。我们更健康、更长寿并更繁荣。但是很明显，我们不幸福。（丁布尔比，《卫报》：1993）	个人观察	资料不详（N/A）
威尔·赫顿（1）——政策专家/顾问	知情人	选择并没有带来幸福或者经济福祉。更具自省意识的经济学家开始怀疑经济学中著名的"道奇"理论是否有效。如果个体不具备关于我们为什么选择和选择什么的理性心理基础，该怎么办？（赫顿，《卫报》：1993）	近来伦敦经济学院的幸福会议	否

续表

文章和描述的作者	知情人或局外人	发声	消息来源	自主研究
哈米什·麦克雷（Hamish McRae）(1) ——记者（也是 LSE 政策委员会委员）	守门人	在过去的 20 年里，无论是欧洲还是美国，都没有关于幸福程度上升的报道。这似乎有点奇怪，因为这似乎与普遍的原则相冲突，即如果人们变得更富有，他们也会变得更快乐，或者——用更具体的说法——体验更高的主观社会福祉（SWB）。(麦克雷，《独立报》：1994)	累计超过 30 年的"丰富工作"经验；伦敦经济学院经济表现中心	否
威尔·赫顿 (2) –政策专家/顾问	知情人	[……] 经济学专家和右翼保守党后座议员认为无论是通过提高税率还是改善民生。[……] 一都将不会改善民生。满意度的主要来源为穷民家庭（尤其是男性），金融措数将紧随其后，接着是"有趣事物"，获得食物和服务甚至不如获得一份好工作。(赫顿，《卫报》：1994)	罗伯特·莱恩 (2)	否
杰夫·马尔根（Geoff Mulgan）——政策专家/顾问	知情人	然而，从那时起，经济增长和幸福之间的联系就被打破了。在英国和美国，尽管国内生产总值（GDP）在过去 30 年里翻了一番，但人们所报告的幸福水平却保持不变。一些欧洲国家的幸福水平已经大幅下降，尤其是与利时和爱尔兰相比。(马尔根，《独立报》：1995)	经济学家詹姆斯·托宾，威廉·诺德豪斯，世界银行的赫尔曼·达利	否
詹姆斯·库斯克® (James Cusick) ——记者	守门人	新经济基金会（NEF）指标项目的负责人亚历克斯·麦吉利夫雷说："现在'安宁'已经赋予了价值，也许幸福就是下一个。"出于对生活质量的担忧，新经济基金会认为现行的旧国内生产总值计量方法是错误的，对环境状况没有任何帮助。(库西克，《独立报》：1995)	英国交通部（DoT）；新经济基金会（NEF）的亚历克斯·麦吉利夫雷斯	作者不是新经济基金会和英国交通部的人，不清楚是否为自主研究

续表

文章和描述的作者	知情人或局外人	发声	消息来源	自主研究
哈米什·麦克雷 (2)——记者（也是 LSE 政策委员会委员）	守门人	伦敦政治经济学院（LSE）的这项研究发现了一些非常好的信息，例如在过去的 20 年里，欧洲和美国的幸福指数几乎没有或没有积极地上升 [......]。（麦克雷，《独立报》: 1995）	在幸福领域工作的伦敦经济学院的经济学家们	否
波莉·托因比——记者兼社会评论员	知情人/守门人	我们比向下的自动扶梯跑得快，却悲惨地得到劳累、病痛和焦虑。除了每月的经济省标外，还应该除出除非很贫劳的人，由此可得出幸福和收入之间没有关系。（托因比，《独立报》: 1995）	罗伯特·莱恩 (3)	否

注：①莱恩由于与政策的联系尚不清楚而被列为"局外人"。1991 年他发表了《市场经验》（The Market Experience）一文，认为"商品和服务——以及用于购买它们的收入——都只是中间商品，而满足和人类发展才是最终商品"（莱恩，1993：3）。在此之后，又出现了一些类似的出版物，包括 2001 年的《在民主政体中丢失幸福》。在 20 世纪 90 年代初，他曾多次被与政策有密切关系的发声者引用，尤其是威尔·赫顿，并被列在包括新经济基金会和德莫斯（Demos）在内的智库发布的各种公告中，但并直接的联系很难确定。

②丁布尔比也是一位电视和电台自合主持人，在包括保护英国农村委员会（CPRE）的各种环境游说团体中担任会员或领导，因此自身并不是发声者。这与哈米什·麦克雷的情况不同，他为了证明同题存在，将未知名的经济学家汇编成二手发声资料。

③在这种情况下，文章的作者是一名记者，他只是报道别人的发声，上面摘录的文章内容是书面发声。

作为所有者的知情人（2003～2009 年）

尽管并非所有参与解决幸福问题的人都是"知情人"，但每阶段的绝大多数主要推动者是这类人。虽然表 7.1 中列出的许多早期幸福发声者将在其他领域中继续发声，但在公共领域中他们未能继续成为此问题的专职人士，他们的公共幸福发声在十年中的其余时间影响力很小。

然而到了 20 世纪 90 年代，主观指标在其他领域中的影响越来越大，特别是在国际发展政策方面。与此同时，新经济基金会（NEF）批准了多特（DoT）使用"安宁"（tranquillity）这一主观指标，智囊团也参与了包括可持续经济福利指数（ISEW）在内的替代指标的开发和推广工作。该指数是一个被英国采用的美国指数，由世界银行经济学家赫尔曼·达利（Herman Daly）和神学家约翰·科布（John Cobb）共同创造（达利和科布，1994［1989］）。英国的可持续经济福利指标（ISEW）由提姆·杰克逊和尼克·马科斯（Nic Marks）与新经济基金会和萨里大学环境战略中心合作开发和应用，后来被环保组织"地球之友"（FoE）合并与修改（杰克逊和马科斯，1994）。正如普帕瓦茨（2006：262）所发现的，这个概念的核心以及那些在 20 世纪 90 年代早期已经被制度化并由美国出口的诸如人类发展指数（HDI）等概念的核心，都体现了物质与社会进步的脱钩。尽管这种脱钩在上述领域具有影响力并在早期被制度化，但它在当时并没有成为一个像当下社会那样被广为认可的问题。关注点仍然主要局限于较少的公共领域，因此这个问题未能被认可为公共议程中高度关注的社会问题。杰夫·马尔根是仍对此问题感兴趣的少数人之一，他是新工党智囊团迪莫斯（Demos）的主管，在 1998 年出版了一本名为《好人生》（*The Good Life*）的书。书中不仅汇集了大量幸福发声，还收录了很多早期幸福发声者的观点，包括威尔·赫顿、亚历克斯·麦吉利夫雷、心理学家迈克尔·阿盖尔（Michael Argyle）、蒂姆·杰克逊以及尼克·马科斯（他将达利的世界银行指数应用于英国）。

不过媒体的报道逐渐减少，直到 2003 年初才出现大量的文章。这些文章描述了由当时新任主管杰夫·马尔根所领导的内阁办公室战略部门 12 月份发布的"生活满意度"研究报告。这份报告由尼克·多诺万（Nick Donovan）和大卫·哈尔彭共同撰写，总结了生活满意度研究的"知识现状及其对政府的影响"。书中有许多早期迪莫斯出版物中的著名观点，包括"尽管过去 30 年来国民收入（和支出）大幅增加，但生活满意度并没有相应提高"（多诺万和哈尔彭，2002：2）这个人所熟知的悖论。与此同时，国家经济和社会研究所出版了一份题为《1950～1998 年英国真正的国家收入：一些乐观的理由》（*UK Real National Income*，1950 - 1998：*Some Grounds for Optimism*）的报告，这份报告的作者（当时）是伦敦政治经济学院（LSE）经济学家尼克·克拉夫茨（Nick Crafts）。尽管标题振奋人心，但是克拉夫茨对若干经济福利指数调查结果进行乐观的重新评估，只是为繁荣与幸福之间存在的相悖观点提供根据。伦敦皇家经济协会公布的一次演讲与上述报告一致。在该次演讲中，克拉夫茨声称经济增长的常规举措使得大众生活水平的改善条件相形见绌，"尽管经济有所改善，但最近调查显示，我们并不比祖父母或曾祖父母一代过得更幸福"（哈兹勒伍德［Hazlewood］，《贝尔法斯特新闻快报》（*Belfast News Letter*），2002）。

两个月后，另一位伦敦政治经济学院的经济学家（和工党成员）理查德·莱亚德在伦敦政治经济学院举办了一系列演讲，开启了最协调一致、最热诚并最终取得成功的幸福发声工作。与之相伴的是《新政治家》（*New Statesmen*）中的一篇冗长文章，莱亚德在这篇文章中阐述了悖论问题的存在和如何处理的措施。很明显，莱亚德在有意制造影响，并用戏剧化的语言说道："我们文明的核心存在一个悖论。"他不仅详细阐释了最新的科学发展将如何指向一种可怕的状况，而且具体地说明了新的"幸福研究"如何"使获得幸福这一目标变得切实可行"（莱亚德，《新政治家》：2003b）。令人难忘的措辞似乎被证明是成功的断言，因为没过多久大量出版物就涌现，复制着莱亚德的口号："尽管生活比 50 年前更富足，人们却并没有更快乐"（杨［Young］，《泰晤士报》：2003），并对"赶上琼斯家"的口号进行批评（纳什［Naish］，《泰晤士报》：2003）。报纸标题也反复提到"我们不能不满意：尽管财富大量增加，英国人自述报告的幸福指数并没有增加"（迪恩［Dean］，《卫报》：2003），"金钱或许能让世界运转，但赚钱让我们越来越痛苦"（赫顿，《观察家报》：2003）。

通过莱亚德，幸福发声变得愈发简单直白，引人注目的悖论通常被置于发声的前沿和中心："我们赚钱更多，却比以往任何时代都更沮丧。"（莱亚德，《星期日独立报》：2003a）意图和需求都以简单明了的方式被陈列出来，包括"在精神病学上增加开支"（杨，《泰晤士报》：2003）和"缩短每周工作时间"（《泰晤士报》，2003）。2004年，莱亚德稍稍淡出了媒体的视线，随后又以《幸福：新科学教训》（*Happiness*：*Lessons from a New Science*）作者的身份回归，这是一篇涵盖广泛的文献综述，包括了从进化心理学到神经科学诸多领域的幸福研究。莱亚德自2005年出版此书后，就开始大力推广这个观点和书中拥护的其他观点。他被媒体描述为一个激进且挑战主流经济学正统观念的代表。虽然他的立场看起来具有颠覆性，但他的发声却迅速得到了肯定。之后成为影子教育部长的大卫·卡梅伦在描述保守党的教育政策时借助了莱亚德的影响力（克拉克［Clark］，《星期日泰晤士报》：2005）。环境、食品与农村事务部（Defra）发布的可持续发展文件中也引用了莱亚德的观点来证实健康是可持续发展的核心所在（英国政府（HM Government），2005：23）。有消息宣称，幸福会出现在教育课程中（塞尔登，《独立报》，2006）。儿童、学校与家庭事务部（the Secretary of State for Children，Schools and Families）秘书长爱德华·鲍尔斯（Ed Balls）提出，在宣布推广横跨英格兰和威尔士两国的SEAL计划（学习的社会和情感方面）前，"可以对中学生进行幸福、健康和礼貌上的教育"（林克莱特［Linklater］，《泰晤士报》，2007）。卫生国务大臣感谢了莱亚德"在议会和卫生部提高了全国人民对心理治疗和心理健康重要性的认识"（休伊特［Hewitt］，2007），之后宣布将重心转向谈话疗法，以及在健康和幸福方面提供更多"有针对性的成果"。

实际上早在莱亚德公开活动之前，许多不同的团体已经开始在幕后进行了大量的活动，以便让幸福问题得到承认，只不过莱亚德的游说活动让幸福问题得到了重视。一些评论员指出他的著作似乎对政治辩论产生了深远的影响（例如伦图尔［Rentoul］，《独立报》：2006；杰弗里斯，《卫报》：2008）。莱亚德杞人忧天的说法"不幸福是英国最严重的社会问题"（劳伦斯，《独立报》：2005）成为头条新闻。通过这种方式，对生活不幸福的认知成为一种普遍的、被视为理所当然的事实——唯一的问题是这些干预措施能够走多远。

莱亚德的使命是将幸福问题置于政治辩论的中心，很有可能正是他的影响力和传教立场使得这个问题在过去十年里得到了最成功的体现和广泛的制度化。图 7.3 显示了 NVivo 数据库中九个最常出现的个体发声者的相关文章，从而显示了莱亚德的重要性。表 7.2 提供了每个个体发声者的其他详细信息。

在反思"主观幸福"从"边缘"走向"主流"的过程中，哈尔彭（2010：8）也引用了莱亚德，认为莱亚德是提升幸福问题在学术界知名度的核心人物。的确，作为伦敦政治经济学院经济效益中心的创始人兼总监，他在经济学这个学科方面是一位提升幸福知名度的理想人选。至少在 20 世纪 90 年代中期以后，他就一直力图同其他大学建立合作伙伴关系，使得在涉及幸福的项目上"将经济学家和心理学家联系起来"（麦克雷，《独立报》，1994）。[6]

莱亚德并不仅仅是一位经济学家，他还把公众注意力吸引到了他独立发现的问题上。正如 20 世纪 90 年代初的发声者一样，莱亚德发声的核心也是悖论。在 1980 年初《经济日报》杂志上引用了伊斯特林后，莱亚德就已经意识到这一点了。[7]更重要的是，与 20 世纪 90 年代的发声者一样，莱亚德与公共政策有密切联系，他自职业生涯开始以来就一直辗转于各种内部机构之间。他在新工党方面尤其有影响力，既是 20 世纪 90 年代前十强的顾问，又是 1997 年工党执政时期失业政策的主要决策者之一。在莱亚德首次宣称幸福是一个社会问题时，他身兼数职，既担任伦敦政治经济学院经济效益中心总监，又担任总理前瞻性战略部门（the Prime Minister's Forward Strategy Unit）的顾问，而且还是上议院经济事务专责委员会（the House of Lord's Select Committee on Economic Affairs）成员。因此，他不仅有能力在经济学学科中提高幸福问题的知名度和可信度，还能在经济学家和心理学家之间建立联盟，同时也有能力在公共话语的各个领域中传播这一思想，就像他一只脚同时踏在几个竞技场的门上一样。此外，以往人们对这个问题的关注都是碎片化的，而莱亚德则是第一批采取协调一致的行动把这一问题列入政治议程的人之一。

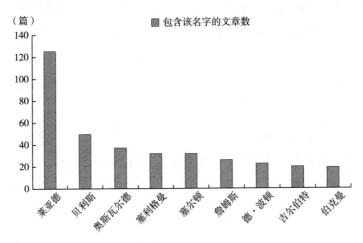

图 7.3 最常见的个体发声者

表 7.2 对数据库中九个最常见个体发声者的描述

名　称	描　述	类　别	文章数（篇） （ $n = 765$ ）
理查德·莱亚德	自 1990 年以来，伦敦政治经济学院经济效益中心（CEP）的经济学家； "幸福经济学家"和"幸福行动"政策顾问联合创始人	专家 - 经济学家	125
尼克·贝利斯 （Nick Baylis）	剑桥大学的积极心理学家； 《泰晤士报》关于幸福的专栏《菲尔古德博士》	专家 - 心理学家	49

续表

名称	描述	类别	文章数（篇）（ $n = 765$ ）
安德鲁·奥斯瓦尔德（Andrew Oswald）	华威大学的经济学家； 在 20 世纪 90 年代，高级研究院跟随伦敦政治经济学院的"复杂时间处理"（CEP）时，开始研究幸福感； 除了广播媒体采访，还为大众媒体提供了超过 200 篇文章[①]	专家 - 经济学家	37
马丁·塞利格曼	美国心理学家，美国心理学会前会长； 曾经是"自尊"的主要批评者	专家 - 心理学家	32
安东尼·塞尔登	惠灵顿学院的院长； "幸福行动"的联合创始人以及政治评论员	教育家	31
奥利弗·詹姆斯（Oliver James）	心理学家、记者、心理学大众读物作者； 活跃的社会评论家	专家 - 心理学家	26
阿兰·德·波顿（Alain de Botton）	通俗哲学家，作者； "生命学派"的创始人（伦敦）	专家 - 哲学家	21
丹尼尔·吉尔伯特（Daniel Gilbert）	美国心理学家； 《哈佛幸福课》（ *Stumbling on Happiness* ）（2006）的作者	专家 - 心理学家	20
奥利弗·伯克曼（Oliver Burkeman）	记者； 《卫报》心理学专栏作家； 《救命！：如何变得更幸福，做得更多》（ *Help!：How to Become Slightly Happier and Get A Bit More Done* ）（2011）和《解药：不能忍受积极思考的人的幸福》（ *The Antidote：Happiness for People Who can't Stand Positive Thinking* ）（2012）的作者	记者	19

注：①根据一篇关于新闻发布的简介（华威大学，2011）。

肯定与传播

从这些观察中，可以得出有关幸福问题被肯定与传播的若干结论。各种各样的个人和机构都倾向于唤起并肯定幸福能指，这表明唤起幸福的发声具有广泛的吸引力。幸福的潜力是使社会资源形成联盟并向这些联盟灌输一种定局的感觉，吸引力可能就得益于此。只是"定义"幸福有时会"削弱"其所指。事实上，很少有人试图去定义幸福，因此我们也没有达成共识性定义。[8]就此而言，乍一看幸福可能具有独特的能力，既可以作为一个自由浮动的能指，对众人而言饱含很多意义，又能够达成规范的联盟。我将在第9章再次探讨这种可能性。

更简单地说，幸福的广泛使用反映了几乎所有关注都可以简化为关注个人幸福这一核心主题。它可能与忧郁症、精神疾病和自杀到家庭破裂、贫困和犯罪等各种社会问题相联系。[9]这种共同立场为幸福发声者提供了建构共识领域的契机，从而提高发声者之间进行合作的可能性，即使那些通常不肯合作的人也能如此。劳动剥削可能是一个棘手的甚至是"本质上有争议的"领域，但通过聘用"首席幸福顾问"或咨询一家幸福咨询公司，工作上的不快就能很容易得到补救。将社会问题归为个人内在问题，成功地避开了单独挑出有罪一方的必要性。由此，幸福发声者可以作为激进派人士对正统观点提出质疑，而不用单独提出他们的具体反对意见。"资本主义"、"经济增长"和"竞争"成为保护弱势群体的诸多风险之一部分。在只命名受害者的情况下，幸福发声唤起一种修辞，在这种修辞中，弱势群体受到一种责任不明确的伤害，由此可以在不加冒犯的前提下对之进行谴责（弗雷迪［Furedi］，2008）。

从很大程度上讲，对幸福问题的肯定可以归因于它的"效价特征"（valence character）。正如我在第3章所描述的那样，在"平等"和"安全"等抽象术语范围内的发声，能够让发声因为它们的无争议性和促进共识的倾向而产生吸引力。尽管幸福发声的争议性被频繁强调（见第10章），可与"虐待儿童"或"受害者"权利相比，此问题与安乐死、堕胎之类的立场问题有更多共同之处。虽然后者容易引发激烈的、两极分化的辩论，但与前者相比，很难想象，倘若没有"责怪受害者"或为虐童者辩解的现象出现，我们该如何提出反对意见。倡导者可能不会就这个问题的具体方面达成一致观念，不过对其进行干预的必要性可能会得到广泛的肯定。

建立网络

最后要得出的结论涉及问题的传播方式。最有影响力、最虔诚的发声者主要来自发声过程中的知情人领域。专业知识确实很重要，不过这些知识只是被视为幸福问题化的基础，而那些将幸福问题化的发声者最初并不是专家们。正如在问题的前几个阶段中所观察到的那样，那些掌握幸福知识并试图将其问题化的人是与决策有密切联系的知情人。于是就实践而言就出现了两种传播形式：一种是通过大众媒体广而告之的广播模式，另一种是在人际网络和专业网络中操作的传播模式。

就后者而言，鉴于每个最初幸福发声者的核心诉求基本相同，20世纪90年代英国新闻媒体突然出现的幸福问题，可以简单地归结为每个派别同时发现此问题。虽然人们最初获取这个想法的确切地点可能难以确定，但是至少在一定程度上，这些发声者中有很多属于由正式和非正式社会关系网络组成的所谓政策社群，此种政策社群可能有助于思想的传播。与"政体"概念相似，政策社群（policy community）的概念吸收了一些研究人员在社会问题建构主义范式中强调的观点，比如"人际关系和沟通"在发声传播过程中的重要性（萨科和伊斯梅利［Sacco and Ismaili］，2001：31）。萨科和伊斯梅利指出，最初由普罗斯（Pross）（1986）描述的"政策社群"一词着重强调包括"与特定政策领域直接相关的所有行为者或潜在行为者，以及那些试图影响该领域的行为体——政府机构、压力集团、媒体人以及包括学者、顾问和其他'专家'在内的个体"（2001：30）。在这些社群内，人际联系可能局限于一个国家，也可能超越国界，比如"医生、治疗师、决策人以及两国警务和社会服务系统成员通过各种个人协会联系在一起，这些个人协会从研讨会和会议、协会委员会的服务机构以及各种合作事业中脱颖而出（萨科和伊斯梅利，2001：32）。[10]

在这样的社群中，行为者可能与一些近乎可辨别出群体身份的人有多重亲密联系和正式关系，尽管他们可能没有正式组织或共同宣言，甚至可能将彼此视为对手。这种网络的建立是典型的知情人发声过程，甚至被描述为压力集团内部品牌的"行动形式"特征（尽管不一定是协调一致的）

（康诺利和史密斯［Connolly and Smith］，2003）。在康诺利和史密斯的类型学中，"非正式接触和影响"被列为知情人使用的重要发声手段之一。通过这种方式，个体在内阁的或公务员职位之间来回移动，成为各种相关机构中的成员和/或领导。

换句话说，自这个问题提出之后，主要发声者在相互关联的社会领域内活动，他们游走于政府和非政府机构之间，参加同样的研讨会，通常定期地进行"交互性"碰撞。在类似的社会问题建设案例中，这些关系的意义也得以体现。例如，在从美国向英国传播和介绍撒旦主义的案例中，贝斯特（2001：6）描述了"美国社会问题建设中的大多数主要参与者——社会活动家、政府官员、记者、编辑和大众媒体生产者，以及各种学术和专业领域的专家——不仅在英国有同行，而且他们还与那些同行保持联系"。比如说"一些来自美国的倡导者访问了英国，并在研讨会、新闻采访和其他场合，概述了这个问题在美国是如何形成的"（贝斯特，2001：6）。所以说，幸福问题与许多社会问题相似（如我在下一章中所讨论的美国起源）。在许多方面，幸福问题的历史与拥有幸福问题观念的人群紧密地联系起来，从一个群体传递到另一个群体，接受新的利益并服从这个新的利益，然后在新的和更有利的条件下再次发声。

在网络中的扩散使得这一观念能够在与公共政策有着密切关系和对此有兴趣的人之间传播。它以一种"自上而下"的方式向大众传播，也就是说，它并非来自普通人，普通人只能够识别并使用"幸福"或"福祉"一类术语来描述日常生活中发现的麻烦情况，而是来自社会上层的个人或团体，他们掌握大量资源，包括接近和熟悉媒体，高水平的组织、地位和影响。

但是，在不考虑其他类型幸福发声者的情况下，这些观点是无法被理解的，因为正是这些幸福发声者之间的共生关系促进了幸福发声的成功。其中包括作为幸福发声背景而存在的专业知识，其扩散和集中传播维持并助长了幸福发声自身的不断更新。由此，政治家和公众都对其加以肯定，并将其作为活动核心。这就是下一章的主题。

8

幸福专业知识

在幸福发声成功制度化的过程中，幸福专业知识的知情人所有权发挥了至关重要的作用。那些致力于解决这个问题的发声者可以随时接触到媒体，他们影响政策的途径与局外人发声者不同，是相对直接的。而不断涌现的关于幸福本质的新科学发声在很大程度上提高了他们保持这个问题的有趣性、生动性和新闻价值的能力。此外，一旦专家和问题所有者使得这些发声在文化上可用，它们就会迅速得到传播，被各种各样的发声者利用来支持几乎所有的原因。随着时间推移，大部分专业知识与主要发声者失去联系，并逐渐演变成有关幸福以及如何更好地追求幸福的"真理"。当然，这些发展都不可能超出这样一个背景：专业知识对目前日常生活的介入已经被接受，而情感被视为一种特殊的病因。发声者利用了熟悉的剧本，将个人情感生活置于因果故事的核心。我将先探讨专业知识在问题建构中的作用，再转向其他发声者在幸福问题持续传播和肯定方面的作用。

作为文化资源的专业知识

专业知识在现代社会中的兴起和发展可以在一系列广泛的历史变迁背景下理解，这些变迁使得当代文化中充斥着大量的专业知识。许多理论家考察了这个变迁路径，特别是考察了在后工业社会造成的不确定性氛围中，在社群联系和传统认识方式不断受到侵蚀的情况下，治疗知识蓬勃发展的路径（里夫，1966；森尼特，1979；拉斯奇，1979；诺兰，1998；克里斯，1999；弗雷迪，2004）。通过借鉴迪尔凯姆关于从机械联合到有机联合转变的描写，克里斯（1999：4）描述了曾经由面对面互动所巩固的社会联合是如何"因为大都市具有匿名性、异质性以及成员之间存在时空疏离感的特点"受到威胁的。汉娜·阿伦特（Hannah Arendt）在她关于权威危机的著作中指出，纵观历史，统治制度总是从"人类行为范围之外的东西"寻求合法性，这个东西可能是自然规律、神的旨令，或者"固守传统的古代习俗"。信仰体系的衰落可能给人一种动荡的感受。伯杰（Berger，1966）将"人类现象置于宇宙参照系内"，从而使个体面临失范的威胁，通过这种方式，将群体联合的衰落和日益增多的信仰视为对旧意识形态（如宗教）稳定性的威胁，从而使现有社会结构合法化（伯杰，1966：35）。

随着与过去和其他人的联系变得越来越脆弱，权威的传统形式在促进现有社会结构合法化方面对个人几乎没有任何帮助，更不用说指导日常生活了。用弗雷迪（2009：14）的话说，"世界的不确定性催生了社会科学并导致专家帝国扩张。在这种情况下，一个清醒意识到普通知识局限性的社会完全愿意听从专业知识发声"。根据克里斯（1999：5）的观点，正是这种"公众缺乏洞察力和指导"的观念，为"'专家'进入几乎各行各业创造了条件"。他继续说，这是一种意识形态，它"为治疗师和其他帮助职业的经济利益提供了特别好的服务"（克里斯，1999：5）。

换句话说，专业知识已经成为一种可被大量购买的文化资源。这是伯杰和伯杰（1983：38）所称"知识阶层"崛起的沃土，这些人动用"具有象征意义的知识体系……来灌输（'教育'）、激励（'帮助'）他人，并替人出谋划策"（伯杰，1983：38）。知识阶层的成员通常认为他们能够获得超常的特殊理解，并且应当使用这些知识来教育和帮助那些没有这种知识的人（洛塞克和卡荷尔［Loseke and Ca-hill］，1984：296）。此外，专业知识在某种程度上是一种广泛出售给社会上感兴趣部门的文字商品。

在这种情况下，这种专业知识的价值在当代发声活动中越来越受到重视。从基层活动家到政治知情人的诸多发声者越来越多地依赖专业知识来形成他们的发声框架（贝斯特，2008）。例如，李（2001）描述了争论如何转向，比如堕胎，之前建立在道德框架内，现在已经开始转向依赖医学语言和精神病学知识，并且这种转向得到了专家的支持，专家声称有针对妇女堕胎心理反应的专业知识。宗教团体发现与潜在皈依者进行治疗性谈话比较容易，因此，他们在大学校园散发的宣传小册子突出强调了诸如"你寻求幸福吗？"[1]之类的用语。事实上，坎特伯雷（Canterbury）前大主教曾经通过观察承认"救世主基督"正在成为"顾问基督"（格莱德希尔［Gledhill］，《泰晤士报》，2000）。

正如鲍曼（Bauman，1997：178）所描述的，这是"'身份问题'专家的时代，或者是性格治疗师、婚姻指导师以及'如何坚持自我'主题书籍作家的时代；这是咨询热潮的时代"。但有趣的是，幸福话语中这种趋势的物化表明，发声者几乎与鲍曼一样，认为20世纪90年代初的自助热潮只不过是"小皮毛"。虽然这种治疗方面的专业知识确实是发声的核心，但建立在硬科学、生物学和数学演算这些更坚实基础上的发声被自觉地维护和重申，在某种程度上，这种现象也许没有在过去的治疗话语中出现过。经济学家和心理学家都承认幸福问题的基础是数字和神经科学，甚至哲学家和哲学也不仅被用来提升论断的精彩性，而且被用来将发声建立在复杂的理论框架之上；这个问题不是如心理学家索尼娅·柳博米尔斯基在采访中所嘲笑的以"抛出"某个人的观念为基础，而是以功利主义或亚里士多德伦理学为基础。[2]

图8.1说明了前一章中描述的306篇发声样本中所确定的专家发声者的类型及其相对比例。

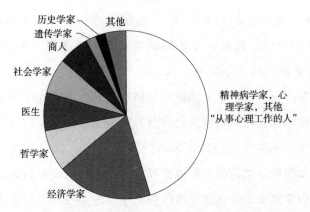

图 8.1 样本中确定的专家发声者的类型及其相对比例

专业知识在幸福发声中的作用

正如我在前一章中描述的那样，在样本中确定的大多数幸福发声者属于"专家"类别。然而，151 名专家中只有 38 名专家出现了三次或三次以上：20 名专家出现了两次，93 名专家只出现了一次。这些发声中有许多只是作为二手资料被参考。虽然有大量的研究被报道，其成果也经常在其他文章中重复，但只有少数专家作为公认权威人士出现，"他们的观察和报告被其他渴望对此问题做出定义并提供解决办法的人所关注并转述"（古斯菲尔德，1981：10）。

据发声者说，幸福专业知识很少接受批判性的检验，而且经过不断重复，许多发声在脱离了研究后已然演变为关于幸福问题的已知"事实"。例如，我之前讨论过的新经济基金会声称瓦努阿图是"地球上最幸福的地方"，这一重复了无数次的说法逐渐与指数本身失去关联。实际上，这种发声已经得到广泛传播，以致在第 4 频道标题为"遇见土著人"真人秀节目中被一个参与者引用，这期节目旨在"让几个瓦努阿图土著人前往英国以教导英国人明白什么是'简单的生活'"。身着草裙的"土著人"在节目中屡次向观众宣传瓦努阿图是"地球上最幸福的地方"，并强调这是

"已经被验证"的"事实"。(《遇见土著人》[*Meet the Natives*]，2007)

一个被广泛引用的例子是约克大学的一项研究，该研究旨在表明"英国儿童是欧洲最不快乐和最不健康的人"（克拉克，《每日邮报》[*The Daily Mail*]：2006）。正如前一章所指出的那样，这个发声得出的结论，显然与诸如"糟糕的早餐"和"虐待儿童"等因素具有同样的权重，但仅在一篇社论中被评论过一次。联合国儿童基金会（UNICEF）广泛地宣传这个发现，到 2010 年，它已经被频繁引述，以致成了有关各方认同的不言自明的真理，上述事实证明，这个努力非常成功。这一结论还在儿童协会（the Childrens Society）"2007 年美好童年调查"（2007 Good Childhood Inquiry）中被频频提到，而且在涉及从儿童游乐场到教育政策干预需求的发声中影响深远。用一位评论员的话说，"最近所有的研究都表明，英国的孩子是欧洲最不幸福和最可怜的人"（迪奇 [Deech]，《观察家报》：2009），其他人则在宣称公共场所变得"不友好"并且为"暴徒和帮派留下了自由"之后指出，由此产生的"焦虑使英国儿童成为欧洲最不快乐的人"（马林 [Marrin]，《星期日泰晤士报》：2010）。这一发声在大卫·卡梅伦（卡梅伦，2007）的演讲中得到呼应并在副首相尼克·克莱格（Nick Clegg）的一篇文章中被重申，文章回顾了 2007 年的头条新闻并提醒读者，英国拥有"一些发达国家中最不幸福和最不健康的孩子"（克莱格，《每日邮报》：2010）。

通过将自己的发声与科学相联系，人们会唤起一种科学主义的光环和"威望以及专家权威的光环"（弗雷德森 [Freidson]，1970：5）。"我们有证据"、"我们现在知道"、"重复研究后"和"研究显示"等短语经常出现在这些发声的开头。发声者们正煞费苦心地将幸福发声定位在"严肃"且"艰深"的科学领域。人们"可以衡量、绘制和比较幸福的水平"，并强调幸福专业知识来源，即那些被描述为"幸福行业领头羊"的人不是所谓的"流行心理学家"，而是"可信的学者和作家"（史密斯，《泰晤士报》：2006）。

这种科学发声自觉地与过去那种自助模式脱离。一位以轻蔑口吻评论自助书籍的发声者说："有些自助书籍只是从业者引导出来的。……一个专业人员会告诉你'我认为你这样做或那样做都是一件好事'，如果有证据支撑这一点，那也很好，但是有些时候他们只是想当然地一说而已。"（马什［Marsh］，《泰晤士报》：2009）相比之下，作者自己的书（虽然同样摆放在书店"心灵、身体和精神"一栏被出售）则是"完全基于实证研究"（马什，《泰晤士报》：2009）。与此类似，柳博米尔斯基（2007）的《幸福的方式》（*The How of Happiness*）在美国发行时被冠以"获得理想生活的科学方法"的标题，而另一些书则被命名为《幸福假说》（*The Happiness Hypothesis*）（海德特，2006）和《幸福：微笑背后的科学》（*Happiness: The Science Behind Your Smile*）（奈特尔［Nettle］，2005）。

芭芭拉·埃伦瑞克（Barbara Ehrenreich）在美国语境中也注意到科学在发声中的突出地位，她观察到"积极心理学家通常会小心翼翼地与那些积极思维的流行说法保持距离"（埃伦瑞克，2009：148）。根据埃伦瑞克的观察，这些积极心理学家与被他们否认的同行不同，他们没有许诺财富，甚至实际上对财富有一种"蔑视"（埃伦瑞克，2009：148）。尽管如此，她还是敏锐地指出了他们"很快便在培训业务和激励业务中借用同行们的手册"，出版标题含有"你"和"你的"等词的大众书籍（这些标题是"一个自助型体裁的指示符号"），进入生活指导业务，并高价兜售他们的演讲服务（埃伦瑞克，2009：148-149）。

围绕心理学家芭芭拉·弗雷德里克森（Barbara Fredrickson）所谓"积极性比率"（positivity ratios）的论战表明了"人类繁荣"的科学化对积极心理学的吸引程度。弗雷德里克森和洛萨达（Losada）（2005）使用一个复杂的微分方程组计算出了人类繁荣所需的积极与消极情感的确切比率——2.9013。由此他们断言，"从数学的角度看"，"约为2.9的积极性比率把繁荣的复杂动力学与衰退的极限环分开了"（弗雷德里克森和洛萨达，2005：683）。当布朗（Brown）等人（2013）发表一篇文章指出论文中使用的数学在本质上毫无意义的时候，它已经被引用了300多次。更重要的是它已经成为行业的一部分，在书籍中普及，并在生活指导和商业学校中使用（安东尼，《观察家报》：2014）。然而在此期间，几乎没有人停下来检查数据是否增加。此外，正是因为如此一个"神奇比率"的发现是那么不同寻常，所以对它的热情拥抱才丝毫不受影响。正如布朗等人（2013：4）所描述的，"人类行为或经验的任何方面都应该普遍地、可重复地保持在五位有效数字不变的观念如果被证明，那么这将成为社会科学历史上独一无二的时刻"。可以说，在解读弗雷德里克森和洛萨达的文章中所描绘的方程式和相关图表时，人们更喜欢的不是使用数学术语，而是使用象征性术语——象征着"科学"与"真理"的术语。具有讽刺意味的是，它采用了对抗式解读——实际上是数学思维——来质疑这种关联。这些图像吸引人的原因按理说不是它们的准确性，而是它们对超越人类经验和观念之权威的吸引力。仅仅宣扬生活的"平衡"很重要是不够的，它必须被排除在人类观念之外；它必须"被证明"。

作为商品的专业知识

虽然样本中出现的大多数专家都不是专职活动家，但一些专家确实以更敬业的态度来处理幸福问题。问题发布者身份为发声者提供了许多好处，包括"一个被忽视的新鲜的研究课题，许多获得研究经费和出版成果的机会，展示自己对一个可见问题的知识的机会"（贝斯特，1999：68）。随着问题轮廓越来越突显，他们发现对他们专业知识的需求日益增长。对许多专家来说，问题发布者的身份意味着他们能够以更原初的意义来出售专业知识，创办商贸企业，成为励志演讲者并撰写通俗读物。这些活动不仅具有经济利益，而且还提供了更多的平台，通过这些平台人们可以传播信息，开发和维护致力于此问题的其他发声者网络。

例如，心理学家尼克·贝利斯（Nich Baylis）是样本中最常出现的专家发声者之一，他在《泰晤士报》上开设了名为"幸福科学领域的菲尔古德博士"（Dr Feelgood on the Science of Happiness）的每周专栏。尼克·贝利斯在专栏中报告了在积极情感领域开展的最新研究，并呼吁在此基础上进行个人和社会变革。除了这种"广播"式的扩散模式，他还试图通过关系网络渠道传播其影响力。2003 年，他和神经心理学家弗里西亚·于佩尔

(Felicia Huppert) 在皇家学会组织了为期两天的会议来讨论福祉科学（a science of well-being）的必要性，福祉科学整合了心理学、神经生物学和社会科学，对社会变革产生了深远的影响（于佩尔和贝利斯，2004）。他们不仅要吸引英国研究人员的兴趣，让其关注在此之前一直是美国人关注的问题，而且要吸引社会学家、教育家、公民和领导人的兴趣，使得这些人都将从了解个人和社群如何兴盛和繁荣的过程中获益良多（于佩尔等人，2004：1331）。后来他再次携手于佩尔创立了剑桥福祉研究所（WBI），旨在"促成幸福科学中最高质量的研究，并将这一研究纳入循证实践"（于佩尔，2006-2008）。

当这个问题开始被接受时，贝利斯的专业知识就变得更受欢迎。他在"菲尔古德博士专栏"上发表的大部分研究成果（通常是美国的）最终都会进入惠灵顿学院（Wellington College）的课程体系，惠灵顿学院是最早采用"幸福课程"的教育机构之一，贝利斯于2006年应邀设计了这门课程。通过他的网站，他为企业、专业人士、非专业人士和家长提供了一系列讲座和技能培训。目前，他继续以培训日（training days）、一对一会议、演讲活动、电子书和有声读物等形式提供他的专业知识（贝利斯，2014）。

另一位样本中经常出现的专家阿兰·德·波顿是2008年伦敦《生活学校》（School of Life）创刊成员之一，他为企业和大众"提供有关如何明智且健康地生活的各种方案和服务"（《生活学校》，2014）。通过日间和周末讲习班、企业活动、"布道"甚至"阅读疗法"服务，《生活学校》成了新方案的另一个榜样，不但为发声传播提供收入，而且为其提供出路。它同时也是一个潜在的枢纽，有共同关注点的发声者在这个枢纽中能够保持联系，建立更多的网络，分享想法并以新方法来设计或发展问题。

同样，埃伦瑞克（2009：149）还指出，除了创作通俗读物外，马丁·塞利格曼还提供生活指导，创建营利性网站，提供"退款保证"的每月一次的练习和"多达数百人参加的人均2000美元一次的电话会议指导"。幸福，尽管它蔑视财富，却是个有利可图的领域（埃伦瑞克，2009：148）。

知名幸福发声者的活动，仅仅是幸福问题不断扩散过程中的一小部分，因为幸福问题已经渗入各种机构，也因为越来越多的新成员利用掌握如何使人幸福的专门知识赚钱。新培训师出售生活指导、培训班和研讨会、励志演讲以及商业管理课程。曾是计算机程序员的亚历山大·克鲁尔夫（Alexander Kjerulf）在他的个人网站上宣称自己是"全球领先的幸福工作专家之一"，他为诸如戴姆勒·克莱斯勒（Daimler Chrysler）和挪威国家石油公司（克鲁尔夫，2014）等企业演讲并提供咨询服务。加州大学伯克利分校的社会学家和"幸福专家"克里斯汀·卡特（Christine Carter）在其网站上承诺，人们从其幸福课程和训练以及她最近出版的关于幸福的书籍中能获得"生产效率、成功和幸福的科学诀窍"（卡特，2014）。而"笑声网络"（Laughter Network）则提供公司活动、快乐工坊、定期的"笑声瑜伽"课程，以及在诸如"笑声促进技能"和"高级笑声"等领域的培训（笑声网络，2014）。

这种类型的发声不仅促进了参与者之间的传播，而且还揭示了成功事件中的个人投资程度。如果对幸福和福祉的兴趣变成了"旧闻"，那么这些个体对服务和专业知识的需求也会下降。此外，新治疗师、生活教练和顾问正在进行的新幸福科学培训，为发声继续制度化提供了保证，因为获得认证的学生将信息传播到他们随后参与的机构中。专业知识的制造为个人专业知识交易创造了新的领域，毕业生可开展生活辅导，开创自己的事业，撰写通俗读物并举办商业研讨会和讲习班。例如，宾夕法尼亚大学的数据显示，其首批应用型积极心理学硕士（MAPP）毕业生是从各种就业领域中选取出来的（这是一个由数量异常多的成熟学生组成的课程计划），他们毕业后将他们的知识应用于中小学等机构，或转行成为"顾问、教练和励志演讲者"（费尔德曼［Feldman］，《宾夕法尼亚州公报》［The Pennsylvania Gazette］：2010）。还有一些人"正在努力将积极心理学的原则融入法律、商业、教育、医学、政治、工程、艺术甚至军事领域"（费尔德曼，《宾夕法尼亚州公报》：2010）。

这些活动进一步促成了围绕幸福涌现的新"知识阶层"的诞生，其成员相信，他们能够通过特殊的途径获得他人无法获得的知识，他们的目标是帮助和教育他人。尽管如此，需要认清的是专业知识并不仅仅是被其他领域的机会主义者利用的一个被动项目，它也不仅仅是见利忘义的赚钱计划。毫无疑问，许多发声者认为自己对社会做出了积极的贡献。此外，施加影响的政策已经日益成为专家项目的核心，因为学者和组织必须不断地证明其活动的相关性和影响力。被视为具有制造积极差异的能力，意味着幸福在许多个人和机构的活动中发挥着越来越重要的作用，对这些个人和机构来说，发声就变成了"例行公事"（希尔加特纳和博斯克，1988：57）。

作为项目传播：阿库玛尔（Akumal）和积极心理学网络

许多评论家推测，人们对幸福兴趣的增加反映了部分社会对这方面专业知识的需求。但需要明白的是，积极心理学传播是由学科创始人有意识地推动的一个项目。美国心理学家马丁·塞利格曼在1998年当选为美国心理学会（APA）主席后开始构思"积极心理学网络"概念，其成功与否取决于子学科扩散的广泛性和多样性（塞利格曼，1999）。积极心理学从一开始就不仅是一种无私的科学追求，其目的还在于使发声服务于影响现代生活各个领域的变革，包括从设立大学本科和研究生课程到管理个人生活以及指导公共政策等领域。

在1999年的一篇综述中，塞利格曼详细介绍了这一领域的发展进程和未来前景，并指出预期的影响领域由三个"节点"组成："积极的主观经验，积极的个体和积极的社群。"（塞利格曼，1998）相关工作组不仅要分离出研究的关键问题并确保资金支持，而且要传播这些知识以便对"人类福祉"做出"重大贡献"，这与现代医学在"倡导健康的身体状况"方面取得成功同等重要（塞利格曼，1998）。它还将致力于"生产和组织研究成果以帮助家长、教师、记者和领导者参与和创建健康而有效的学校、家庭、工作场所、社区，乃至国家"（塞利格曼，1998）。会议将围绕特别工作组来组织，而个人将负责寻找并进入那些从以积极心理学为基础的干预中受益的领域，包括"教育、社会政策、城市规划和法律"（塞利格曼，1998）。

实现塞利格曼愿景需要创建一个"正式网络"，其中包括从世界各地招募"青年科学家"。早在 1998 年，他们就向"我们认为是世界社会科学领袖的五十个人"致信，请求他们提名具备"领导素质"的"年轻的、有前途的学者（未来的部门主席）"（塞利格曼，1998）。由此组成的候选人被邀请到墨西哥的阿库玛尔，与塞利格曼、契克森米哈伊和雷蒙德·福勒（Raymond Fowler）（当时美国心理学会的首席执行官）等资深学者会面，在积极心理学中"就主要知识问题出谋献策"，并"成为其未来的核心"（塞利格曼，1998）。

尼克·贝利斯（Nich Baylis）是那些被招募到这个事业的"年轻的、有前途的学者"中的一员，他的博士导师是网络指导委员会的成员乔治·瓦利恩特（George Vaillant）。从《观察家报》对贝利斯进行的访谈来看，瓦利恩特后来成为他的"导师"，也是他参与积极心理学网络建设的催化剂（霍根，《观察家报》：2007）。2001 年后，贝利斯将成为墨西哥会议的定期参加者，墨西哥会议后来将极大地促进该学科的早期发展，并有助于加强该领域专家之间的联系，这个关系网本身则最终形成了宾夕法尼亚大学积极心理学中心的基础（林利［Linley］等，2006：4）。[3]在接下来的几年里，每年都有这样的会议和相关峰会，其中不仅有来自美国的青年学者、研究人员、博士生和高中教师，而且在后来的几年里，还有来自世界各地（包括美国、加拿大、英国、法国、德国和日本）的人。这些年轻学者中的许多人，后来都将在国外开设第一门学位课程并建立第一个积极心理学中心。

除了通过美国教授瓦利恩特的关系从英国招募的贝利斯之外，第一届至第四届阿库玛尔会议（1999－2002 年）的大多数与会者都在美国。72 位出席者中 22 位的名字已经出现在英国各大全国性报纸上，其中一半出现在贝利斯的"菲尔古德博士"专栏中。贝利斯和弗里西亚·于佩尔是 2001 年积极心理学网络计划的协调人，该计划被冠名为"英国积极生活倡议"，它旨在提高英国积极心理学的声望（宾夕法尼亚大学，2007）。[4]塞利格曼出席了2003 年由贝利斯和于佩尔组织的上述皇家学会会议，在英国和美国的其他倡导者中，理查德·莱亚德和芭芭拉·弗雷德里克森也出席了这次会议。

这些只是美国倡导者与英国同行在该问题上建立联系和关系的几个例子。在此期间，塞利格曼直接参与了英国多项举措。安东尼·塞尔登在2010年称，塞利格曼访问了英国新一届联合政府的高级官员，并表示希望首相大卫·卡梅伦能扩大他的大社会（Big Society）倡议，将"积极健康"、"积极教育"、"积极治安"和"积极就业"等问题囊括进去（塞尔登，《独立报》，2010）。

因此，专业知识是来自各种公共生活领域的发声者不断呼吁的一种文化资源，对下面的发声者而言，专业知识是一个随着它与决策者相联系而将变得更加清晰的要点。从更直接的意义上说，它也是一种资本，因为许多专家从拥护问题和提供解决问题的手段中获益良多。他们发现自己受到了媒体、社会运动的追捧，并受到了政府的咨询和支持。随着时间推移，他们变得越来越重要，因为他们肯定并重申了这个问题，"跟踪控制它的进度，并提供更精细的方式来思考［它］"（贝斯特，1999：68）。然而，他们也给出了他们存在的理由。重要的是要理解，形成问题基础的许多科学证据是由那些致力于扩大新学科认可度和影响力的专家自觉推动的。由此，他们认真思考了拉希（Lasch）（1979）对新专业人员的看法：

> 在19世纪和20世纪初，新专业人员并不是为了满足明确界定的社会需要而出现的。相反，新职业本身创造了许多他们声称可以满足的需求。他们利用公众对混乱和疾病的恐惧，故意使用一种神秘的术语，嘲笑流行的自助传统是落后的和不科学的，并以这种方式创造或加强……对他们自己所提供的服务的需求（拉希，1979：228）。

专业知识的政治化

决策者有意或无意越来越多地需要专家的帮助来解决那些可能曾被

认为是意识形态或政治辩论领域的问题。正如希尔加特纳（2000：146）所述，"各国政府发现专家的建议是制定政策和为政策辩护不可或缺的资源，更微妙的是，他们还将一些政治领域中的问题转化为技术问题"。由于过去那种用政治意识形态解决问题的能力越来越受到质疑，当代政治生活逐渐凸显的特点是，道德和政治问题不断地被转移到专业知识领域（拉希，1979：79；弗雷迪，2009）。这在当代推行"健康"理念的情况下尤其如此，因为在缺乏旧规定和统一意识形态的背景下，身体成为与公众联系的最低共同点。菲茨帕特里克（2001：viii）观察到：

> 每次当政治世界本身经历戏剧性转变的时候，健康问题就在前所未有程度上被政治化。冷战的结束标志着主宰社会150年的东西方、劳动力和资本、左右两翼的两极分化的结束。市场无可比拟的优势意味着政治范围受到越来越大的限制。集体解决社会问题的办法不被信任，人们普遍对宏大叙事感到幻灭。

因此，专业知识项目在政治舞台上找到了肥沃的土壤。事实上，决策者在幸福话语中的突出地位很大程度上源于他们成为了发声者的目标，以及他们对发声的回应所引发的广泛评论和审视。出于这个原因，当一个潜在社会问题处于上升阶段时，决策者的反应可能意味着短期问题与更持久的问题之间的差异（贝斯特，1999）。例如，在早期关于麻疹、腮腺炎和风疹（MMR）的争议中，时任首相托尼·布莱尔（Tony Blair）拒绝告知他年幼的儿子是否接种过疫苗的事件，激起了人们对疫苗可能不安全的猜测（利奇和费尔海德［Leach and Fairhead］，2007）。随着时间推移，特别是在健康风险问题方面，决策者们越来越多地做肯定回答。虽然决定者们经常用暗示了大量争议和冲突的术语来表达他们对特定健康问题的立场，但围绕健康促进的发声有时可以给决策者们提供机会，使其在不引起大量反对的情况下，对某个问题采取强硬的立场（伯吉斯［Burgess］，2009）。在一个越来越能够接受健康风险发声（但也许要提防危言耸听）和健康促进发声的社会环境中，像"幸福"这样的情感效价问题为决策者提供了一个可以与幸福相联系又具有吸引力的能指。

据说，早在20世纪90年代契克森米哈伊关于"心流"的观点就被新工党采纳，也被美国、奥地利和瑞典等海外决策者采用（奇滕登，《星期日泰晤士报》：1997）。然而，在早期，发声既缺乏明确的政策建议方向，又缺乏坚定的支持者基础。相比之下，对2003年之后那些更为专门的发声的回应，是对政治分歧的迅速吸收和促进，尽管分歧双方都声称有争议。

尽管正如下文所示，幸福发声已经在许多政府部门被制度化，但大卫·卡梅伦仍坚决地在发言中表示支持。2006年，他在谷歌时代精神大会的演讲中"呼吁政府关注幸福"，他说"我们必须记住是什么让人幸福，又是什么使股票上涨"（伯克曼，《卫报》：2006）。在2007年的一次演讲中，布莱尔似乎对卡梅伦的幸福意见提出了质疑，他说，"如果钱不是问题，那么说幸福比钱更重要就容易得多"（布朗，《独立报》：2007）。然而记者注意到，这两人似乎在唱双簧，布莱尔说"人们希望在自己的闲暇时间、家庭时间和工作中掌握一切。因此仅有工作是不够的"，这似乎在回应卡梅伦所说的"是时候承认生活中有比金钱更重要的东西了"（布朗，《独立报》：2007）。

尽管有明显的一致意见，这一观点的争议性仍不断地得到强调。一位评论员问："为什么工党的最高层对'幸福'的评论如此少？……因为他们必须如此。大卫·卡梅伦给政府中日渐灰暗的工党带来的真正危险不是青春，而是过于乐观。"（艾希莉［Ashley］，《卫报》：2006）另一位则指责政府领导人只是对这个问题口头支持，但"否认了这个问题所暗示的强硬政策"（托因比，《卫报》：2006）。

从一开始，这个问题就与决策者密切相关。2010年11月，英国首相大卫·卡梅伦宣布实施"国民福祉计划"（National Wellbeing Programme），这是自21世纪初以来首个将发声制度化的明确政策。布莱尔的战略部门在2002年提出了之前提到的关于生活满意度的报告，保守党也在不久之后效仿，发表了一篇文章，并考虑效仿不丹，将国民幸福总值（Gross National Happiness）置于财富之上（哈尔彭，2010：8）。但是在采取这些步骤前，幸福修辞就已经对决策者产生了明显的影响；布莱尔在 1999 年出版的《政府可持续发展战略》（*Sustainable Development Strategy*）的导论中写道："钱不是一切，但政府以前似乎忘记了这一点。政府单凭经济增长——国内生产总值来衡量成功。政府为我们提供最好的生活质量不仅仅意味着关注经济的增长。"（环境、运输与地区部门，1999）这暗示着未来幸福问题将处于首要地位。

从那时起，幸福修辞就渗透到了一系列政策举措的语言中，并为这些举措提供了支撑材料。例如，2005 年新工党对关于发声治疗课程的引进和随后的扩展进行监督，旨在促进"所有在学校学习和工作的人的情感健康与幸福"（教育与技能部门 [Department for Education and Skills]，2007：4）。2008 年，政府委托编制了一份《"精神资本与福祉"的前瞻性报告》（Foresight Report on "Mental Capital and Wellbeing"），总结了"神经科学、心理学和精神病学、经济学、遗传学、社会科学以及学习、发展与系统分析"的最新发现，并提出了针对性的干预措施来促进儿童、工人、老年人和包括教师和医生在内的"关键一线职业人"的"身心健康和福祉"以及"繁荣"（《前瞻性精神资本与福祉项目》[Foresight Mental Capital and Wellbeing Project]，2008：4，23）。劳动和社会保障部于 2009 年编制的一份就业白皮书，以"工作能改善个人及其家庭的身心健康和福祉"为由，为其"增加就业人数"的承诺提供了正当的理由，后来"我们开始认为无论他们是否残疾，工作总的来说都是好的。工作可以促进身心健康、提升幸福感和生活满意度，并提高财务安全"（劳动和社会保障部 [Department for Work and Pensions]，2009：52，68）。同样，一份由卫生部与儿童、学校和家庭部（Department for Children，Schools and Families）以及首相策略部门（Prime Minister's Strategy Unit）在 2010 年联合编制的绿皮书，开端便写道："每个人的健康、幸福和人生成就在很大程度上取决于他们在出生前和一岁期间的经历。"随后才是其他原因，"因此，就婴儿的幸福和健康以及整体经济而言，对生命最初几年进行投资是有意义的"（卫生部 [Department of Health]，2010：6，12）。此外，据一份报告称，2009 年，莱亚德被英国国家统计局（Office for National Statistics）委托开发国民福祉指数，而正是新工党推动了该指数的开发（托因比，《卫报》：2010）。

鉴于幸福问题最初是在与政策密切关联的群体中"被发现的"，并且在这些网络中以相互关联和自上而下的方式传播，因此，在幸福本身成为公共议程上广为认可的问题后，许多发声几乎立即得以制度化就不足为奇了。在当前的政治环境下，缺乏政治理念的政治家们越来越多地转向健康领域，将其作为辩论的平台。当对重大观点持有怀疑时，科学就会被默认为权威，由此，人们越来越需要"基于证据"的政策（而不是基于意识形态的政策）。唐宁街的一位消息人士在公布新的福祉指数后说："下次我们进行全面的支出评估时，不要只是让我们猜测各种政策会对人们的福利产生什么影响。让我们真正地知道！"（哈奇森［Hutchison］，《每日电讯报》：2010）决策者们迅速地将幸福确认为一个社会问题，并以它的名义公开提出倡议。幸福能力忠于情感效价问题的本质，其跨越党派分歧、减少争议、促进共识的能力促使其自身迅速得到肯定。

不幸的公众

幸福一直是由专家提供并由知情人主导的社会问题，这也从公众在这个问题的构建中所扮演的角色得到了证明。当公众进入幸福发声领域时，他们所扮演的角色主要是作为发声的主体，而不是作为发声的来源。公众被称为集体并被作为新问题的受害者，他们无法知道或无法发现如何增加幸福或使自身幸福最大化。自从这个问题在英国首次出现以来，人们就提出一些主张和问题，比如："如果一个人不具备理性思考他们选择什么和为什么选择的心理禀赋，会怎么样？"（赫顿，《卫报》：1993）有人说，"我们不擅长决定什么经验能真正地增加我们的幸福感"，我们"完全错了"（克拉克，《星期日泰晤士报》：2005）。据发声者们所说，尽管"每人都想要幸福"，但是大多数人"不知道该如何获得"（奥康纳

［O'Connor］，《每日电讯报》：2009）。当谈到幸福时，公众被看作门外汉，他们如同"跑步机上的仓鼠"一样（克拉克，《星期日泰晤士报》：2005），以为可以"通过购买更多的东西来获取幸福"（琼斯［Jonze］，《卫报》：2008）。《教自己幸福》（*Teach Yourself Happiness*，《卫报》：2007）的作者保罗·詹纳（Paul Jenner）说："你必须决定追求幸福……除非有严重抑郁的人，大多数西方人都有足够令人幸福的东西，但是他们却选择专注于还没得到的东西。"通过构建"不幸"的主题，发声者创造了一个需要专业知识的需求。很少有人质疑这种不幸，事实上很多人都在重复它，这说明人们接受了将脆弱的主体看作社会弊病根源的发声。

虽然没有一个普通民众在样本中出现超过一次，但抽样的306篇文章中仍有21篇包含了来自普通民众的评论。其中大部分是记者问人们什么使他们幸福，以及人们对生活中简单快乐的思考。尽管人们的回答各不相同，但有一个共同的主题，即拒绝把物质主义作为幸福的基础。《卫报》的一个专栏曾呼吁各行各业的人发表相关评论，其中包括这样的陈述，"我睿智的祖父说，幸福的秘诀不是做你喜欢做的事，而是喜欢你所做的事。我喜欢我的工作"（泰勒［Taylor］，《卫报》：2007）；"我是我认识的最幸福的人，主要是因为我的居住地（科芬园）"（泰勒，《卫报》：2006）。一位应对气候变化的活动家显然对"正确"的答案很熟悉，他说："幸福似乎与更多的国内生产总值或消费无关。生活简单的人们过得很幸福。这并不复杂。"（泰勒，《卫报》：2008）

然而，在幸福话语中，尤其是早期，缺少了更为重要的活动家和基层运动形式。虽然有人认为这只是一个收集数据类型的赝品，但是受到媒体采访已经成为越来越多的活动家关注的项目。而当环境保护组织"地球之友"和新经济基金会（后者在1995年被描述为"边缘经济组织"）（库斯克，《独立报》：1995）出现在有关这个问题的发声中时，这些机构的历史就以从外部激进主义转向内部游说为特征（康纳利和史密斯，2003）。2011年，英国发起了一场名为"为幸福而行动"（Action for Happiness）的"运动"，其修辞和组织方式模仿了基层竞选。该组织的网站形容其使命为

"汇聚各行各业中希望为每个人创造一个更幸福社会的人才",并邀请观众"加入这个运动,成为变革者"(莱亚德,未注明出版日期)。尽管言辞激烈,这个"运动"却是由在构建幸福问题中所不可或缺的三位知情人发声者共同发起的,他们分别是理查德·莱亚德、安东尼·塞尔登与杰夫·马尔根。这种试图采取"运动"形式的做法可能被视为一种仪式和一种风格化的语言和行为,其目的是吸引公众参与,并在政治议程制定很久之后获得批准。这与2010~2011年的国家福利讨论会的情况很相似。这个讨论会询问市民"你在乎什么?"即使专家们长期以来一直在制定用于数据收集的主观福祉衡量指标,会议仍然进行了一次"全国性辩论"。

局外人发声者似乎是通过创业流来获取发布权的。例如,人们建立了诸如"感恩之家"和"幸福银行"(The Bank of Happiness)之类的网站,其中"幸福银行"的总部设在爱沙尼亚,由一位对自己工作感到"幻灭"并开始与非政府机构(NGOs)合作的通信主管创建(阿华加,《泰晤士报》:2009)。据描述,还有一位企业家"意识到自己在工作中很不快乐",于是放弃了学习心理学,继而创建了"开启者"网站,这是上文提到的"通过让人们更快乐来提高业绩的咨询公司"(查诺韦思,《星期日泰晤士报》:2009)。

很显然,至少在最初,幸福并不是人们在基层用来描述自身处境和社会变革运动的术语。相反,这个问题代表了一种可能被认为是典型路径的逆转:继围绕新的社会问题展开运动之后,从上层社会转移出来进而去寻求普通人的认同和参与。

9

幸福修辞

在前面的几章中，我概述了幸福发声在新闻媒体中是如何以及由谁来传播的。接下来的两章会更仔细地考察这些幸福发声的修辞。正如第3章所述，发声的描述并不仅仅是用直截了当的方式呈现给人类意识中的问题条件的一对一的反映。调解发声者与他们视为问题的现实之间分歧的是文化信念，即关于什么是可以接受的，什么是不可接受的，问题的根源在哪里，以及什么是不可接受的解决方法的文化信念（尽管后者通常是不言而喻的）。那些在新闻媒体市场中对新社会问题关注的激烈竞争，也以强有力的方式限制和塑造了发声。以一种类似于对符号资源的供给进行盘点（范李文，2005：4）的方式，此后，我试图对幸福制度化之前关键时期的英国主要报纸中那些通过幸福符号学表达出来的发声进行盘点。

以2003~2010年找到的100篇样本文章为起点发声，[1]我试图将这些问题的关键方面描述为一系列关于如何理解和改变世界的修辞信息。"对于历史符号学来说，词语的重要性在于隐含在词语中的信息被多次重复，并被赋予了高度有效性。"（霍奇和克雷斯，1988：187）根据发声者们所言，成功的发声被不断重复并形成关于幸福是什么以及应该是什么的真理。

我首先讨论论据（Grounds）、正当理由（Warrants）与推论（Conclusions）——这些分析工具来自修辞研究，我利用它们来理解发声的形式，这些发声形式经常被看作它们使公众相信问题的真实性、严重性以及改变的必要性。接着讨论隐含问题的倾向，然后再讨论暗含在各种能指中的"论据"或"关于问题本质的陈述"（贝斯特，2008：33），以及提供通过一种而不是另一种方式来进行发声交流的修辞。

论据、正当理由和推论

在第3章和第4章中，我描述了发声如何利用文化资源适应竞争，特别是利用相应的知识社群所特有的文化资源以获得突出性、合理性和肯定。经验丰富的发声者很快就学会如何吸引人们的注意力，调动公众的支持与同情，从而产生了越来越完美的发声，这些发声往往围绕特定的主题进行（贝斯特，1987：115）。由于发声具有修辞性（贝斯特，1987），修辞学或者研究"语言结构和调解传播者与受众之间的争论"的符号学分支可以被用于他们的分析之中（克雷格［Craig］，1999：137）。这种方法很有用，因为它不对话语的任何方面展开猛烈批判，反而从一开始就"将发声看作具有特殊开始、中间和结尾的形式"（伯克，2003：374）。将发声看作有说服力的论据要素，就能很好地掌握这种"开始、中间和结尾"的形式。

贝斯特（1987）将古斯菲尔德（1981）关于社会问题的工作扩展为修辞形式和仪式，并采用图尔敏（Toulmin，2003［1958］）的基本论证结构以及逻辑理论工具来分析社会问题发声。贝斯特的概念核心是他称为论据、正当理由和推论的几个术语。"论据"是"关于问题本质的陈述"，尽管其模式会在许多问题上反复出现，但它可以采取多种形式（贝斯特，1987，2008：31）。通常使用的例子包括给问题起一个"朗朗上口"的新名字、估计问题的范围并断言存在一个"正在恶化的情况"和关于受影响人的种类以及将问题与其他熟悉问题联系起来的陈述。"正当理由"则试图证明在"论据"的基础上所采取行动是正当的，它往往利用文化资源来恳请听众采取行动。它们常常暗示发声者希望受众珍惜的条件与价值之间不一致。例如，强调儿童的天真烂漫和无可指责、不断上升的医疗费用、健康福利或者唤起自由平等等抽象理想。"推论"是关于应该做什么的陈述，可以覆盖从对"变革"的模糊认可到详细的政策建议。与论据和正当理由一样，推论也受到社会历史背景的影响。某些地方和时代能够接受某些变革的建议和认可变革，其他地方和时代则不能。

应该指出的是，社会问题叙述形成连贯因果链的趋势掩盖了"意识形态的载入过程——从最初的平衡状态，到复杂和混乱，到危机和解决，再到产生新的平衡"（霍奇和克雷斯，1988：230）。没有解决不了问题的地方。叙述具有自然化的功能，它承认"事态可能被扰乱，但它承诺它们将回到先验的、自然的且不可避免的平衡状态"（霍奇和克雷斯，1988：230）。它将不稳定转化为稳定，将不可解决的问题转化为解决方案（霍奇和克雷斯，1988：230）。正如下面两章所描述的，问题叙述唤起幸福，那些断言幸福与现代性之间存在"悖论"的人倾向于肯定一种想象的平衡，认为现代世界已经偏离了这种平衡，但如果能让人类遵循一种可接受的情感设定，这种平衡就会自然回归。可以想象，通过将过去的价值抽象出来并重新赋予当下的内涵，就可以阻止历史的破坏性运动，最终实现传说中的平衡。因此，在幸福发声中，对未来最"激进"的看法是，没有向前的运动，只有对现在的复制。

显性的问题化和隐性的问题化

在幸福发声中，有一种倾向，即以显性和隐性两种方式提出问题。幸福及其伴随术语经常被明确地作为问题提出，例如人们不幸福、已经变得不幸福或者不够幸福。据说，即使他们没有意识到自己有问题，但是每个人都可以通过指导来让自己更幸福。通过假定与幸福不一致，一个被抽象地引用的理想，发声者们希望受众会重视其他社会或经济条件的变化，这本身就有问题。据说，个人或整个社会追求揭示这种错位是错误的。幸福应该以不同的方式去追求，或者取代其他目标而成为行动的最终目标，这样做将解决许多目前看似无法解决的问题。因此，错误的理解和错位的优先次序构成了一个社会问题，一个可以通过各种基于证据的幸福路径来解决的社会问题。

因此，幸福常常被唤起，而并不一定非要假定其缺乏干预措施。人们常常想当然地默认人类在追求幸福和生活行为方面需要指导。虽然这种区分更多地反映了一种连续性，而不是一种明确的划分，但它强调，尽管发声往往显得很积极，但其背后却通常隐含着"潜在"的不足。例如，由地方政府发展和改善委员会与国家心理健康发展部门联合委托新经济基金会编写的一份报告指出，"幸福和健康不仅仅意味着没有问题或疾病"，我们需要"把注意力从人们生活中可能出现的问题转移到思考如何获得更好的生活"（阿科德［Aked］等人，2010：10）。这意味着，专业知识不仅在事情出错的时候是必要的，而且还能确保事情顺利进行。这在塞利格曼和契克森米哈伊（2000：5）关于积极心理学的介绍中也是显而易见的：

> ［心理学］致力于修复人类功能疾病模型中的损伤。这几乎是对病理学的唯一关注，忽视了满足的个体和繁荣的社群。积极心理学的目的是开始促进心理学焦点的转变，从只专注于修复生活中最糟糕的事情转到建立积极品质。

尽管上述语段措辞积极，但是其中潜在的不足也显而易见。"满足的个体"和"繁荣的社群"大概不需要"心理学的关注"。这句话暗示了功能需要干预。希望获得认可和新颖性（以及资金）的专业领域，使幸福研究经常符合类似的隐性问题化。对于那些坚持将研究注意力转向幸福的人来说，哀叹传统的病理学研究已经成为一种习惯。例如，辰（Thin）（2005，2012，2014）声称，对问题的强调（以及事实上幸福研究无意识地成为问题的倾向）导致社会学家和人类学家无法考虑有关人类幸福和"繁荣"的多种方式。在回顾这一病理学焦点时，他指出，幸福被"隐含地假设为不存在各种问题……而促进心理健康的工作也被隐含地假设为预防、缓解和治疗精神疾病的工作"（辰，2005：13）。他认为，在被心理学和经济学垄断的福祉产业中，其他社会科学必须"发展出自己的方式，把"积极"的注意力放在福祉的社会促进上（辰，2014）。但是如果幸福和福祉并不是问题，人们不禁会思考，为什么它们需要以种种方式"提升"或"促进"呢？传统上对消除障碍的重视暗示了这样一种信念，即相信这样做可以让人们"继续做事情"，而如果坚持专家们也必须把重点放在促进幸福上，则暴露出他们对自己的怀疑，他们实际上是能够这样做的。

　　断言事态严峻，之后警示人们需要立即采取行动来控制不断恶化的情况，这一直是发声者为吸引人们注意力而长期采用的一种策略。然而，只需要打开报纸或瞥一眼新闻就可以发现，这些策略可能会生产出一种极端的世界末日景象。表面上积极地专注于推广幸福，实际上是为了给发声者提供寻求认可的新策略。就像表面上积极的能指"自尊"的用途一样（弗雷迪，2004：4），对幸福的关注也隐含着对其不足和便利化需要的关注。无论隐性地还是显性地表述问题，所显现的概念都是相同的。通过幸福修辞，干预措施的必要性被民主化了。潜在信息是，人类被默认为是不幸和迷茫的。人人都是脆弱的，因此无论疾病或虚弱与否，对专家指导的需求是普遍存在的。

论据：为问题命名

　　在一个"迷人"的新标签保护下合并假定条件，可以反映出一个新社会问题发展的转折点。修辞的选择很重要；它们可形成或破坏一场羽翼未丰的运动，并为现有发声者提供提出问题的新方法。同时，命名与定义是不同的（贝斯特，2008：32）。事实上，许多发声者都回避具体定义。定义隔绝了潜在意义，但唤起一个空洞的或"浮动能指"，"一个对许多人来说意味着许多事情足够宽松的象征或概念，同时它又足够具体明确，可以激励人们朝着一个特定方向行动"，可以是一个运动的重要催化剂（斯马克［Smucker］等，2012：234）。保持一定程度的模糊性意味着"观察者可以将几乎任何意义或愿望都注入能指"（斯马克等人，2012：234）。通过这种方式，"精心设计的浮动能指可以是广泛行动的强大工具"，将潜在冲突转化为共识，并将"迄今为止各不相同的群体［……］转化为强大的联盟队伍"（斯马克等人，2012：234 - 235）。

但是，即使浮动能指也不是完全开放的。文化并不利用全部意义潜能（古斯菲尔德，1989：16）。每一个能指都嵌入文化修辞，并包含一个"道德词语"，该词语"为参与者提供有价值的主题和叙述方式，以使发声具有令人难忘的表达意义"（伊巴拉和基特苏斯，2003：27）。特定能指强调特定重点，它沿着特定的而不是其他路径来解释。用伯克的话说，每一个描述（包括我自己的）都包含一系列对现实某些部分的"思考"、"选择"和最终的"歪曲"（伯克，1989：1989）。在文化层面上，一旦"压力过大和压力过低的特定方法"成为主导，"文化趋势就将是用它的术语来看待一切"（伯克，1989：173）。对幸福的唤起将问题置于一个特定道德世界，在这个熟悉的世界中，情感处于社会问题的核心，被灌注了独特的解释力（弗雷迪，2004：24 - 25）。正如我在这一章和随后章节中所试图指出的那样，这些偏向和重点会对问题及其解决方案如何概念化产生影响，因为实际上人们如何定义问题会影响解决方案，并且往往包含着解决方案的种子。

尽管如此，用来表达类似发声的"符号载体"（sign vehicle）尚未得到一致同意。许多能指在问题跨入制度化的阶段被调用。50%的样本文章也使用了"福祉"（well-being）这一术语。[2]那些不太常见却能起到补充作用的能指包括：繁荣（flourishing）、极乐（eudaimonia 或 eudemonia）、享乐主义（hedonics）、生活满意度（life satisfaction）和生活质量（quality of life）。不同的能指有唤起特定的而不是其他道德世界不同方面的能力，使它们自己的"重点配方"和内涵成为必需。使得能指及其伴随修辞习语与众不同的是，"它们有能力澄清和唤起发声中隐含的精神"（伊巴拉和基特苏斯，2003：27）。"他们主要关心的［……］不是条件类别的存在或大小。相反，他们的领域是道德推理。"（伊巴拉和基特苏斯，2003：27，删去了原文的强调字体）也就是说，一个能指的重要性不在于它具体的所指，而在于它有什么暗示能力。

幸福的修辞

虽然"福祉"（well-being）一词在整个发声过程中一直被使用，但最初，专业的发声者们却是在"幸福"（happiness）一词的基础上结盟的。马丁·塞利格曼和理查德·莱亚德分别将他们最初的著作命名为"真正的幸福"（Authentic Happiness）和"幸福：新科学的教训"（Happiness：Lessons from a New Science）。莱亚德（2003b）在其纪念利昂内尔·罗宾斯的报告（Lionel Robbins Memorial）中突出地体现了幸福，他在同时发表于《新政治家》（*New Statesman*）的一篇长文的标题中也突出了幸福。在2000年出版的书中，亚马逊列出的标题包含了幸福的书籍只有266本；到2010年，达到了2000本。相比之下，在2000年，标题包含了福祉的书籍只有133本，到2010年，逐渐增加到289本。幸福也以大型粗体字母的形式出现在《时代》（*Time*）（2006，2013）、《新科学家》（*The New Scientist*）（2011；2011b）、《经济学人》（*The Economist*）（2006）以及其他期刊的封面上。[3]幸福的突出证实了它的修辞优势，其中包括广泛的吸引力，历史的、激进的和乌托邦式的内涵以及非政治化的能力。但是，它也受困于一些缺点，而这些缺点已经成为批评家和发声者自己的攻击目标。

其中第一种能指优势是最明显的。幸福与诸如"希望"或"自由"这样的浮动能指有着同样的修辞优势：即使人们未必就其内容达成一致，但它们的积极意义促进了人们的接受和肯定。幸福唤起了一种终极的（即使是模糊的）"美好"感觉，并从直觉的熟悉中受益。在介绍莱亚德关于幸福问题的发声时，一名倡导者写道："显而易见，我们都渴望幸福，但很少有人肯说出来。"（赫顿，《观察家报》：2003）塞利格曼声称，该书的标题《真正的幸福》是应了出版商的要求而命名，因为出版商认为"幸福"

比"积极心理学"更能引起共鸣（塞利格曼，2011）。事实上，尽管人们努力向其他不同能指转移，但媒体的讨论仍然继续强调幸福。一篇文章开篇就宣称"幸福"（或在学术上称为"主观福祉"）很重要（勒·法努，《星期日电讯报》：2011）。记者甚至有时会无视发声者使用不同能指的意图。例如，一位记者采访经济学家艾伦·克鲁格（Alan Krueger）时说，"克鲁格更喜欢谈论'主观福祉'［……］因为他认为'幸福听起来有点无聊'"，该记者总结道："哦，看在上帝的分上，教授，振作起来吧。"（哈福德［Harford］，《星期日泰晤士报》：2009）

如果发声者希望其发声能被接受或者至少避免受到抵制，那么共鸣是至关重要的。事实上，这种"精心设计"的浮动能指，以及也许同样令人愉快的伴随习语"金钱买不到幸福"，在促进共识方面是如此成功，以至于产生了一些无意的趋同。不仅保守党领袖戴维·卡梅伦宣称，"我们现代全球化的消费文化有很多最终似乎都不令人满意"，现在是我们关注"什么让人们幸福"的时候了（凯特尔［Kettle］和温特［Wintour］，《卫报》：2006），而且类似的发声也在极左派那里得到发扬。马克思主义思想家尼娜·鲍尔（Nina Power）在一篇文章的标题中写道："幸福已经被资本主义消耗殆尽。"接着在导语中说："我们一直被迫从财富的角度考虑生活质量——现在是时候重新发现我们所珍视的东西了。"（鲍尔，《卫报》［*The Guardian Unlimited*］：2011）事实上，甚至是银行口号和无政府主义涂鸦也无意中互相呼应。在 2005 年，希腊花旗银行（Citibank）发表了一则报道宣布，"幸福是用 E 写的而不是€"（"Happiness is written with an E not €"），并援引该公司的研究结果说，人们更看重自己的生活质量，更喜欢关注那些让自己幸福的人和事（花旗银行，2005）。几年之后，该口号在银行业显然没有起作用，因此在希腊陷入金融危机之际，同样的口号在雅典市中心的墙壁上被乱涂。

这种广泛的呼吁意味着幸福不仅仅是一个问题的名称，它代表了发声者的一个关注焦点，也是对一系列其他问题的修辞许可。更确切地说，对许多发声者来说，幸福回答了这样一个问题，即"为什么人们应该关心我的问题？"在推进幸福关注方面，莱亚德出人意料地把它放在心上："每个人都关心如何避免贫穷、疾病、冲突和奴役。但这些只是不幸的不同版本。所以，我们真正关心的是幸福，尽管我们可能会害怕这个词的简单性。"（西蒙斯［Simons］，《泰晤士报》：2010）尽管可能难免有一些反对声音，但是就像权利的修辞一样（贝斯特，2008：36），幸福是一种大多数人都能认可的价值。在科学修辞的支持下，幸福成为一个令人难以反对的行动保证。

第二，幸福可能具有独一无二的修辞功能，它唤起了一种乌托邦和历史感，这是诸如"主观福祉"这种最近新造能指所不具备的。事实上，许多发声者都接受了乌托邦主义的标签，并认为幸福提供了政治上一直缺乏的"宏大愿景"。而莱亚德唤起了"启蒙运动的高贵哲学"并提出了一个响亮的宏大愿景："每个人都想要幸福，每个人都同等重要。"（莱亚德，《卫报》：2009）同样，一篇社论询问：

> 但是，在一个惩罚比恢复刑事事务更重要、基本自由受到极其严重限制、现代神经科学能够证明边沁（Bentham）是对的时代，还有什么更好的时机来恢复重要的功利主义原则呢？（《卫报》：2003）

另一篇文章介绍了在法国举行的为期两天的幸福论坛，会议以一位环境学家和一位历史学家关于乌托邦主题的发言开始。一位发言者哀叹："我们社会的最大问题是乌托邦精神正在衰退。"（塞奇［Sage］，《泰晤士报》：2010）而另一位评论家则说，幸福为社会提供了一个宏大的愿景，取代了之前政治项目的"葛擂硬管理主义（Gradgrind managerialism，功利的管理主义，译者注）和目标导向"（邦廷，《卫报》：2007）。其他的理由是：

> 尽管我们的社会富裕又自由，为什么这些美好的事物总是从我们的指缝间滑走？随着关于阶级、宗教或种族的旧叙述逐渐减少，这种关于将幸福作为我们社会最终目标的叙述逐渐清晰起来。（沃尔特，《卫报》：2005）

《美国独立宣言》中的引语有力地提醒人们，幸福曾经在革命修辞中扮演了重要角色。因此，幸福修辞使得发声者能够唤起一种革命精神，并能赋予政治问题以目的和意义，否则，这些政治问题可能会显得枯燥无味并与日常生活经验"脱节"。幸福概念的集中和个人化将问题降到最低共同点，在个人身体和心智层面与人建立联系。然而，这样做描绘了大规模社会变革的画面。这种乌托邦的个人化与普遍拒绝总体化叙事产生共鸣，也与社会变化更容易被视为个人变化必然结果的时代产生共鸣。这呼应了随处可见的"改变"心态，从美国总统巴拉克·奥巴马（Barack Obama），到乐施会（oxfam）分发的冰箱贴，再到抗议游行的标语。由于市场社会是唯一可能存在的社会，激进的发声通常等于将个人从表面上的污染效应中隔离出来。先前摘录的来自奥立弗·詹姆斯的引述也说明了这种从宏观结构性批评到个人变革的简单转变：

> 我们已经成为一个想要成为的国家，我们想要我们所未曾得到的东西——我们期望得到更多，并且觉得有资格得到它。这是发达资本主义发展的结果——经济增长意味着每个人都对他们所拥有的东西感到不满……治疗是非常有用的，它绝对是一种反资本主义的手段。它的最终结果是更清楚地了解你如何以个人经历适应并充分利用新技术所带来的美好机会。（莱西，《独立报》：1998）

最后，幸福还有一个关键的优势，那就是巧妙地通过修辞去掉问题的政治色彩。在更广泛的去政治化背景下，神话或"非政治化言论"（巴特，1980）蓬勃发展。无论是从一个有意义的治疗系统中提取出来还是添加进去，幸福都重新激发了现存的文化神话，这些神话认为当下的一切是我们（静止的）人性的产物。根据巴特（1980：142）的说法，"神话的任务是给历史意图一个自然的理由，并使偶然性看起来是永恒的"。治疗性知识通常使用一种科学的或"名词化的语法"（韩礼德，2004：viii）来描述人的"真实"本质。这样做时，它将动态主体转换为静态客体，在观察、实验、测量和推理的过程中将世界视为"静止"不动的（韩礼德，2004：

21）。虽然这种方法很好地服务于自然科学，但当应用于人类时，它却起到了否定历史和人事动机的作用。这种话语"作为专家话语而与众不同，很容易成为一种被权力和技术专家控制的语言"（韩礼德，2004：95）。通过这种方式，幸福神话把政治问题转化为仅仅需要专家解决的技术问题。社会问题在政治辩论的范围之外被表达。如果他们的解决方案要到自然界中寻找，那么就没有辩论的余地和反对的意义，简单地说，这就是"我们的方式"。

随着过去的政治意识形态日渐式微，寻求吸引公众的词汇的人也越来越少，治疗性知识提供了一种吸引尽可能广泛受众的道德中立手段。这是"微观政治"的时代。政治采用了技术官僚的语言，并通过一种管理主义的非政治化语言来表现自己。它无关好坏；只关"证据"所言。幸福修辞提供了超越意识形态和信仰的能力，提供了一种非政治化和科学的方法来指向"善德"。

幸福所固有的相容性也发挥着去政治化的作用，它将潜在的复杂现象还原为"互相理解"的"核心"本质，在某种程度上使得人们难以想象如何对问题进行辩论（齐泽克［Zizek］，2010：6）。然而，正是在这一背景下，在传统分裂政治核心曾经存在的地方，出现了潜在的分化现象，幸福被精确地表达为"不可言说的"，因此此也是"不可触及的"。正如索蒂拉科普洛斯和卢茨（Sotirakopoulos and Rootes，2014）根据"伦敦占领运动"（London Occupy Movement）所描述的，"平等"和"民主"等普适价值观在团结不同人群方面取得了成功，但这些价值观太模糊，以致未能产生一个共识项目。"平等和民主是任何人都不能轻易反对的原则。"然而，目前仍然不清楚究竟什么是平等。它以何种形式、为谁、用何种术语——经济学的、法律的、还是社会学的？谁来实现这种平等呢？"（索蒂拉科普洛斯和卢茨，2014：173）。尽管使用了积极能指，抗议者们共同持有的却是"否定的共识"，即他们反对共同敌人（主要是政府官员和"三驾马车"）；"民主"和"平等"在很大程度上仍然是未详细阐明的目标。

人们在不否认群体之间具有可调解性的情况下，对广泛相容性的强调、发展适合无差别"大众"话语的愿望，掩盖了利益集团内部和利益集团之间的差异和潜在冲突。"无产阶级青年与需要劳动剥削来实现相对富裕的小资产阶级之间存在多大的共识空间呢？"（索蒂拉科普洛斯和索蒂罗波罗斯［Sotiropoulos］，2013：452 - 453）同样，如果经济增长停滞意味着工资停滞或难以找到工作，那么很少有人能接受，但是站在更高的抽象层次上，每个人都会认为金钱买不到幸福，或者认为"经济增长"对人类来说可能是一个比"幸福"更陈腐的目标。然而，这种被认为理所当然并被修辞遮蔽的"背景噪音"，正是维持这种理想的市场关系。对于齐泽克来说，这是一条夜里不叫的狗，因其缺席而惹人注意。正是这种无声的"暴力维持着法律和秩序的公共形象"（齐泽克，2010：5）。齐泽克（2010：5）认为，掩饰这种复杂性和潜在不相容性是"乌托邦梦想的真正核心"。

讽刺的是，正是那些东西赋予了幸福吸引力，也包含了幸福的一些关键性缺陷。对于试图将幸福置于道德和公共领域（见下一章）的所有尝试而言，幸福倾向于唤起一种发声者们试图批判的个人主义意识，在早期就很清楚了。例如，有人认为：

> 积极情绪很难在经历了促使它们产生的事件之后还存在；我们也不想一直都感觉良好。持续快活地生活是一种妄想，因为它拒绝承认正常的起伏。通过强调愉悦，心理学家把幸福变了利己主义的东西：纯粹的趋乐避苦。（肖赫，《每日电讯报》：2006b）

然而，在将幸福与享乐主义和纯粹的"寻欢作乐"的内涵区分开的过程中，实际上要付出大量的努力。一位发声者试图消除对积极心理学的"误解"，他说：

> 在美国，人们或许仍然更强调个体发展——乐观或个人成功等要素……但在英国，关注焦点确实是社会背景。人们对福祉和社群的兴趣要大得多。（威尔逊［Wilson］，《观察家报》：2010）

幸福变戏法般地产生出短暂的快乐印象，而这对许多发声者来说是不够的。

此外，幸福的常识性质不仅意味着每个人都能同意，而且意味着许多人对它的意思和重要性都有他们自己的看法。这类专业性的和政治性的私人生活公告在一定程度上引起了人们的不安。虽然许多专业知识发声得到了肯定，但是样本中观察到的一类批评并不是被完全明确表达的批评，而是关于边界不确定性的批评。一个评论员写道："'我来自政府，我在这里是为了让你开心。'现在那样说很吓人。"（怀特［Whyte］，《泰晤士报》：2006）然而，一旦"幸福"获得了一个立足点，使用更多远离日常用语的能指，许多发声者就可以规避这一问题。

然而，就像许多成功的社会问题一样，幸福开始沦为大众化的牺牲品。随着媒体关注的增加，幸福问题出现了明显的反弹。一位作者哀叹道："如果认为仅仅将这个词重复足够多次就能使大家高兴起来，那就太荒谬了。"（杰弗里斯，《卫报》：2006）《新闻周刊》的标题写道："幸福：已经够了。"（贝格利［Begley］，《新闻周刊》：2008）贝斯特（1999：45）观察到，"每个新闻故事都有尽头……对这个话题的兴趣看起来似乎渐趋平息；一度看似新奇的东西成了'旧新闻'，变得枯燥无味；报道也转向了另外的话题"。然而，问题发布权的一个关键优势是发声者可以更新发声，通过提出新角度来重振发声，扩大问题范围或者将其与当前事件联系起来，不仅使问题得到认可的可能性大大地增加，而且使解决方案被制订出来的可能性大大增加。求助于不同的能指是实现其中许多目标的途径之一。

福祉（well-being），繁荣（flourishing）和极乐（eudaimonia）的修辞

在幸福能指涵盖不足之处，发声者会利用其他符号资源，包括福祉、极乐和繁荣。许多以前支持幸福的人甚至开始通过赞成一个或选择其中一种以明确地拒绝幸福，其中最常见的是福祉。福祉提供了许多同样的好处

但又在多个方面超越了幸福。最值得注意的是，它扩大了影响范围并涵盖了更广泛的人类经验领域，幸福看起来是个人的、琐碎的，而福祉作为一个需要专业知识的领域，在确定它的所指时似乎更成功。2006 年和 2007 年的抽样文章中"福祉"的使用率开始明显增加，其中一半以上是作为关键词（分别为 50% 和 60%）。事实上，正是国家福祉计划使发声作为公共政策的关键目标制度化。不足为奇的是，2010 年，72% 的样本文章包含"福祉"一词。然而，尽管"福祉"作为关键词出现的频率从 2003 年的平均每篇 0.86 次增加到了 2010 年的 1.62 次，但是，2010 年，"幸福"的出现频率达到了平均每篇 6.75 次。

这些用法大多是互补的，甚至是可互换的，通常反映了避免重复的尝试。当考虑到奈克斯数据库的一般用法时，这也是正确的，因为这些用法没有包括在复制到 NVivo 研究数据库的社会问题发声中。例如，有一个作者在回忆她女儿时问道："还有谁会如此坚定地爱她，或如此全心全意地为她的福祉和幸福而奉献呢？"（法恩［Fine］，《每日电讯报》：2001）在问题化的话语中，绝大多数人以同样相辅相成的方式使用幸福与福祉。2001 年的一篇文章解释说，经济学家终于能够谈论"幸福"了，因为"他们现在有了关于 30 年前人们幸福感（sense of well-being）和生活满意度的可靠数据"（邦廷，《卫报》：2001）。另一篇文章描述了一项研究，"研究小组成员在 8 周的时间里冥想了 14 个小时，发现大脑前额叶皮质的活动水平显著提高，而前额叶皮层是大脑中最常与福祉和幸福发生关联的区域"（马什，《泰晤士报》：2004）。福祉通常被用来指比幸福更广泛的东西，它们也以一种相辅相成的方式被使用，因为两者都象征性地反映了"善"。

当幸福能指倾向于暗指对个人"良好感觉"的狭隘关怀时，福祉就会介入以弥合分歧。就像幸福一样，福祉也与"善"结盟，但它包含的"存在"和"健康"等附加成分提供了指称对象，这些指称对象可能远比幸福在词源学上已经变得和似乎允许的更具变化性。人们可以谈论社会的经济福祉，但较少谈论经济"幸福"。[5] 这样说是可以的：一个人不应该仅仅是快乐的，但幸福来源于"为善"。福祉常被视为一个更有力的概念，但它因在更多现象上具有"浮动"的能力而取代了幸福。它更能适应从国家或社群福祉的宏观关注到个人态度和行为的各种问题。

在这个问题框架下，包括更广泛的现象，使发声者能够不断地强调他们发声的重要性，并最大限度地扩大受影响的潜在的支持基础和利益。然而许多使用幸福指数的发声受限于关于幸福"停滞"率的陈述，使用福祉可以给人一种衰退和恶化的感觉。正如一篇文章所言，"年轻人的福祉随着时间的推移而下降，这在精神健康问题、吸毒和自杀人数的增加上反映出来"（沃德［Ward］，《卫报》：2007）。形势不断恶化，需要迅速采取行动。通过这种方式，新术语维持了人们对这个问题的兴趣，克服了发声可能随着时间的推移而显得"陈旧"和乏味的倾向。

繁荣和极乐两个概念为进一步扩大和更新发声提供了契机。在早期的英国样本中，繁荣就已经出现。首先，繁荣强调了那些被认为已经由幸福释放的能力，而且经常无须进一步阐述就可使用。一篇文章解释道："幸福是预防和治疗身心问题强有力的盟友，它使我们能在所有主要战线上更好地茁壮成长和繁荣。"（《泰晤士报》，2003）另一篇描述积极心理学的文章指出："它通过重点关注人们是如何繁荣而不是如何变得沮丧来颠覆传统的学科"（霍格德，《星期日独立报》：2005）。然而，随着时间的推移，人们越来越习惯于调用这些能指来对幸福和肤浅的当前理解进行"更深层"的概念化。例如，一位英国的"管理思想家"解释了他对亚里士多德的"极乐（eudaimonia）"的偏爱："它通常被翻译成幸福，这是一个糟糕的翻译。它不是一种精神或存在的状态，而是一种活动。它最好被翻译成繁荣——用你最擅长的方法做你最擅长做的事。"（刘易斯［Lewis］，《泰晤士报》：2006）另一位发声者也引用了亚里士多德的观点说："我们对幸福的现代观点相当浅薄。"他认为幸福与"出色、健康、繁荣、满足和成就"相关（霍格德，《星期日独立报》，2005）。

尽管并不是所有发声者都特别提及亚里士多德，但这些术语的起源和彼此之间的关系还是很清楚的。虽然亚里士多德在他的《尼各马可伦理学》（*Nichomachean Ethics*）中使用的希腊词"ευδαιμουια"在传统上被翻译为"幸福"，但到了19世纪末，英国作家们开始认为，"幸福"的当代意义与亚里士多德的概念并不相符。因此，道德哲学家亨利·西奇威克（Henry Sidgwick）指责与他同时代的其他英国作家将"eudaimonia"翻译为纯粹由"愉悦"或"享受"构成的概念误导了读者（西奇威克，1981：92）。另一位翻译家 W. D. 罗斯（W. D. Ross）认为"幸福"是一种不合适的翻译；他指出，亚里士多德强调"ευδαιμουια"是一种活动，还暗示了"福祉"是一种"更含糊的翻译"（罗斯，1959：186）。库珀（Cooper）（1975：85）在他的翻译中用"繁荣"代替"幸福"，他认为"繁荣意味着一个人在相当长一段时间内拥有和使用自己成熟的力量［……］此外，在这段时间里，未来看起来是光明的"，并且这一术语"与亚里士多德将'ευδαιμουια'看作是人类自然能力的实现这一初衷相符合"。[6]

2001年，在对迅速增多的福祉文献进行回顾的过程中，瑞恩和德西（Ryan and Deci）区分了两种可识别的研究：第一种属于他们所谓的"享乐主义"，或者"福祉是由愉悦或幸福构成的观点"；第二种属于"极乐主义（eudaimonism）"，或认为福祉"不仅仅由幸福构成"，还包括"满足或实现自己的欲望或真实本性"（2001：143）。七年后，《幸福研究》杂志就德西和瑞恩（2008）提出的两种研究方法出版了一期特刊，其中德西和瑞恩认为享乐主义的福祉受到了过度关注。根据作者的观点，享乐主义观点的重点在"主观福祉"上，与自我报告式研究相区分，且不排除如下可能：虽然人们可能报告自己很幸福或"受到了积极的影响并且感到满足"，但这"并不一定意味着他们心理健康"（德西和瑞恩，2008：2）。与之相对，极乐主义的观点则超越了"单一"的幸福，把更广泛的人类影响和活动纳入对"福祉和人类繁荣"的理解（德西和瑞恩，2008：2，9）。

在这期特刊之后，奥普拉·温弗瑞（Oprah Winfrey）的杂志《O》刊登了一篇文章，它首先要求读者"画出幸福"，然后指出读者可能的设想画面是"安静的灵魂坐在一片雏菊中"，这比起那些"研究者现在相信"更为重要的事情来说可能更没有意义，——也就是说，"极乐主义的福祉"

或"基于自己独特的才能和潜力追求卓越"，"亚里士多德认为［……］这些是人生中最崇高的目标"（勒布朗［LeBlanc］，2008）。一位接受采访的心理学家理查德·J. 戴维森（Richard J. Davidson）进一步阐述，极乐主义的福祉"比享乐主义的幸福更强烈、更令人满意"，他补充说，这种福祉"涉及大脑的不同部位"（勒布朗，2008）。

随着关于古代根源和潜在所指的发声延伸到更多影响"美好生活"的外围概念，极乐和繁荣也扩大了发声范围并提供了一种更大的道德感和概念深度。两者的优势恰恰在于他们有能力超越瑞恩和迪尼在两次评论中觉得有必要反复强调的"**就是**幸福"（瑞恩和德西，2001：143；德西和瑞恩，2008：2，强调是本书作者所加）。像"极乐型的福祉"（eudaimonic well-being）这样的概念更容易顾及身体健康、行为、人际关系、信仰和活动。确实，上述特刊的撰稿人使这个概念作用于以下几个方面：个体成长、自主性、自我接纳、生活目标、环境掌控和积极关系（芮芙和辛格［Ryff and Singer］，2008：20－23）；"自发追求个人成长、人际关系、社会共同体和健康等内在目标和价值观，而不是财富、名誉、形象和权力等外在目标和价值观"，自觉行事、保持谨慎以及"按照满足对技能、关联性和自主权基本心理需求的方式行事"（瑞恩等，2008：139）。马丁·塞利格曼选择以主题词"繁荣"（2011）来命名他的最新著作，以表达他对"幸福"这个词的"厌恶"，他认为这个词"被过度使用以至于几乎已经毫无意义了"（塞利格曼，2011：9）。塞利格曼之前的"真正的幸福理论"（Authentic Happiness Theory）（根据他自己的描述）衡量并旨在提高"生活满意度"，而他新的"福祉理论"（Well-Being Theory）则包括了"积极情绪、参与、意义、积极关系和成就"等因素（塞利格曼，2011：12）。因此，发声的范围超出了良好的心理感受，越来越多地涵盖了个人和社会生活的内容。仅仅感觉良好（或认为自己感觉良好）是不够的，因为这并不一定意味着一个人在精神上或道德上是健康的。

这些能指还通过为发声者提供更多与日常用语脱节的术语，克服了幸福发声似乎超越界限的倾向。图 9.1 显示了样本中所发现的有关福祉的常见修饰符。一旦发现修饰符，我们就会立即在更广泛的研究数据库中进行相关搜索，并显示搜索结果。

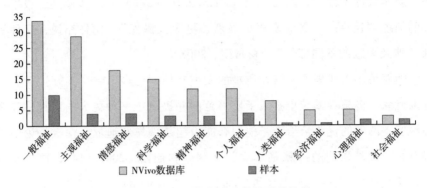

图 9.1　在研究数据库中使用的修饰符

其中最常见的是一般福祉（或国民幸福指数，GWB），在 2006 年的谷歌时代精神会议上被大卫·卡梅伦使用后迅速传播。在近来常被引用的一篇演讲中，卡梅伦说："是时候承认生活中有比金钱更重要的东西了，现在我们不仅应该关注国内生产总值（GDP），也应该关注国民幸福指数（GWP）——一般福祉。"（《卫报》，2006）除了描述这个问题的关键转折点，及其在政治议程上的地位之外，卡梅伦将 GDP 与 GWB 进行比较，使后者在谈到大多数人都能认同的价值观时具有技术性。[7]国内生产总值看起来既客观又冷漠，但就像卡梅伦所说的那样，"幸福不能用金钱来衡量，也不能用于市场交易。［……］它关乎我们周边环境的美丽、我们文化的质量，以及尤其重要的人际关系的力量"（《卫报》，2006）。国民幸福指数，如果不能用金钱衡量，表面上却可以用它自己的方式来衡量，它似乎更具个人色彩，并与关于人们生命中重要事物的日常情感相关联。与此同时，国民幸福指数有一种技术色彩，尤其是对一个保守党的首相而言，不如此说就会被视为对选民个人生活的侵犯。

幸福发声者似乎很清楚，"幸福"很容易被指责为"噱头"、肤浅以及缺乏内容。的确，许多批评并不具体地攻击，而是有些轻率地拒斥，例如，人们将"幸福课"（happiness classes）称为"工党的最新噱头"（格里菲斯，《星期日泰晤士报》：2007），或者描述一份"幸福教育办公室"（OfHed）撰写的"香格里拉小学报告"（Shangri-La Primary School Report），最后正式让学校接受"振作起来的通知"（哈尔科姆［Harcombe］，《卫报》：2008）。使用听起来不那么"轻率"的能指，能为改革运动提供科学的虚饰。而作为一场运动的战斗口号，这些能指并未产生预期效果。但这并不是它们的职责。它们的功能是唤起一种隐含的精神——这是一个重要事情，也是一个需要诀窍和技术专长的事情。

财富与福祉的脱钩

虽然大多数幸福发声中幸福和福祉可以互换，但假定物质福祉与幸福之间存在矛盾确实导致了福祉与幸福分裂。客观的物质福祉被日益淡化，取而代之的是本质上内倾性的概念。例如，在 2002 年，一位会计兼作家的言论被作为建议引用，"如果你能让人们保持合理的满意度，则并没有太多证据表明物质福祉会增加幸福"（麦肯琳恩［MacErlean］，《观察家报》，2002）。另一个观点认为，"对现代生活的根本性失望"是"发现满足我们对舒适、安全和物质福祉的渴望并不能可靠地导致个人福祉"（康纳［Connor］，《独立报》：2003）。与幸福一样，福祉与物质所指也越来越分离，甚至被设想为相互对立的。极乐和繁荣在这种脱钩中扮演着类似的角色，但在希腊哲学中有着更深层的渊源，它并非着眼于眼前的目的，而是对财富和进步的可能性提出质疑。

首先值得注意的是，幸福发声者应该偏爱亚里士多德的"极乐"，这是"一种完美的概念"，"一种自然的终点"，而当一个人向着这一终点发展时，此终点在本质上就成为一种固定或静止的理想（帕斯莫尔，2000：9）。对亚里士多德来说，"完善"过程中的任何事情都不可能是完美的；完美的东西应该是"完成了的"（塔塔科维兹［Tatarkiewicz］，1979：7）。亚里士多德和后来的托马斯·阿奎那（Thomas Aquinas）都把"变得完美"视为事物内在潜力的实现，是"可以在其中休息"的"完美"条件的实现（帕斯莫尔，2000：11）。[8] 然而，现代化进步力量的一部分，或至少是反映出来的一部分，是一个作为趋向无限递增的无限"完美性"绝对理想逐渐远离完美的运动（帕斯莫尔，2000：241）。因此，威廉·戈德温能够写出"可完善的"作品，不是意味着"能够实现完美"而是"不断地变得更好，并不断地得到改进"（帕斯莫尔，2000：241）。"完美"的东西将会停止改进；因此，有"最完美的完美是不完美"这一"悖论"（塔塔科维兹，1980：77）。哲学家们开始理性地思考，"真正的完美"是"无休止的"并且依赖于进步（塔塔科维兹，1980：77）。"如果这个世界非常完美以至于没有新事物留存的余地，那么它就会缺乏最完美的完美。因此，如果它是完美的，那就将不会是完美的。"（塔塔科维兹，1980：77）

正如赫伯特·乔治·威尔斯（H. G. Wells）在1905年指出的那样，他那个时代的乌托邦已经不再是古典时期"完美的静止状态"，而是"运动状态"，形成"一个通向漫长上升阶段的充满希望的阶段"（帕斯莫尔，2000：260）。但是，在20世纪后期，反乌托邦将空前繁荣（帕斯莫尔，2000：421）。对理性和进步启蒙思想的认可比前几个世纪所得到的认可要少得多；如今，自由思想者很可能认为这种不可避免且不断进步的启蒙运动信念是天真的、错误的，甚至是危险的（弗雷迪，2014：3）。例如，年轻或"左翼"的黑格尔主义者（后来的"科学社会主义者"）兴奋地培养革命的种子，这些种子正是黑格尔将自然的"无限再生产"与人类在追求"完美性"过程中的不断进步相对照的结果（米克尔［Meikle］，1985：33－34）。黑格尔还认为，世界"是一个复杂的过程"（恩格斯，1941：44），是一个无休止地"成为"世界的过程。而今天，人们普遍希望停止这场无休止的运动。对"极乐"的渴望是对回归幸福的渴望，它所渴望的不是即将"成为"或正在"成为"，而是简单地"正在幸福"。[9]当然，并不是无缘无故地幸福。如果说第一次世界大战足以动摇"人们的信仰，尤其是知识分子的信仰"（帕斯莫尔，2000：419），那么接下来的几十年就足以给"完美主义者"的想象力以致命的打击。因此，对于任何希望恢复"乌托邦精神"的人来说，它必须在想象中完成，这是一种顺利摆脱现实中无法解决的矛盾的理想。

一个世纪的战争、繁荣和萧条似乎引发了一种疲惫感，一种认为进步是不可预测和不稳定的感觉，一种对"休息"的渴望。正如 2003 年的一个专栏所总结的："尽管经济增长，GDP 增强，但一旦摆脱赤贫，它就影响不了公民福祉了。如果现在确切地证明了多余的钱不会给国家或个人带来更大的幸福，那么这些钱又有什么用呢？"（托因比，2003）泰国国王普密蓬·阿杜德（Bhumibok Adulej），是"世界上最富有的皇室成员之一"，尽管他坐拥可观的财富，却向人民鼓吹一种"自给自足经济"和一种"谨慎的经济回落"，这是伪善的，但是辰（2012：136）宽恕了他的这种伪善，因为辰认为阿杜德真正"希望自己的公民不去追求更多的金钱而去追求更多的幸福"。在这种观点下，穷人应该永远渴望成为国王的想法显然不是一种值得"培养"的"有理性的"抱负；这种抱负必须通过提倡精神满足而非物质满足来"管理"（辰，2012：135）。对当代人来说，这些观点似乎是左派的。然而，它们恰恰与激进分子曾经拥护的强烈愿望背道而驰："向穷人推荐节俭，这既荒唐又无礼。"正如奥斯卡·王尔德（Wilde）在他著名的散文《社会主义时代人的灵魂》（The Soul of Man under Socialism）中所写的："这好比建议一个饥肠辘辘的人少吃东西。""他们为什么要对富人桌上掉下来的面包屑感恩戴德？他们应该坐在餐桌上，并且他们开始意识到这一点了。"（王尔德，2007：1043）就像女权主义者兼社会主义者西尔维娅·潘克赫斯特（Sylvia Pankhurst）在 1923 年所写的那样，战斗口号不再是"超过所有人所能消费的"[10]，而是"已经足够了"；发展和进步是用主观术语来界定的，它们不是对不断扩大的需求之"满足"的界定，而是对什么是"满意度"的界定。

的确，亚里士多德极乐概念与这些文化成见的紧密关系在一再重复的发声中是非常明显的，这些发声认为亚里士多德把财富作为"美好生活"的一个目标加以拒绝。正如艾哈迈德（Ahmed，2010：12）指出的那样，把"极乐"上升为一种"更高"的幸福形态因而是"资产阶级化的"（艾哈迈德，2010：12）。她接着说：

> 我们甚至可以说，对当代幸福文化的恐惧表达包含了一种阶级恐

惧，即对幸福太不费力、太容易得到、消失太快的恐惧。我们只需记住，古典希腊哲学中的美好生活模式是建立在一种具有排他性的生命概念之上的：只有部分人能够获得一种包含自我所有权、物质保障和闲暇时间的美好生活。[……] 美好生活的经典概念依赖于政治经济：可以说，有些人必须工作，以让别的人有时间去追求美好的生活、有时间去蓬勃发展。按理说，这样的政治经济对于德性生活（virtuous life）可能性的实现是必要的而非偶然的。（艾哈迈德，2010：12－13）

根据弗雷迪（2014：2）的说法，"现今，后现代主义知识分子、消费者维权人士、反资本主义者、环保主义者或保守主义者都传达出了对物质主义、消费文化或理性主义的强烈敌意"。"所谓的"进步是具有破坏性的，这业已成为人们普遍持有的信念而不再是只存在于环境主义者的游说之中；人们认为进步是对地球和人类灵魂的破坏。

长久以来，为了这个微妙的再定义，极乐、福祉和繁荣一直被人们作为符号载体征用。在被英国的公众辩论具体化之前，它们就已经在国际发展政策中产生了影响，主要是通过诺贝尔奖得主、经济学家阿马蒂亚·森（Amartya Sen）的影响来发挥作用。森对把"国民生产总值（GNP）、技术进步或者工业化"作为"发展的典型特征之规定"的观念提出质疑，他倡导发展人类能力和"福祉"概念，该概念的形成在一定程度上受到玛莎·努斯鲍姆（Martha Nussbaum）对"亚里士多德关于人类善德"与人类"繁荣"理由之相关论述的影响（森，2001：285，73，24）。森参与编写了1990年出版的第一份联合国开发计划署（UNDP）《人类发展报告》，其中，他在讨论作为财富唯一衡量标准的"国民生产总值"不足之处时，引用了亚里士多德的观点，他指出，"亚里士多德认为，判断'一个好的政治安排和一个坏的政治安排的区别'，是根据它在提高人们过上'繁荣生活'的能力上是成功还是失败"（联合国开发计划署，1990：9）。在2010年出版的20周年纪念版中，该报告承认他们欠了森一笔债，因为森的概念可以为其20年的报告提供信息，该报告还将福祉定义为"繁荣"，并强调收入"不能充分衡量人类的全面繁荣"（联合国开发计划署，2010：iv，22，23）。

这些能指的崛起与发展目标远离财富扩张和泛化并向可持续和"人类安全"转变非常相似（潘德［Pender］，2001，2002；普帕瓦茨，2010，2013）。而在过去20年里，治疗性福祉已经开始取代作为国际发展政策的目标的普遍繁荣（普帕瓦茨，2008）。这些能指的使用往往与财富和福祉之间微妙的分离密切相关，这在世界银行对这些能指的采纳（尤其是其《穷人之声》报告）中得到了证实（纳拉扬［Narayan］等，2000）。正如普帕瓦茨（2008：185）观察到的，尽管报告将福祉概念化为"物质福祉、身体福祉、社会福祉、安全以及选择和行动的自由"，但是它们对"个人幸福心理体验中精神状态和身体"的贡献是显著的。的确，它"捍卫了这样一种观点，即发展的目标不应是财富而应是幸福"，并一再淡化物质兴盛的意义以支持"非物质方面的福祉"。（普帕瓦茨，2008：185）

在经历了十年的失败且其合法性面临从内到外的深刻挑战之后，世界银行尤其愿意强调福祉而非财富（潘德，2001年）。早期国际卫生政策理所当然地认为，在卫生和其他领域中，发展会促进改善。在担心与苏联结盟和不结盟运动的发展时，作为现代化构想的发展也是可取的。然而，亚洲工业化的飞速发现在很大程度上与世界银行的政策背道而驰，那些接受世界银行建议以换取援助的国家并未能维持增长水平，而且实际上许多地方倒退了（潘德，2001：402）。随着苏联解体和支持经济增长政策的失败，现在淡化增长效益和经济进步就是合理的。此后，世界银行从其广受批评的"结构性调整"正式转向了关注减贫工作，这与从发展和普遍繁荣的目标转向基本需求的更广泛的运动方式一致（普帕瓦茨，2008）。

为实现这一转变而调用福祉这一概念是其合法化的一个关键部分。主观指标经常作为一种以基层为主导的自下而上的方法被推广。例如，辰（2012）强调"通过观察主观经验和听取主观评价来理解进步的重要性，而非主要依靠专家驱动的诸如金钱、物质资源和身体健康等'客观'尺度"。然而，正如后来在英国发生的那样，早在倡导者们寻求获得公众支持和认可之前，向福祉转变就已经发生了。例如，《穷人之声》报告声称，穷人们要求重新定义发展的概念，以便将重点放在福祉上。该报告一再强调低期望值，并对贫穷受访者的适度愿望表示赞扬。然而，正如潘德（2002：104）所描述：

> [……] 研究纲领不是由参与者确定的。相反，它是由世界银行工作人员和研究人员预先确定的。例如，福祉主题便是四个预先确定的调查方面之一。研究人员决定通过询问参与者对安全、风险、脆弱性、机会、社会排斥、犯罪和冲突的看法来探讨福祉这一主题。研究人员指出，要将这些术语充分地传达给那些不完全精通最近西方知识界流行行话的人很困难。参与者甚至没有直接被问及他们是否认为更多收入是决定其福祉的要素。

一点也不奇怪，很多这类发声在与社会物质基础密切相关的人之中取得了显著的成效，特别是在经济学家之中，因为他们的工作就是试图更广泛地理解资本主义经济运作。尽管扩大和推广财富的能力曾经是资本主义寻求合法性的关键发声之一，但在经济萧条且几乎没有其他经济备选方案挑战的情况下，资本主义接受财富与福祉脱钩是明智的。正如第 4 章所讨论的，知情人发声者可以直接影响政策，但出于政治原因，他们可以开展次要的媒体宣传活动。由于知情人是通过福祉修辞发现财富问题的，因此他们不需要动员那些当权者接受他们的要求。相反，它以相反的方式发生，远离普遍繁荣转向基本需求的方法已经起步，事后开始以自下而上的方式寻求合法性。

虽然有可能找到已经被政治化的特定能指之原初意义，但这并不应被认为意味着政治本身就是自下而上的。米利翁（Million，2013）在"土著"（First Nations）民族的"创伤"话语研究中描述道，尽管土著人民不断地受邀来说出他们过去的苦难和不公正的真相，但是"创伤"并不是土著人民所选择的用来描述其经验和需求的能指。的确，这种"用当地水平表达的创伤框架……可以预测到社群能够并希望产生的其他类型的故事、其他比喻、其他类型的知识"（米利翁，2013：76－77）。把外在合法性归咎于内部问题的策略给人一种误导性印象，即发声源于受影响的群体本身，而这些发声甚至可能违背了该群体的利益。[11]确实，正如米利翁（2013）指出的那样，虽然关于受害者和脆弱性的叙述在土著问题上成功地获得了国内外的关注，但是这实际上减弱了存在已久的自主发声，在事实上导致对受害者而非施害者更严重的监控。

虽然人们可能体验创伤、幸福或者拥有福祉的感觉，但并不能由此推断这就是他们本来可能选择出来表达他们需求的叙述。然而，将这些定位为前进的共同基础，使得那些本来可能反对发声者目标的人很难想出表达自己目标的方法。而这也正是修辞的魅力所在。将令人愉快的能指置于沟通的第一线，将注意力从潜在分歧领域转移出来。最后，正如普帕瓦茨所指出的那样，当代的世界观，"本质上是在物质变革缺席的情况下，通过重组全体居民的主体性来寻求提高人们幸福感的方法"（普帕瓦茨，2005：163）。这个推广"以心灵福祉的浪漫理想来抵抗物质富裕"的最终结果，就是使现状合法化和自然化（普帕瓦茨，2013：141）。

10

问题清单

指导这项研究的两个重要问题是关于幸福的确定说法和这些发声是如何盛行的。回想一下，成功的幸福发声是那些倾向于一次又一次重复的发声，然后形成关于幸福是什么或应该是什么的真理，这些"真理"构成了发声的基础，人甚至世界应该如何被以这种知识为代表的发声改变。在本章中，我试图给出一份前一章确定样本中最常重复发声的"清单"。[1]我已经根据他们对"论据"的解释或者对有问题的条件的识别、采取行动的"正当理由"和应做什么的"推论"，对这些发声进行了分类。这里描述的发声是导致该问题制度化最常见的发声。这些发声，都是以这些特殊的方式，在构想社会问题以及受其影响的人类时产生熟悉感和舒适感，其最终成功在很多方面都具有象征意义。

论据：寻找所指

在前一章中，我讨论了发声者用来描述和命名问题的能指，以及通过一种而不是另一种能指来传达发声的修辞手段。正如许多社会问题情况一样，发声者通常避免使用精确定义，而更喜欢使用"浮动"能指，这种能指与最广泛的可能受众联系，避免了限制问题的范围。然而，对于发声者来说，一词多义是危险的——人们总是有可能搞错。而且事实上，这种认为人们对幸福背后意思理解错误的发声，是幸福问题化的主要依据之一。矛盾的是，当幸福的内容实际上被取消时，幸福被允许"浮动"，显示出"真空"，以便使之与观众自己的内心反应或个人意义联系起来。当然，"每个人都想快乐"，但这种说法常常伴随着"我们大多数人仅仅是不知道如何去做"（奥康纳，《每日电讯报》：2009）。因此，一位评论员敏锐地警告说，"大多数幸福专家所说的幸福根本就不是你所理解的幸福。他们只是希望你的幸福是一种恰到好处的幸福"（芬克尔斯坦［Finkelstein］，《泰晤士报》：2009）。

就像图像的多义性修辞一样，幸福修辞所引发的"浮动的所指链"必须固定；它必须被专家知识固定，以对抗"不确定符号的恐怖"（巴特，1977：39）。每种文化都有其固定意义的方式。在幸福话语中，这是将幸福定位为与日常理解不同的东西（尽管这些都被声称是发声者的一部分）并且是难以获得和实现的。通过这种方式，关于幸福明显不涉及价值的事实，隐含地指出了外行理解、知识和现存运作方式存在的问题。这通常是通过把所指放置于一个排他的、专业的领域，以及一套"道德"活动之中来完成。

专家所指

虽然没有精确定位幸福"是"什么，但这些发声尝试围绕能指创建边界，将其与专业领域和上述所谓错误的外行理解来区别开来。[2]如果上一章讨论的特定能指的使用仅仅意味着权威，那么这些发声就是它们外延的对应物。它们明确表示，幸福并不是人们日常理解的东西。事实上，他们没有这样做被认为是许多现代社会问题的核心所在。表10.1指出了五种最常见的声称幸福是专家领域的发声。

与道德发声一样，其中许多都暗示了一个问题的存在，即人们对幸福的日常理解与被科学"发现"的真理之间表面上有分歧。例如，人们期望结婚生子后会幸福，但实际上，发声者说，结婚生子是"U"形的，当他们年老时会更幸福。幸福不是普通人能理解的东西，这一说法在每五篇抽样文章中就有一篇明确指出。当谈到什么会或不会使他们快乐时，人们会犯错误，这种发声形成了为干预而存在的推论之基础。它变成了下面这些人进入生活的大门：这些人并没有生病，否则他们可能不会明白自己需要专业人员的帮助。人类的默认立场是无法正确理解和追求自己的幸福。

表 10.1　作为专业知识领域的幸福发声

发　声	文章数（$n = 100$）
幸福不是普通人能理解的东西/人们通常是错误的	19
幸福是可以测量的	8
反对意见——幸福无法测量	6
幸福是"U"形的（生命话语）	7
幸福是可以/必须被传授的	6
变体——幸福是一种技能	6
反对意见——幸福是无法被传授的	1
反对意见——教导幸福会损害幸福的体验	1
幸福不是悲伤的缺席	3

　　幸福的可测量性在许多论据中被阐述为一个作为科学对象存在的发声基础。发声者们强调幸福是一门科学，因为它能被可靠地测量。一位评论员声称，悲伤很容易定义。但是幸福也是可测量的，不仅通过神经科学，还可以通过询问人们的感受来测量。（里德尔［Riddell］，《观察家报》，2006）当然，可测量性也可以让发声者断言存在一个繁荣悖论，因为幸福"比率"可以在不同时间内汇总和比较。莱尔德坚持认为"幸福不仅可以科学地定义和测量，而且可以观察到幸福相对于收入相当精确的波动"（阿隆诺维奇［Aaronovitch］，《泰晤士报》：2009）。然而，尽管幸福测量作为许多问题发声的基础有必要性，但有趣的却是，很少有可测量性被明确坚持。几乎与明确的发声者一样多的评论员表示持保留意见。有人回应说，幸福可以"通过测量大脑中的电波活动来客观地量化"，他说："毫无疑问，这是我多年来读到的最可怕的说法。如果卡梅伦继续谈论国内幸福

总值的话，那么他应该远离这个令人恐惧的"幸福新世界"幻影（马林，《星期日泰晤士报》：2006）。许多发声者并没有明确助长这一说法，而只是将可测量性视为理所当然。很少有发声者在提出矛盾冲突时遇到反对意见（见下一节），而这种矛盾冲突依赖于测量幸福的可能性。

这些发声通常被描述为科学家们现在所知幸福一系列"事实"的一部分。把幸福作为一个科学对象加以区分是一个重要的基础；从某种意义上说，它允许发声者对那些已经"临床证明"可以带来幸福的活动做出规范性声明。他们通常会得出结论，鼓吹个人和政府应遵循以证据为基础的特定幸福之路。这样，幸福就被认为是需要专门知识和专门技能的东西。其结果是一个"因医生的治疗而引起的"不幸福，即"幸福科学解决了由幸福科学自身造成的问题"。（佩雷斯－阿尔瓦雷斯 [Perez-Alvarez]，2013：223）。

道德所指

正如我先前指出的那样，幸福发声者热衷于避免他们的发声被指控为肤浅、"骗人的噱头"或缺乏内容。虽然道德定义常常被视为对幸福运动的批评，但是发声者提出的定义和描述实际上很少纯粹用愉悦（pleasure）来定义幸福运动。虽然许多关于如何更快乐的处方似乎最终都是为了让人们感觉良好，但当发声者意识到他们能指的含义时，定义几乎都以道德的主题。这些发声往往倾向于招致较少的反对意见和批评。表 10.2 显示了五种最常见的发声，它们唤起了"道德"所指。

正如所举例子之间的重叠所表明的那样，所有这些说法都是一个核心主题的变体：幸福不是关于愉悦；而是关于人们做什么。一个人在做出"越轨"行为时不可能快乐，即使他们可能感到快乐。虽然我已将这称为"道德"主题，但这些发声主要透过灌输正确价值观来管理行为。例如，消费主义常常被认为是道德品质的弱点，并且对它和更多经济问题的解决办法不出所料都是行为管理。此外，人们应该寻求有意义的生活这一点不应该引起争论，也不应该让个人自己去发现，而应该是瞄准一个前定的结论。不允许人们追求他们（错误地）相信的生活，这会引导他们走向幸福，尽管这显然导致了我们当代不幸的事实。有一本教科书很好地说明了这种潜在观点，认为自己考虑到了"什么使人们快乐，以及我们如何可能推动他们变得更快乐"（卡特奈特［Cartwright］，2011）。

表 10. 2   道德所指

主张	例子	$n = 100$
人们把幸福和愉悦混淆①	一个女人可能会把幸福定义为购买更多手提包和鞋子的权利，超过第三世界的债务，然后照照镜子，琢磨为什么她眉头的皱纹在加深。成功、富裕和购物疗法可能会带来短暂而明显的快乐，但是在感到快乐的时刻和持久幸福——或幸福地生活一辈子——之间存在着巨大的鸿沟。（穆尼［Mooney］，《泰晤士报》：2006）	13
幸福是道德的，是行善	塞利格曼博士的哲学核心，是他指出了人们追求幸福的三种方式。第一种是愉快的生活，以追求感官愉悦为中心，从美食到狂野派对，被认为是肤浅的和破坏性的。第二种是良好的生活，它注重对工作和家庭的承诺，并努力在生活中负责任。这一点不言而喻，远胜于第一点，但仍然容易受工作要求的影响，就像 20 世纪中产阶级家庭生活那样。第三种是有意义的生活，它关注利他主义和好的工作——无私地为他人做事。塞利格曼博士说，这是真正实现幸福的途径。（奥尔，《独立报》：2006）	13
幸福不是一种感觉	……作为一个有道德的人，我们的幸福不仅仅是感觉良好，更重要的是做一个好人。肖赫说，我们需要的是从整体上思考我们生活质量的"大鱼思维"。（博特罗斯［Botros］，《卫报》：2006）	12
幸福不是目标，而是一种副产品	一般来说，人们越是关心别人的幸福，并且不关心自己的幸福，就越幸福。从这个意义上说，幸福是关注他人幸福的副产品。在我们日益分化的社会中，人际关系至关重要。但是我们也需要锻炼我们的身体；我们的身体不是简单地坐着的。关注我们周围的世界意味着思考我们所走的路，更多地生活在当下，而不是未来或过去。（莱亚德，《星期日泰晤士报》：2010）	11
幸福是关于意义的	华威大学宗教心理学专家莱斯利·弗朗西斯（Leslie Francis）教授说："在生活中拥有大多数宗教宣扬的意义和目标，会大大增进你情感上的幸福感。只是为了赚钱而出门不是一种目的感。"（德夫林［Devlin］，《泰晤士报》：2010）	9

注：①虽然这类似于下面所说的"幸福与愉悦无关"的说法，但这里的说法被界定为与发声者描述为社会中的主导信念背道而驰。

这样，就像艾哈迈德（Ahmed，2010：2）所描述的那样，"幸福被用来将社会规范重新描述为社会商品"。所谓"越轨者的不幸福"是一个强大的有关"如果你这样做，你就会得到不幸"的"不正当承诺"！但这同时也是一个威胁：如果你不与这个剧本结盟，你就会不高兴（艾哈迈德，2010：91）。"好的主体不会从错误的客体中体验快乐（他们会被错误的客体伤害或对其漠不关心）"（艾哈迈德，2010：37）。此外，专业发声侵入道德领域并不令人惊讶，并且对现在而言变得越来越重要。对于那些为自己的发声寻求关注和改变的人来说，合法性不太可能在上帝或传统中寻求，而是在科学中寻求（苏格曼 [Sugarman]，2007）。米勒（2008：592）论述道，当"植根于共同社会结构、文化和宗教的旧信仰萎缩（至少在西方）时 [……] 我们现在必须从进化科学和心理学中寻找答案"（米勒，2008：592）。正如诺兰（1998）所写，"对一个人是否快乐和健康的关注，现在挑战了一个人是好是坏，甚至是对还是错的重要性"。

论据：界定问题

通过将幸福设定为难以捉摸的状态和专业知识对象，调动特定术语并巧妙地重新定义它们的内容，可以隐含地将幸福问题化。然而，问题的建构绝不会在此结束。这些能指和它们仔细圈定的所指形成了一个基础，而这个基础通常建立在更为明确的问题发声之上。

一个成功的"修辞秘诀"

与许多新社会问题不同，幸福并不直接成为问题。个人满意度中相对"不具新闻价值的"经验，似乎并不容易解决更广泛的社会不幸问题。幸福提供的是一个很容易被操纵的衰退指数。幸福指数和它们为了显示任何方向的巨大变化而受到的顽固抵制，都为发声者们提供了样板，这个样板可以用来设计一系列现存关注点。这种"修辞配方"包含了一个理由，即发声者希望问题化的幸福与另一个变量之间产生矛盾。然后，这两个指标之间的分歧被描述为与预期相反，即幸福和所选择的指标应该逐步增加。在许多发声中，这个悖论通过参照关于其他社会问题的大量、常常令人恐惧的统计数据而得到加强，这些统计数据描绘了普遍的社会衰退图景。这一策略可概述如下：

1. 关于社会/经济数据的陈述；

2. 关于幸福数据下降，或者更常见的说法是"停滞不前"的陈述；

3. 其他社会问题资料；关于衰退的戏剧和影像。

理查德·莱亚德也许是最贪婪地采用这一策略的人，他在接受的采访和撰写的文章中多次重复这一策略。"这是一个令人震惊的事实"，他开始写这样一篇文章，尽管我们的财富大幅增加，但西方人在过去 50 年里并没有变得更快乐。这将使我们重新思考一切——我们的工作与生活的平衡，我们对税收的态度，我们对健康的优先考虑，我们的整个道德哲学（莱亚德，《星期日独立报》：2003a）。在这篇文章中，他仅在开头几段就重复了这种"悖论"4 次。

在样本中有 29 篇文章也采用这一策略，其中有 8 篇将其放在标题或导语中，还有 5 篇放在前三段中。通过幸福修辞传达问题发声的明显积极性，允许发声者对社会事件采取一种新颖的、积极的态度，即使这些社会事件被含蓄地问题化了。也就是说，倒不如宣称一种特定的情况已经导致不幸福，并在一个特定情况与幸福之间设想一种矛盾关系，以让人继续坚持该能指的积极含义。

重要的是，发声者发现的问题恰恰是什么都没有改变。尽管有另外的统计数据支持一种整体社会衰退的感觉，但有关幸福的核心发声并不是对幸福指数突然大幅下降的问题化，而是对其有时间连续性的问题化。从定义看，问题已经变得如此紧迫，专家和政治力量被迫采取行动。幸福研究人员在创建原始数据时，不得不积极寻找人群，要求他们专注于自己的情绪，并将其转化为数字估计，然后才能跨越人群和代际进行比较。在把这些结果变成问题时，我们会决定要将哪些现象进行比较——最常见的是经济增长、消费主义或个人收入的增加。在这样做时，他们也避免了与其他因素进行比较，因为从按时间顺序比较幸福率开始，大概每一次社会变革或政府干预，无论好坏，同样都不能影响幸福水平。

财富问题

到目前为止，最常被选择的与幸福问题有关的变量，是那些通常与财富和繁荣相关的变量。抽样文章中有56%将幸福和财富的关系视为问题，其形式为23种发声。表10.3显示了其中最常见的五种。

诸如财富、发展和收入等现象的问题化，事实上相当于任何物质基础的问题化，相当于兴盛和它微妙的再定义，也相当于呈现了一个静态的、主观的价值。它在修辞上"契合"当代文化偏见，这一事实证明：一旦这种发声具有文化上的可行性，发声者就不仅重复它，而且还成功地调整规划来适应其目标。它很少受到质疑和批判，而且事实上，在幸福和其他事物（不仅仅是财富）之间似乎并不存在一种联系的批评，然而一旦出现，就很少被反思或重复。[3]"所谓的进步"应该被揭示为弄巧成拙和毫无意义，这一点在直觉上似乎是正确的，尽管它明显地改善了各种非主观指标。这种"繁荣悖论"的直接可能性，不仅仅是"历史终结"思潮的回声，因为无论是发声者还是无数调查的答复者都可能（尽管出于不同的原因）通过评估现在的生活质量来怀疑未来的可能性。也就是说，我不知道未来会发生什么，或者我今天接受了那些可能在未来某一天我难以忍受的问题。以同样的方式来看，如果1800年有人递交了一项"幸福调查报告"，那么他也不可能因为未来可以使用电的预期而认为自己更不幸福。每一代人都在改写、"发现幸福"，以与他们心目中的世界保持一致。然后，幸福作为衡量"进步"的尺度，把现在的世界默认为所有可能世界中最好的世界。

表 10.3 财富问题化的原因

主 张	文章数量（篇）
悖论	29
变体——"更富裕……但并不快乐"	16
变体——尽管收入增加和幸福感的变化有关系	15
变体——财富与精神疾病发病率之间的关系	5

主张	文章数量（篇）
反对意见——幸福与任何事情都没有关联	1
金钱/财富买不到幸福	27
反对意见——金钱确实能买到幸福	1
物质主义/商品的获取不会带来幸福	24
超出一定的收入/发展水平幸福并未增加	20
收入增长并不能使人幸福/更幸福	19

有趣的是，这些说法中有许多与爱米尔·迪尔凯姆1893年的类似说法相呼应："但是，事实上，随着人类进步，个人的幸福会增加吗？没有什么比这更令人怀疑了。"（迪尔凯姆，1984：186）然而，迪尔凯姆和马克思一样，常常在这方面被引用和理解一半。这不是因为进步是徒劳的，而是因为与理论上可以无限增长的生产不同，幸福有一个上限。更重要的是，由于社会变革往往跨越几代人，如果有利益的话，也不是每个参与这些变革的人都能活着分享自己的利益。因此，他解释说，"人们投身于某种事业，并不是期望获得更大的幸福"——这是一个反对任何人类进步的功利主义的观点（迪尔凯姆，1984：186）。根据迪尔凯姆的观点，如果这种"劳动分工"的存在仅仅是为了增加幸福……

> 它早就会达到极限，就像它所产生的文明一样，而且两者都会停下来。……一个适度的发展就足以保证个人获得他们所能获得的所有愉悦。人类就有望迅速进入一个不可能出现的状态。（迪尔凯姆，1984：186）

简而言之，如果不是幸福推动了人类前进，那一定是别的东西在推动。当对人类问题物质的、结构性的解释不受欢迎时，这种更深刻地理解历史背后力量的要求对于当下很可能是充耳不闻的。相反，现在的问题更可能以个体的、生物的和神经学的术语来理解。发声引起人们对人性、天生欲望和错误追求幸福的关注，最终导致了现在的问题。人们很少欣赏个体生命之前的历史进程或社会结构，不管这些进程或结构是否使与它们捆绑在一起的人感到痛苦或事实上幸福，这些进程或结构在个人生命结束之后仍然可能会持续下去。

幸福的威胁

最后，一些发声者指出了对幸福的各种威胁，认为它们是对立的，因此需要加以规范和改变。表 10.4 列出了其中最常见的五种情况。

表 10.4　对幸福的威胁

主　张	文章数量（篇）
社会比较或"跟别人攀比"导致不幸福	23
广告和电视使人不幸福	19
期望和渴望是不幸福的原因	16
变体——努力追求成功导致不幸福	1
"快乐跑步机"导致的不幸福/人们陷入了激烈的竞争	15
资本主义和/或消费主义导致的不幸福	11

同样，对于许多发声者来说，"资本主义文化"和"消费主义压力"是幸福的主要威胁。然而，重点不是这些更广泛的结构，而是受害者个人的主观经历。一位发声者写到："自由市场资本主义造成巨大收入差距，导致人们对自己命运的满意度远远低于预期。"（奥尔，《独立报》：2006）它不是对体制安排的批判，而是对个人的批判。正如一位发声者所说，"我们"是个问题：

> 我们不间断的、贪得无厌的、贪婪的资本主义文化核心是：消费、消费、消费。我们通过人们所拥有的，而不是通过人本身来评判他们，我们允许自己根据挣的钱、在工作中可能拥有的权力以及周围物质水平来定义自己的自我意识。我不再想它，所以我是：现在它是我所拥有的，那就是我。（博伊科特 ［Boycott］，《星期日泰晤士报》：2009）

虽然不平等被单独列出，但它从根本上被视为一个关于期望问题。正如一篇文章描述的那样，莫里（Mori）证实，人们对尊卑次序的看法影响了他们的幸福。高估了更多钱可以买到多少幸福，人们就在快乐跑步机上无处可去（托因比，《卫报》：2004）。另一个人解释说："富裕国家的人并不比贫穷国家的人快乐，因为他们正在努力攀比……就引起的满意度而言，为之付出的努力是一个纯粹的浪费。"（莱亚德，《泰晤士报》：2005a）。不平等首先是因为它使那些贪婪和不快乐的人受到谴责。追求超越"基本需求"的渴望被定位为对幸福的威胁。人类的渴望变成了一种"享乐跑步机"，不断希望把受害者困在一场永久的"你死我活的竞争"之中。

论据：受害者

发声者不仅建构环境，还建构人。洛赛克（2003b：120）指出，建构有害环境类型的发声，"通常同时建构栖居于那些类型中人的类型"（强调为原文所有）。正如人们并不直接经历他们意识到的每一个社会问题一样，他们不认识，确实也不能认识哪怕注定要受到他们影响的一小部分人。这意味着还存在一个"修辞性地生产人类类型范畴这样一个社会问题发声过程"（洛赛克，2003b：121）。"人类生产"过程的活动通常采取"受害者和恶棍"这样一种传奇剧的形式（贝斯特，1995）。幸福问题中涉及的"恶棍"往往是模糊的：他们是我们的隔壁老王，是诸如"社会"和"消费主义压力"等抽象力量——他们也是"我们"。然而，发声往往过分强调受害者的不幸或潜在的幸福。广义的未区分类别，例如儿童，或者实际上是"每个人"，根据定义被认为是脆弱的。

34%的抽样文章中，儿童被明确列为潜在受害者。最常见的明确问题包括：精神疾病指数上升（13%），父母养育方式潜在有害影响（8%），童年经历对未来幸福的影响（7%）。发声往往还是关于其他社会问题的戏剧性改编，例如少女怀孕和饮酒问题。有人明确宣称："富裕的、以儿童

为中心的英国正在养育着现代历史上最不幸福的一代。"（里德尔，《观察家报》：2006）

但童年也在隐隐地被问题化。在关于幸福的发声中，儿童被认为是"根据定义［……］不言而喻的候选人"，因为他们处于"弱势"状态（弗兰肯伯格［Frankenberg］等，2000：589）。人们认为幸福不是一种默认的状态，而是需要支持、干预和特殊的诀窍。这对于父母来说太重要了。引用一位发声者的话说，"学校应该帮助孩子们培养应对世界和增加自己福祉的技能和技巧"（贝克［Baker］，《独立报》：2006）。根据莱亚德的说法，"学会做困难的事情需要大量练习……没有大量练习和重复，我们怎么能期望人们学会快乐呢？我相信这只能由学校来完成"（麦卡特尼［McCartney］，《星期日电讯报》：2007）。

发声构建方法来"'思考'和'感觉'人类的不同类型"（洛赛克，2003b：125）。发声利用了现有的儿童观念，因为从定义上说，儿童是弱势的，然而同时，当代受众又把关于儿童受害者的发声与儿童的无忧无虑联系在一起（贝斯特，1990）。因此，以儿童为重点的发声是第一批被制度化的，被纳入重视情感教育的现有课程体系也就不足为奇了（埃克莱斯顿［Ecclestone］和海耶斯［Hayes］，2009）。

除了儿童，集体代词"我们"的频繁使用不仅意味着发声适用于每个人，而且意味着每个人都是潜在受害者。与此同时，"我们"就是问题——因为缺乏避免社会比较的道德节操，因为渴望太多。样本中的绝大多数文章都用这些包容性的术语对问题进行概念化，都提到了这样一个事实："尽管财富增加了，我们并不更幸福"，而"**我们的幸福**"依赖于多种多样的现象。正如霍尔（Hall，2009：123）所观察到的那样，这种意义的部分功能是将主题为"工人相对于雇主"的话语翻译成一种主语是"我们人民"的集体话语。此外，正如古斯菲尔德（1996）在他对酗酒问题的修辞研究中所描述的，在寻求共识时，问题不能被描述为反映不同利益和观点的政治问题，而可以被说成是具有肯定这些问题"统一社会共识"的社会问题（古斯菲尔德，1996：25）。"没有意见分歧的空间；没有意义上的

争夺。在文学批评的意义上，作家的'声音'就是抽象权威'社会'的声音。"（古斯菲尔德，1996：25）

通过使用"帝王的或社论的'我们'"（古斯菲尔德，1976：21），倡导者也声称与受众站在平等的地位。在确立了通过诉诸科学专业知识报告现实的能力之后，发声者转向以避免声称拥有优势判断能力的方式与事实联系。他们只是把关于每个人自身的知识——总体而言是关于人类的知识——包括在内。虽然道德经常被提起，但这种宣告不是以判断或意见为基础做出的，而是以人的"真实"本性为基础做出的，这在摘要中得到了证实。

就像儿童一样，人们被他们事实上的弱点和偏好界定，无法抵挡情感健康的威胁。如果没有开明政党的干预，例如"减小消费压力"（托因比，《卫报》：2004），人们就会被描绘成易于患病以致成为污染源的社会力量。虽然，恶棍可能是社会结构和制度，但这些都是模糊和非个人化的，焦点仍然是受害者。问题归结为个人选择不良生活方式，人们想要太多，对幸福有错误的想法，并且以错误的方式寻求幸福。脆弱性是这种主观性观点的基础。只有特定类型的人，或"人类类型的分类"，才会因为财富追求、期待值和变革的步伐而受到伤害。这种观点认为，面对逆境，人更易受到伤害而不是做出伤害。

正当理由与修辞策略

正当理由是促进发声的方式。它们证明从论据中得出推论是正当的。所有的发声都含蓄地唤起更广泛的文化价值，但是只有在正当理由中，"价值最经常发挥作用"（贝斯特，1987：109）。当然，幸福本身就是一种正当理由，一种许多发声者用来推进各种社会问题的价值。但是，当发声者试图把注意力特别引向为了幸福而干预的必要性时，发声就会遵循许多可识别的修辞策略，包括引起对"伴生罪恶"的关注，强调成本和收益，利用科学权威，并强调发声是从现在开始的"革命性突破"，也是对过去理想的和谐回归。

伴生罪恶、成本和收益

正当理由经常可以透过诸多社会问题被观察到，并与社会问题"市场"的竞争舞台上吸引注意力的需要相关联。最常见的策略是将这个新问题附加到一系列已被接受的社会弊病上。如果人们已经关心一个社会问题，他们更有可能肯定一个仅仅是它逻辑延伸的新问题的意义。在各种各样问题发声中充当正当理由的幸福能力，使得准确解释哪一个问题"背负"着另一个问题非常困难。然而重点是，通过幸福语言，许多现存的社会弊病被承诺得到补救。样本中提到的社会问题包括抑郁症和其他精神疾病（26%）、压力（14%）、工作与生活平衡（10%）、自尊（7%）、欺凌（5%）和经济衰退（5%）。幸福与这些被接受的问题之间频繁联系既反映了新问题与旧关注的联系，也反映了现在倡导者们因希望他们的发声被注意而采取"顺应"新兴趣的倾向。

正当理由还强调幸福对健康（样本的13%）和经济（7%）的好处。有些自相矛盾的情况是，考虑到贬低GDP倾向，人们常常争辩，如果国家和企业接受幸福研究的结论，那么各国的经济竞争将更加激烈，工人的生产效率会更高。虽然看似矛盾，但这些发声可以理解为试图"建立一个广泛的网络"，将其与可能感兴趣群体中最广泛的可能受众联系起来。对于那些认为经济增长是一个陌生抽象概念的人来说，优先考虑个人价值和情感的承诺似乎更有吸引力。与此同时，通过承诺提高生产力，发声对那些意识到保持增长和竞争力是生活事实和生存必需的人更有吸引力。

由于几乎所有问题似乎都可以还原为这个最小公分母，幸福很容易让自己"背负"社会问题。此外，可以调用现有关注点以实现共同目标。通过将一系列问题概念化为幸福本质问题，发声者能够团结在一起，在个人层面上与受众进行交谈，并为所有问题提供诱人的简单解决方案。

科学主义

科学终于为无差别人类找到了幸福之路，这一发声通过各种策略得到了自觉的肯定和再肯定。另一种修辞策略是大量利用科学权威作为接受发声的正当理由。抽样的文章中有41%强调了他们的科学本质。发声者的学历和发声的严肃性不断得到强调。发声者有时故意使用晦涩的语言来强调其科学基础（表10.5）。

　　一般来说，清晰的思路和用任何人都能理解的语言表达困难想法的能力，对寻求获得大众支持的幸福发声者来说，都是资产。然而，正如麦克洛斯基（MacCloskey，1998）在他经济修辞研究中所描述的，一旦一个想法获得了传播，晦涩实际上就是一个优点。但这是一个风格问题而非实质问题。上一段采访莱亚德的摘录很好地说明了这一点（杰弗里斯，《卫报》：2008）。虽然采访者要求他定义幸福，但他给出了一个充满行话的回答，这个回答实际上指向幸福悖论，而且根本没有回答这个问题。

表 10.5　科学修辞

例　子	学术资历	证据分量	科学语言
关键词和短语	杰出的 引领性的 世界上最受尊重的 享有盛誉的 幸福问题权威专家 权威幸福经济学家 权威神经学家 经济学奇才 著名的科学机构 世界顶级心理学家	严肃科学 可靠的科学证据 新科学 突破性 科学如磐石 严肃的科学研究 幸福科学 新科学运动	享乐演算 享乐主义论 心理健康 主观福祉 极乐福祉 极乐 一般福祉 丘脑和前额叶内侧皮层（布罗德曼的第九区）
举例	英国皇家学会可以说是英国杰出的科学家团体，它将于11月主办首次关于福祉科学的会议，汇集一批国际诺贝尔奖得主和其他杰出研究人员，集结他们对"生活顺利"的理解（《泰晤士报》：2003）。	她说，"理论上的主张经常受到争议，但学术界存在大量争论。区分积极心理学作为一门严谨的科学学科与服务于不同目的的自助材料是很重要的。"（威尔逊，《观察家报》：2010）	但是什么叫幸福呢？幸福与高收入阶层的收入成反比，因为致富的边际效用在下降，莱亚德说。让我给你看。他画了一个图表：在 X 轴上是人均收入，在 Y 轴上是平均幸福。曲线"大胆"上升，然后"不光彩地"垂下尾巴（杰弗里斯，《卫报》：2008）

　　幸福发声新闻价值的一部分在于幸福成为一门科学的新颖性。的确，

幸福专家们也强调了这一点，他们竭力将自己的工作与"自助大师"和其他更加公然固执己见的建议形式区分开来。这不简单地是人们可以选择遵守或不遵守的某个个人意见的问题，"此科学"迫使人们同意。新闻媒体和发声者这种利益趋同在通常伴随发声的图像中得到强调。当幸福最初出现在《时代》《新科学家》《经济学家》杂志封面上时，封面艺术一致地把兴高采烈的符号与硬科学符号掺和在一起——笑脸原子、被分子图像包围的人脸、穿着西装的男人拿着"幸福（以及如何衡量幸福）"的文章欢喜雀跃。（《经济学家》，2006；《时代》杂志，2006；《新科学家》，2011）报纸上的文章则描写无所不在的黄色笑脸和有笑脸人的陈旧照片。这些象征制造了一种外延错觉——我们都知道什么是幸福，它是笑声，是来自爱人的微笑，是坐在一片"长满雏菊的田野里"。实际上，这些图片邀请读者分享幸福普遍重要性的常识性知识，但是伴随文本的新颖之处在于，这些笑脸实际上是读者不太理解的东西。的确，一件看似简单的事情根本就不是那么简单，并且需要"世界上一大批诺贝尔奖获得者"（《泰晤士报》：2003）来弄清楚它是如何完成的。

　　许多人指出，支撑幸福发声的科学更具修辞性，而非真实性。晏（Yen，2010：70）描述了积极心理学家如何使用熟悉的叙事风格来获得共鸣和合法性：将科学术语与流行话语进行平衡，将这门学科定位为"植根于古代哲学之敏感但又与当代关注密切相关"，并将其构建为同时具有革命性、中庸性和科学保守性。对于里尔斯（Lears，2013）而言，"当前大量幸福指南体现了我们时代的传统智慧"——科学主义。在他的渲染下，科学主义"是19世纪实证主义信仰的复兴，一门具体化的'科学'已经发现（或即将发现）所有关于人类生活的重要真理"（里尔斯，2013）。他引用菲利普·里夫的观点，认为当代人对幸福科学的热情"集中体现了'治疗学的巨大成就'"：创造出一个世界，在这个世界中，所有的意义结构都崩溃了，而且"没有什么比可以操纵的幸福感更危险的了"（里尔斯，2013）。在不断增长的自然灾害警报（金［Kim］，2006：233）和坚持"预警原则"的呼声之中，尽管很明显对科学有着更广泛的文化矛盾心理，但是幸福科学仍然被描绘为"安全的"、自然的和人性化的。人们没有被改造，而是被鼓励回到他们的自然本性，去实现一种幸福的潜能，这种潜能一直存在，科学只是用来发现它而已，但是人类已经因文明的扭曲效应变得与这种潜能疏远。

革命性的突破，浪漫的回归

最常被观察到的激发正当理由的价值观可以被概念化为陷入一个首要主题，这个主题强调幸福是一种"革命性的突破"，也是一种"浪漫的回归"（表10.6）。也就是说，发声者自相矛盾地唤起激进主义修辞，同时肯定从过去汲取的价值观（真实的或想象的）。

表 10.6　革命性的突破/浪漫的回归

	革命性的突破	浪漫的回归
描述	·促进幸福，以彻底打破以往的做法/信念/价值观； ·激进主义言论；反资本主义或反消费主义主题占主导地位	·呼吁非西方文化； ·借鉴过去的价值观，而不是"退化"的当代观念：古典希腊、独立宣言、（资本主义）社会的早期阶段
例子	·对社会目标的全面反思（詹姆斯[James]，《卫报》：2003）； ·没有什么比努力快乐更激进的了（赫顿，《观察家报》，2003）； ·把幸福作为我们关注的焦点，会让世界变得更遭（赫顿，《观察家报》，2003）； ·莱亚德正在这个悲惨、物质主义、工作过度的国家悄然掀起一场革命（杰弗里斯，《卫报》：2008）； ·我们永不停歇、贪得无厌，贪婪的资本主义文化的核心思想是：消费、消费、消费。（博伊科特，《星期日泰晤士报》：2009）	·亚里士多德谈论的是"极乐"，即人类的繁荣和生活的目标，而不是现代享乐主义概念（斯特拉顿，《卫报》：2010a）； ·我们需要重申政治的观点，即让人们快乐（欧文[Owen]，《泰晤士报》：2003）； ·由于生活在富裕的民主国家的奢侈，我们已经忘记了这些小事就是幸福的根源，也忘记了幸福植根于我们的内心，而不是植根于对象的真理。（弗罗斯特普鲁[Frostrup]，《观察家报》：2004）

据称，幸福科学揭示了当前社会的方向是欠考虑的，推进幸福被描绘成对这种方向的激进变革。与此同时，幸福被明确地表达为对先前更少堕落、更多善良和纯真时代的回归。正如前一章讨论过的繁荣和极乐的用法一样，古希腊经常被唤醒，但非西方文化也是如此，这些文化被视为前资

本主义价值观的鲜活时间胶囊。⁴

　　我在第 2 章提到 2011 年纪录片《幸福经济学》展示了许多这样的幸福发声。通过把印度北部拉达克地区的特征描述为一种未被文明问题束缚的先前生活方式，该片探索了经济危机和当前经济体制生产幸福的明显失败。正如德斯查特（2013）描述的那样，纪录片中描述的幸福支持者采用了地方主义话语，他们的批评不是针对资本主义生产模式，而是针对"公司资本主义——大企业资本主义"（574）。事实上，支持者似乎更欢迎资本主义变种"教科书式的新自由主义"，提出一种"没有大公司的虚构资本主义"和"完美市场"，渴望回到垄断前的形式（德沙赫特，2013：574）。此外，对过去的处理采取了一种非历史和怀旧的形式，这种形式无视拉达克以前"农业义务无酬劳动（贝加尔制度，是封建主义的一种地方形式）、贫困、过度债务以及国家、土地所有者和佛教寺院征收高额税款的制度现实"（德沙赫特，2013：570）。本－阿米（Ben－Ami，2012）和普帕瓦茨（2010）对幸福运动的其他方面也提出过类似批评，他们还指出，人们倾向于贬低物质财富的好处并浪漫地批评资本主义，这种批评强调了资本主义的许多核心价值，包括市场中心地位和必然性。事实上，正如这类发声结论所揭示的那样，发声者唤起的"革命"是一场温和而最终保守的革命。

　　正如我在前一章提到的那样，社会问题叙事倾向于表现一种和谐的意识形态，通过这种意识形态，自然平衡受到干扰，但如果遵循正确道路，我们就会回到这种和谐的意识形态。幸福问题，尤其是倾向于呈现的特殊幸福经济学，并无不同。例如，认为经济危机的出现是由于个人失败和选择不当的大量积累之结果，这非常符合主流经济学继承的平衡与和谐的意识形态，在这种意识形态下，不可能发生由资本主义本身造成的经济危机，只可能发生由多种外部引入的畸变造成的经济危机。（弗里曼［Freeman］，2010）最后，只要能让人们正确行事，一切都会和谐起来。即使那些声称对资本主义持批评态度的发声者也没有想到这个体系本身会走向毁灭。因此，这种对资本主义的批判实际上是对人的批判。正是人类意志的强加，人类欲望的泛滥，才应为自然平衡的破坏负责。

更重要的是，作为幸福发声支撑的修辞性正当理由被广泛使用，以其看似矛盾的倾向，将革命愿望与对过去的渴望结合起来，揭示了一种潜在的保守主义，或者更确切地说是"预言家们"的浪漫主义。正如拉斯奇指出的那样，治疗思潮并不渴望"救赎"或"黄金时代的恢复"，而是渴望"个人幸福、健康和精神安全的情感和瞬间幻觉"。所阐述的革命愿景不是面向未来的，而是试图通过利用过去的价值观来维持现状。它的激进主义主张正是它对改变的"抗拒"和反击历史运动的尝试。这在幸福被作为必然"可持续"和持久的状态加以推进的趋势中得到反映，进步被贬为"稍纵即逝"，发展被贬为徒劳。运动被认为是对个体脆弱心理的伤害，被认为是一种"享乐跑步机"和无休止的"你死我活的竞争"。维持现状的冲动可以通过过去的用法来证明，过去的用法不是作为面向未来的分析工具，而是作为一个为社会问题寻求预先确定的答案的地方。（弗雷迪［Furedi］1992：202－203）。正如曼海姆（Mannheim）（1993：296－297）所写：

> 对于进步思想来说，一切事物的意义归根到底都来源于高于或超越于自身的东西，来源于未来乌托邦或来源于它与至高标准的关系。然而，保守主义者都是从事物背后的东西观察它的所有意义，或者是它时间上的过去，或者是进化的起源。进步派用未来解释事情，保守派用过去解释事情［……］。

因此，幸福发声者叙述的浪漫回归不是历史观察的简单产物。"在神话中，符号的语境和历史被缩小被遏制，以致它们仅有少部分语境和历史特征具有表意功能。"（比格内尔，2002：22）维持着田园诗般乡村生活的潜藏暴力，支持优雅沉思生活的奴隶制度，很容易被留在等式之外（打破平衡）。虽然幸福被表述为一种对资本主义意识形态的根本性挑战，被简单地作为"消费主义"概念化，但是正如我在第 2 章试图表明的那样，这种信仰是最近才出现的。然而，重点不在于"资本主义的问题［……］是所谓的由消费和‘拥有’导致的心理和文化之痛苦”，而在于这一制度以剥削为前提（瓦鲁［Varul］，2013）。由于放弃了生产领域而关注消费，对资本主义的批评就仅限于替代表面上道德的消费形式，而这种消费形式使资本主义的深层机制没有受到影响。即是说，因为不消费是不可能的，答案就是将消费归为有意义的消费。因此，一个人必须为体验而消费、为幸福而消费，而不能为物质对象而消费。具有讽刺意味的是，这呼应了长期以来对下层社会消费习惯的阶级批判，以及对快乐来得太快太容易的怀疑。对马克思来说，这种浪漫主义是对资本主义具有讽刺性的驱动力，因为对大众消费的排斥讽刺性地刺激了人们对新经验和新事物的胃口（普帕瓦茨，2010）。浪漫的反资本主义被如此广泛地接受，已成为正在衰落的左派的主流意识形态，我们发现幸福问题生产了像所谓的马克思主义者和保守派政治家那样奇怪同伙，这并不奇怪，而且相当有特点。

通过诉诸那些将进步变成背离人类幸福自然而不变的设定点的问题之发声，人类应当渴望的未来看起来非常像现在。讽刺的是，“关于一个完美而易变的世界之基本观念，制造出不变人性的倒影，以身份无限重复为特征”（巴特，1980：142）。对历史和自然法则的自我合法化呼吁最终否定了改变的可能性。

推　论

回想一下，推论就是为发声所提出的问题提供解决办法的发声。贝斯特（2008：39）认为：

> 推论的性质是由论据和正当理由决定的。如果一个发声的论据描述了造成可怕痛苦的情况，并且正当理由对减轻痛苦的需要提出了人道主义关切，那么推论就应该聚焦于如何帮助受苦受难者。

因此，以主观术语为特征的问题引出主观推论就不足为奇了。样本文章中的推论（图10.1）分为五大类：政策干预（38%）、个人生活方式的改变（35%）、教育（27%）、工作和工作环境（16%）以及养育子女和家庭生活（15%）。

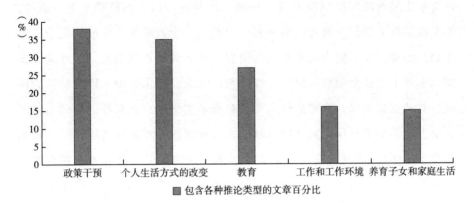

图 10.1　修辞推论的关注中心

在每个类别中，推论倾向于结合个人层面的变化。表10.7显示了在每种推论中发现的五种最常见的发声。

幸福发声提出的变革建议，主要是改变信仰和行为。如果资本主义的问题首先是主观的，那么解决方案同样是主观的。的确，多说无益。社会世界的客观条件常常被挑出来作为论据和正当理由中的恶棍，但是推论的重点是受害者、主观变化、注意力转移以及思维方式和信仰的改变。尽管表达了公共和结构性的主题，但重点是个人的主体性和生活方式，它们与发声的"道德"基础一起，在论据中被强调，在推论中浮出水面，作为人们应该如何思考和行为的处方，规定诸如志愿服务和保持身体健康的行为。虽然财富和经济增长的有害影响很大，但没有一项推论提倡结束后者。相反，推论几乎专门集中于将注意力从经济和其他客观指标转移到繁荣的主观概念化上来。这种对增长的讽刺性肯定可以从许多方面解读，其中之一可能是一个隐含的认知，即在民主社会中，这种停滞的过分要求是站不住脚的。然而，很明显，至少在问题构建的早期阶段，阻止增长甚至降低增长的最激进推论（尽管是极端保守主义的）仅仅是有点儿过头了（例如，杰克逊，2009）。

表 10.7　推论类别中最常见的发声

政策干预	个人生活方式的改变	教育	工作和工作环境	养育子女和家庭生活
幸福应该是政策的目标	重新审视消极的想法和信念	教育应该教授幸福技能	更多的注意力和资源来改善工作与生活的平衡	改变养育子女的方式
幸福指标应补充经济指标	照顾好身体	教育使之免受广告和电视的不良影响	雇主应该设法提高员工幸福感	鼓励婚姻/反对离婚
将关注中心从经济增长和货币指标转移	将关注中心转移到体验（而不是物质本身的获取）上	幸福应该是教育成功的一个指标	人们应该学会享受他们的工作	育儿课程
更多的注意力和花费放在精神健康和疾病上	将关注中心转移到非物质的价值上	人们（一般地）应该被教授幸福	追求更多的休闲和更少的工作	花更多的时间和家人在一起（而不是工作）
限制或禁止广告	降低期望值	教育应该教正确的幸福观/幸福诱导思想	公司应该为员工提供非金钱激励机制	降低对孩子的期望值

　　论据将许多问题描述为"太多"的需求所致。因此推论倡导把降低期望值作为通往幸福的道路。受众被告知，幸福是适应性的，如果他们获得了他们想要的东西，他们就不会变得更幸福了。因此，推论极度关注从客观物质价值到主观价值的转变。据说通往幸福的道路不在于获得更多物质，而在于和谐地把自己的需求减少到已经拥有的东西。

象征的政治

　　正如古斯菲尔德（1986：2）描述的那样，关于基本原则的一致意见将使几乎任何政治问题暴露出来并得以表达。在影响物质收益和社会结构的阶级政治及其工具目标日渐式微的时代，有表现力的和有象征意义的政治就上升到了政治辩论前沿。近年来，政治运动更经常寻求有表现力的目标，而不是纯粹的工具性目标。在古斯菲尔德的分析中，表现力运动"以无目标行为或追求与产生这些运动不满根源无关的目标为特点"（1986：22）。由此产生的行动和行为主要是仪式性的；结果在行为本身中达成，"而不在它导致的任何状态中达成"（古斯菲尔德，1986：21）。缺乏清晰有用结果的问题，或"看起来愚蠢或不切实际的项目，对于他们正在被承认或正在被贬损的风格或文化的象征意义而言，往往非常重要"（古斯菲尔德，1986：11）。把各种信仰和行为与幸福联系起来或分离开来的发声，起到了对那些倡导它们的人之价值和理想进行象征性肯定的作用。正如艾哈迈德（2010：13）所写的那样，"我们找到幸福的地方教会了我们应该珍惜什么而不是仅仅教会我们判断什么有价值"。因此，幸福发声的广泛宣扬，尤其是它们迅速地成为政治制度，远非从根本上颠覆当代文化信仰，或对当代资本主义精神提出彻底的替代方案，而是象征着它所肯定的保守主义和浪漫主义理想的霸权。

虽然幸福运动缺乏阶级政治具有的典型工具性变革，但这并不意味着它没有效果。幸福科学为竞争提供了一种确保合法性的新方法，这种合法性是极难反对的，因为如果反对，就会冒"与幸福作对"这一令人厌恶的风险。邓肯认为，引用"测量"幸福的研究可以产生一种"对话停止效应"；如果幸福是一个普遍自明的目标，那么"任何使人更幸福的东西就一定有价值"。人类应该相信什么以及他们应该如何行动的问题不是可以公开辩论的，而是可以外包给专家们的技术问题。在对行为改变政策的批评中，怀特海（Whitehead，2011：2832）等人认为，把现象设想为"对人类健康、财富和幸福的诅咒，使得决策者们（以及一个新兴的精神官僚集团）能够阻止关于与'良好行为'相联系的价值是什么的讨论"（删去了原文的强调字体）。"幸福科学"的魅力就在于此：在一个充满不确定性的时代，它提供了一种看似科学，因而无可争议地指向"善"的手段。

概要和总结

许多限制导致幸福发声者以这里所述的方式建构和推进其发声。倡导者们相信他们的问题很紧迫，比其他人的更紧迫，他们希望把它放在聚光灯下。政治家们必须"解释和证明他们的行动是正确的；也就是说，他们必须让其他人相信他们的政策是英明的和恰当的"（贝斯特，2008：212）。幸福有助于用简单的、戏剧性的术语来理解问题，例如模糊而非人性化的恶棍问题、遭受苦难或努力应对的受害者问题。但是，在一个非政治化的环境中，幸福等情感符号具有独特的修辞效果。通过一种聚焦于个人身体和心灵的语言，通过人类真实本性的知识资源，它绕过了可能产生分歧的领域，在非如此不可能达成谅解的团体之间促成了共识。"指责的手指"指向模糊的方向，因此避免冒犯任何特定的选区，但它也回头指责"我们"——整个"社会"的集体，未分化的集体——成为社会弊病的罪魁祸首。正如社会排斥（指孤立和贬低社会中的某些群体，译者注）的语言将人们的关注中心从物质资源、社会应该如何运转等高度政治化的问题，转移到"平等和尊重"（菲茨帕特里克，2001）上面来一样，幸福将注意力转向主观平等，并断言降低期望值是一个对物质提升需求的彻底替代。这些思想以通用的术语传播，并在整个政治领域内得到肯定。关于社会应被导向更大目的的问题，并没有被视为陷入了意识形态或争议领域，而是被视为需要技术方案的技术问题。归结为最低的共同点，几乎任何问题都可以说是可以通过改变个人、思想、行为和生活方式，以及通过灌输有关幸福应该是什么的正确价值观和信仰来补救的。

注　释

第 1 章

1. 大多数关于社会问题的现代社会学入门教科书当然会引起人们对不同和相互冲突之观点（包括主观主义的观点）的关注，但在出版的时候仍然围绕着重要社会问题的章节进行组织。例如，穆尼（Mooney）等最近的一部教科书（2011：2~3）指出了定义社会问题的复杂性，并确定了一个主观和客观相结合的定义："社会问题是一个社会阶层认为对社会成员有害并且需要补救的社会状况"，该问题围绕福祉、不平等和全球化来组织。

第 2 章

1. 从许多方面来说，关于社会指标的研究都是当代幸福研究的前身（参见安德鲁斯 1989 年的一篇关于该运动的回顾）。根据拉普利（Rapley，2003：11）的说法，随着时间的推移，赋予"旁观者的眼睛"或主观指标特权的倾向越来越成为生活质量概念化的中心。

2. 应该指出的是，学术界对这个话题的兴趣至少可以追溯到 20 世纪60 年代。虽然这些研究结果提供了很多关于在公共领域构建问题的专业知识，但对幸福和财富的研究一直是把幸福构建为社会问题的重要驱动因素。因此，这个经常追溯到伊斯特林（1974）的辩论成为本章的重点。

3. 说是一个"重新发现"，是因为他们把起源追溯到亚里士多德（布鲁尼和波塔，2007：xiii – xiv）。

4. 例如：伊斯特布鲁克（Easterbrook，2003），施瓦茨（Schwartz，2004），莱亚德（2005b），哈尔彭（Hálpern，2010），罗伯茨（2011），柳

博米尔斯基（2013）。

5. 伊斯特林等（2010）对这些数据提出了质疑，为他们最初的结论辩护。

6. 例如，参见奈特（Knight，1849：595）。马克思甚至说，财富不断上升和利润率下降之间的矛盾"形成了自亚当·斯密以来整个政治经济学的解决方案之谜"（马克思，1981：319）。

7. 格罗斯曼（1992：73）继续说，无论资本家个人是否重视这些事情，就其作为资本家的生存而言，他们"对人类的进步没有丝毫兴趣；他们只对盈利水平感兴趣"。

8. 参见《资本论》著名的第三卷第13章（马克思，1981）和第一卷第25章（马克思，1967）。

9. 进一步的例子包括科尔曼（2001：1），麦克尔森等（2009：11-12）和弗加德（Forgeard）等。

10. 总的趋势不是"反增长"，而是"增长怀疑论"（参见本-阿米，2012：xiii）。尽管如此，许多生态经济学家或组织主张缓慢增长、"零增长"或"稳态"经济，这些经济学家或组织包括希姆斯等（2010）、波义尔（Boyle）和希姆斯（2009）、杰克逊（Jackson，2009）、达利（1973，1996）和新经济基金会（NEF）。

11. 人们可能还会补充说，在经济正经历明显困难的时候，去强调经济增长并不是一场彻底变革的运动。

12. 请参阅本-阿米（2012）分析这种上升思维模式的主要范例。

13. 值得注意的是，在支持限制概念的同时，贝尔暗示"经济增长是［……］社会的积极目标"所留下的真空，他想知道"如果没有对经济增长的承诺，资本主义存在的理由是什么"（1976：80）。

14. 对物质利益的获取以及人类寻求物质利益的合理性的潜在质疑，在研究的知识谱系中是显而易见的。1920年，庇古（Pigou）将经济福利与更广泛的"总体福利"区分开来，但坚持认为对前者的研究是福利经济学的主题，理由是没有理由相信"由于经济福利只是整体福利的一部分，福利往往会发生变化，而经济福利保持不变"（庇古，2002：12）。然而，到了1951年，他认为对财富的追求可能存在一些"错觉"，并补充说，"从长期来看［……］在收入超过一定适度水平之后，进一步增长对经济福利来说可能不是很重要"（庇古，1951：294）。阿布拉莫维奇（Abramovitz，1959）以庇古为基础，质疑福利经济学对于理性行为体的基本假设，即"对于那些性格或多或少压抑、成瘾、强迫和迷恋的人来说，收入对他们的福利意义有很大的影响"（阿布拉莫维奇，1959：15）。根据阿布拉莫维奇的说法，财富的增加会导致"消费中的竞争、弄巧成拙和非理性因素"；只要"消费水平能够勉强维持生存和最低舒适度，个人的竞争和非理性驱动力就会受到控制，至少比在食物、衣服和住所更加丰富的时候，受到更大程度的控制"（阿布拉莫维奇，1959：15）。伊斯特林认为自己回应了阿布拉莫维奇"无人理睬的呼吁"以获取经验数据来支持这些论断（伊斯特林，1974：89）。

15. 罗伊和塞尔（2001）指出雷蒙德·威廉姆斯（Raymond Williams）和 E. P. 汤普森（E. P. Thomson）是这种"革命"浪漫主义的典范。

16. 也就是说，工人和他/她的劳动产品之间的异化。

17. 柯林斯（Collins，2011）也有类似的观点。

18. 然而，至少在目前，它作为一种广为流传的民间神话仍然存在争议。至少对于越来越多的社会问题倡导者来说，幸福的解释力和问题性被认为是理所当然的。然而，索伊托（Sointu，2012）对那些为寻求幸福感而购买补充性和替代性药物的消费者的研究建议，公众应积极而有选择地参与到幸福话语中来。

第3章

1. 根据希尔加德纳和博斯克（1988：70）的观点，"衡量一个社会问题的成功（或规模，或范围）的标准是这些［公众］领域对它的关注程度"。斯佩克特和基特苏斯对成功问题的定义依赖于他们"作为官方类别的制度化"（2001：72）。因此，一个"成功"的社会问题就会进入公共议程，其名称和相关术语会变成熟悉的术语，成为研究和公众辩论、干预等的主题。

2. 尼科尔斯（2003）提醒说，受众不是信息的被动接受者，成功的发声者必须对他们的反应敏感。通过这种方式，结构可以被看作是"对话性的"，因为受众（不仅由一般公众组成，而且可能由他们内部支持和反对发声的利害关系方组成）会做出肯定或否定的回应，发声也就应做相应的修改。

3. 应该指出，这个策略对该运动所起的作用不能确定。莫伊雷尔指出，在对赞成基于个人健康、更广为接受的发声之道德信息进行妥协时，发声者不太可能招募专门的活动人士来支持他们所期望的更加严厉的措施（例如屠宰场整体退役）（2002：143）。

4. 此外，将这些新现象（统计、研究、新标签）合并在一个特定标签下，并努力将其作为社会应该关注的重大问题加以接受，并不是一项必然的成就，而是历史和文化上的特定事件。虽然我们无法逃避建构，但是我们可以解构，与此同时，提供备用建构方案，使前者的必然性和纯粹描述性成为问题。

5. 应该理解的是，尽管阿赞德的例子与"民族现状"有关，但埃文斯-普里查德在写关于对 20 世纪 20 年代后期进行研究的文章。

6. 阿塞德（2009：73）用这个概念来解释："人们所认为的证据取决于塑造、引导、偏转和建构边界的符号过程和意义。"他建议"文件（即任何可以被检索或记录下来的关于社会意义的后续分析）提供了一个关于认知社群的集体情绪、偏好和身份声明的窗口（阿塞德，2009：66）。这是概念化，形成本研究的方法论起点之一。就发声者能够成功利用文化资源的程度而言，他们更有可能取得成功。认知文化/社群指向证据的可变性，也暗示了这样一个事实，即对世界的某些解释实际上反映了他们打算解释的现有结构。

第 4 章

1. 尽管社会问题的发声时机是一个没有在本章中具体处理的问题，但应该注意的是，正如昂加尔（Ungar，1992：484）所指出的那样，"公共领域的认可，即成功社会问题的必要条件，不能简单归结为发声活动，而是取决于这些发声活动与受众接受能力的结合。毕竟，发声可能被置若罔闻，或遇到不恰当的时机。"金登（Kingdon，2003：181，44）描述了有多少人"静静等待"一个机会来推出他们的发声，无论是相关事件、特定政府的接受程度，还是政界的主流"情绪"。

2. "决策者"应该被理解为那些能够影响发声者所经常参与的理想制度变革的人。尽管最常见有行动目标的往往是立法机构和其他政府机构的决策者，但决策也发生在包括公立学校、企业和其他非政府组织在内的一些机构设置中。决策者在试图获得对其所采取的政策或行动过程的支持时，也可以充当"发声者"的角色。

3. 这项研究并没有关注幸福话语在社交媒体中是如何被接受、被肯定或引起争论的，尽管这仍然是未来研究的一个潜在的有吸引力的领域。这是因为在下一章所描述的关键时期，幸福作为一个社会问题发声，在很大程度上是在社交媒体（如脸书和推特）广泛使用的前提下得以发展和传播的。本研究的重点是关于这个问题在其制度化之路上的修辞性开端。尽管如此，社交媒体对更广泛的话语的接受、传播或是增加新的发声，仍然是一个需要进一步研究的重要问题。

第 5 章

1. 接下来的讨论借鉴了《泰晤士报》的数字档案馆和《纽约时报》的数据（历史数据）以及 Lexis Nexis 数据库的 Nexis（新闻）部分，该数据库用于英国四家主要报纸——《泰晤士报》、《独立报》、《卫报》、《每日电讯报》及其周日版。这些特定的资料来源被认为是"高质量的新闻报道"，因此带有对重大社会问题报道的最低期望值，也代表了从右翼到左翼的观点。在特定主题被认定为相关的情况下，在新闻全文数据库中进行了额外的关键字搜索，并对结果进行了检查。

2. 1993 年是本报告收录的四份报纸中的三份被新闻全文数据库（Nexis）收录的第一个整年。《每日电讯报》和《星期日电讯报》从 2000 年 11 月起被纳入新闻全文数据库的档案库。这一比较仅包括前三者。

3. 汉弗莱的"幸福政治"的结局是灾难性的；一位传记作者试图把他的评论解释为他"泡沫的、即兴的"个性的反映（索尔伯格［Solberg］，1984：332－333）。

4. 根据索尔伯格（1984）的说法，这种批判性的接受在美国报刊上广为流传。

5. 肯尼迪向堪萨斯大学的学生听众们宣称，"国民生产总值没有考虑孩子们的健康、教育质量或玩耍的乐趣"（肯尼迪，1968）。

6. 甚至在伊斯特林 1974 年的论文之后，这个想法也没什么影响力，在这段时间内（即 20 世纪 70 年代到 90 年代中期，当这个想法开始在公共话语中占据一席之地时）这一想法也很少在媒体上被提及。伊斯特林的文章常被认为是早期关于幸福的最重要作品之一（至少在经济学范围内），文章不仅只针对经济学家，同时也是为公众利益中的"更广泛的读者"而作（伊斯特林，1973：4）。

7. 然而，斯克纳可能会被认为是第一个，或者可能是第一个将幸福视为一个问题的发声者，而这个问题可以通过求助于幸福研究解决。在1990 年的一篇专栏文章中，他描述了"在过去的一年里，我一直在概括一些最近关于家庭幸福和心理健康的研究。这些发现既有趣又有用，许多人会像我一样困惑，为什么媒体和我自己的专业忽视了这些知识。我们为什么不利用这些信息来带来改变呢？"（斯克纳，《卫报》：1990）然而，他的兴趣更多地集中在家庭和婚姻幸福问题上，而不是整个社会的幸福上。

8. 新闻全文数据库根据关键词出现在标题和/或全文的次数，它们出现的次数以及它们之间的接近度（在多个关键字搜索的情况下）来确定相关性。

9. 这次搜索是在《泰晤士报》、《卫报》、《独立报》及其周日版中进行的。由于新闻全文数据库在 2000 年以前没有《每日电讯报》和《星期日电讯报》的资料，因此为了保持 2000 年以后的数字可比性，它被排除在这些时间段的搜索之外。

第 6 章

1. 通过将发声者的价值观作为幸福的原因参考，"幸福星球指数"代表了一种有效的发声工具。在一个聪明的重言式中，组织团体可以建立自己的价值观来作为幸福指标，然后不必通过咨询相关人群就可以宣称，如果这些价值观念消失，幸福会遭到损害或威胁。一份 2004 年的国际劳工组织（ILO）指数的报告描述了其组织的主张，"一个国家幸福的最重要决定因素不是收入水平——尽管可能有些联系——而是收入保障，以收入保障和薪酬水平的不平等程度来衡量"（西格尔，《卫报》：2004）。用来对最幸福的劳动力进行排名指标包括工会代表、工作安全、收入、医疗保健和社会保障。在评估了这些地区的国家政策后，该组织警告称，"政府需要改变方针，以确保更安全、更快乐的员工队伍"（西格尔，《卫报》：2004）。

2. 即使这样的批评也没有质疑整个幸福问题的重要性。奥默罗德建议，应该把注意力转向更"严肃思考"的幸福研究，而不是指向"增加对婚姻的支持，减少对单亲父母的刺激，以及促进宗教信仰"等政策结论（艾略特，《卫报》：2007b）。

第 7 章

1. 文章在奈克斯数据库（Nexis）中按相关性（关键词的频率和标题的接近度）进行了分类，并对每年的前 200 篇结果进行了筛选，以确定其是否适用于研究。与本讨论有关的文章被输入 NVivo 数据库，从而建立了一个包含了 2003～2009 年 765 篇文章的数据库。为了便于单个研究人员管理，通过选取这些相关文章中的 40% 作为样本，并按年份和奈克斯数据库所定义的相关性进行分层，最终得出了 306 项结果。在确定样本中的新兴主题时，搜索了 NVivo、奈克斯数据库以及其他的数据库。

2. 惠普（Hewlett‐Packard）公司多次出现；2007 年，该公司的报告称，在将员工送上"笑声节目"后，销售额增加了 40%（弗雷姆[Frame]，《每日电讯报》：2007），并且据有关报道，2008 年该公司聘用了一位"首席幸福官"（科里根[Corrigan]，《每日电讯报》：2008）。

3. 有趣的是，报道记者以轻松的怀疑态度对待这些发声。例如，一位记者描述了一项民意调查，称"最幸福的人"集中在康沃尔和锡尔夫岛，并向人们问道："当民意调查委托给地区发展机构康沃尔企业时，这是否令人吃惊？"（巴克［Barker］，《星期日独立报》：2006）记者对饼干公司与行为专家之间的合作进行挖苦说："如果你不开心，那么别担心，援助即将到来。……詹姆斯建议我们通过五个步骤来提高幸福水平。其中一个是经常做白日梦——也许是关于奶油饼干的梦。"（麦卡德，《星期日时报》：2007）

4. 这篇文章也是英国报纸第一次提到美国积极心理学家埃德·迪纳（Ed Diener），它是在幸福话语中广为人知的一个名字。

5. 虽然勒·法努是一名医生，并且在某些方面也是一名"专家"，但是他所提到的研究并不是他自己的。此外，他对幸福研究的兴趣似乎很短暂，只是在这里用它来支持关于英国社会中许多方面普遍恶化的论点。

6. 自 1994 年以来，能力评估计划（CEP）的政策委员会成员兼金融记者哈米什·麦克雷报道了这些活动（他有关中央机构活动的文章是表 7.1 所列出的第一个问题）。

7. 他在那篇文章中写道："尽管经济有所增长，但西方国家的人民并没有变得更加幸福。"（莱亚德，1980：737）

8. 使用"幸福"通常意味着无意识地期望人们能够直观地领会它的意义和重要性。然而，定义和重新定义经常被转化为发声，尤其是当话语发展到了现今。第 9 章对此进行了审查。

9. 有些时候，这些问题甚至是一脉相承的，正如一篇质疑幸福与国内生产总值关系的文章所说的那样，"然而，整个西方国家的公共政策仍然致力于增加收入。仿效美国模式是我们应该做的事情，尽管美国在人均国内生产总值上领先欧洲 30% 是付出了代价的——更长的工作年限，更多的双职工，更高的犯罪率和家庭破裂率"（艾略特［Elliot］，《卫报》：2005）。

10. 虽然作者主要关注的是美国和加拿大之间的传播问题，但是他们指出，共享一门共同语言可以使"传播过程中的人际维度变得特别重要"，因为说英语的学者倾向于参考大量相同的学术文献，并且在某种程度上，也共享很多大众媒体平台（萨科和伊斯梅利，2001：31）。

第 8 章

1. 2009 年由位于肯特州坎特伯雷市的坎特伯雷教堂发行的海报/小册子。

2. 埃伦瑞克（2009：148）在接受《Elle》杂志的采访时所引用。

3. 宾夕法尼亚大学积极心理学中心在传播项目中保持着核心地位，该项目的业务跨越全球，包括在澳大利亚开发中学课程（吉隆文法学校），为美国士兵提供恢复能力的培训，并提供第一个积极心理学应用硕士学位课程，而在这个课程中，学生"学会将积极心理学的原则和工具应用到任何专业领域（包括心理学、教育、生活指导、研究、健康和商业）"（宾夕法利亚大学衔接课程［Penn LPS］，2012）。它持续维护着一个拥有数以千计收件人的电子邮件列表服务。

4. 贝利斯（Baylis）和于佩尔于 2001 年概述了这一举措，其中包括提出开始对"过着非常积极的生活"的年青人进行全国性的纵向研究的建议，并创建一份周刊，这本周刊旨在"以一种通俗易懂的方式传达来自世界各地的有关"高成就和福祉"（High Achievement and Well-being）的最佳同行评议证据"，以"为广大的年轻成年人和教育工作者提供信息并激励他们，其中包括来自英国的超过 50 万的目标读者群"（宾夕法尼亚大学，2007）。

第 9 章

1. 数据库在 2003～2010 年载有 903 篇文章。研究人员选取了 100 篇篇幅更长、重点更突出的文章作为样本，对选定的案例进行详细的分析，这些案例具有以下特征：超过 300 词；标题中有幸福或问题发声一词；有超过一半的幸福评论。为了在现有时间内让每个研究人员详细分析一个样本，对所产生的 506 篇文章按年份进行了分层，并且每年通过电子列表随机程序对 20% 的结果进行抽样。对所得到的 100 个样本进行逐行分析，而其中有关幸福的发声被编码为"节点"，用一句话概括一个发声。在这些节点下也编码了与之相匹配的后续发声。又在"父"节点下分别对其下的衍生品和变体进行编码。随后，节点根据它们针对问题性质的"论据"、针对行动的"正当理由"和针对应该做什么的"推论"进行分组。正如更广泛的奈克斯数据库以及包括新闻杂志、书籍和网站等其他材料一样，未取样的文章仍保留在数据库中，以便为了确认和比较调查结果而对数据库进行再次搜索。

2. 所有搜索都包括了有连字符的词和没有连字符的变体。

3. 尽管还有其他说法贯穿了幸福的整个过程，包括"进步和危险"（《经济学家》，2009）和"成长的快乐"（《经济学家》，2010），但这些期刊和杂志的封面上并没有出现"幸福"这个词。

4. 在文章的主体部分，鲍尔（Power）拒绝同意卡梅伦对这个词的使用，她认为这个词与消费主义密切相关。但实际上，卡梅伦的讲话和鲍尔的专栏都提出了金钱和财富不能带来幸福的发声。

5. 曾经有一段时间，幸福是可以用这种方式来使用的。请记住，幸福和繁荣过去并没有受到如此强烈的反对。邓肯（2007：87）也指出了这一点，他认为"这个词源背景有助于解释为什么托马斯·马尔萨斯（T. R. Malthus）在16世纪90年代的作品中用'幸福的'来描述一个能够养活全体人民的国家"。

6. 此外，使用该术语来发声的过程，会有意识地将"极乐"与"幸福"区分开来。在NVivo研究数据库中，八篇文章中就有六篇使用"极乐"这个术语来断言"幸福"是一个糟糕的翻译，它与我们的"现代享乐主义的概念"有所区别（斯特拉顿，2010a）。维基百科保存的关于"eudaimonia"（极乐）的第一篇文章始于2003年2月，其中只有一行话指出，作为对"eudaimonia"的翻译，许多人喜欢"心灵福祉"，而不是"幸福"。

7. 当然，它也代表了一个"引人入胜"的词语游戏，就像"国民幸福总值"一样，虽然没有什么逻辑意义，但它代表了一种令人难忘的方式，它透露了政府需要追踪幸福的信息。（贝茨［Bates］，2009）

8. 亚里士多德将实现这种完美视为"极乐",而阿奎那把它看作与上帝的结合(帕斯莫尔,2000:11)。

9. 对于尼采来说,希腊哲学对"存在"的重视(赫拉克利特除外),掩盖了"成为"过程的混乱和否定,通过这种混乱和否定,"成为"过程可以维持表面上永恒的和普遍的概念,比如"善"。(尼采[Nietzsche],2005:110,168,146)在希腊哲学的升华中,对"成为"的拒绝和对"存在"的渴望,在某种程度上代表了对尼采所认为的黑格尔保守主义的激进核心的排斥:他强调将"发展"引入科学,对人类逻辑和理性的决定性和终结性提出质疑(霍利盖特[Houlgate],1986:34)。

10. 这段引文的全文是这样的:"社会主义对所有人来说都意味着富裕。我们不传贫乏的福音,乃传丰盛的福音。我们的愿望不是让那些今天富有的人变得贫穷,而是为了把穷人放在富人现在所在的地方。我们的愿望不是要打倒现在的统治者,然后把其他统治者安置在他们的位置上。我们希望的是消除贫困,为所有人提供更多的财富。我们不要求限制生育、节俭和克己。我们要求产品极端丰富,供所有人享用,超过所有人消费的总量。"(见https://www.marxists.org/archive/pankhurst – Sylvia/ 1923/socialism.htm)

11. 正如潘德(2002:105)所描述的,目前还不清楚穷人向世界银行调查人员传达了多少可以通过更好的"幸福感"来解决的问题,这些问题包括"缺乏面包"、亲属"因不能及时购买所需药品"而在医院死亡、儿童"忘记了糖和肉的味道"。

第10章

1. 回想一下,关于幸福的发声被编码为"节点",每个发声都有一个句子。匹配这些节点的后续发声也在这些节点下编码。衍生产品和变体在这些"父节点"下分别编码为"变体"和"反对意见"。随后,根据针对问题性质的"论据"、针对行动的"正当理由"和针对应该做什么的"推论",对由此产生的发声"目录"进行排序。

2. 也参见晏(2010)和西蒙斯(Simmons,2012)为促进科学运动合法性而开展的积极心理学的"边界工作"。

3. 这一论点由海伦·约翰（HelenJohns）和保罗·奥姆罗德阐明，在样本中出现一次，在 NVivo 数据库中仅出现 4 篇文章。

4. 我已经讨论过瓦努阿图的例子，但不丹也是一个得到普遍支持的、关于前资本主义佛教乌托邦的例子。人们对其进入现代的故事感到痛惜。例如，2009 年的一个标题写道："云中的幸福王国如何失去了笑容；不丹已将人民的幸福作为国家优先事项。但大量自杀事件表明，它正在努力应对现代世界。"（本库姆 ［Buncombe］，《独立报》：2009）

参考文献

Aaronovitch（阿隆诺维奇），D. , 2009. Happiness schmappiness. *The Times* , 8 August, p. 4.

Abramovitz（阿布拉莫维奇），M. , 1959. *The Allocation of Economic Resources：Essays in Honor of Bernard Francis Haley* . Stanford：Stanford University Press.

Ahmed（艾哈迈德），S. , 2010. *The Promise of Happiness* . Durham and London：Duke University Press.

Ahuja（阿华加），A. , 2003. Laughter in the lab. *The Times* , 15 November.

——, 2004. We're spoilt for choice. *The Times* , 25 March, p. 2, 7.

——, 2009. Keep your sad old money, just pay us in happy notes. *The Times* , 8 April, p. 4, 5.

Aked（阿科德），J. , Michaelson（麦克尔森），J. and Steur（斯特尔），N. , 2010. *The Role of Local Government in Promoting Well - Being* . New Economics Foundation.

Albery（阿尔比），N. , 1988. Prescribing happiness. *The Guardian* , 27 April.

Alexander（亚历山大），J. C. , 1990. Between Progress and Apocalypse： Social Theory and the Dream. In：J. C. Alexander and P. Sztompka（eds） *Rethinking Progress：Movements,Forces,and Ideas at the End of the 20th*

Century. Boston：Unwin Hyman，pp. 15 – 38.

Alexander（亚历山大），S.，2014. *Post – Growth Economics*：*A Paradigm Shift in Progress*. Melbourne Sustainable Society Institute：Working Paper Series.

Altheide（阿塞德），D. L.，2000. Tracking Discourse and Qualitative Document Analysis. *Poetics*, 27（4），pp. 287 – 299.

——，2009. *Terror Post 9/11 and the Media*. New York：Peter Lang Publishing.

Andrews（安德鲁斯），F. M.，1989. The Evolution of a Movement. *Journal of Public Policy*，9（4），pp. 401 – 405.

Anielski（阿涅斯基），M.，*2007*. *The Economics of Happiness*：*Building Genuine Wealth*. Gabriola Island：New Society Publishers.

Anthony（安东尼），A.，2014. The British amateur who debunked the mathematics of happiness. *The Observer*，19 January.［Online］Available at：http：//www. theguardian. com/ science/2014/jan/ 19/mathematics – of – happiness – debunked – nick – brown［Accessed 5 September 2014］．

Arendt（阿伦特），H.，1958. What Was Authority? In：C. J. Friedrich（ed.）*Authority*. Cambridge：Harvard University Press，pp. 81 – 112.

Aronson（阿伦森），N.，1984. Science as a claims – making activity：Implications for social problems research. In：J. W. Schneider and J. I. Kitsuse（eds）*Studies in the Sociology of Social Problems*. Norwood：Ablex，pp. 1 – 30.

Ashley（艾希莉），J.，2006. Labour needs to start talking about happiness. *The Guardian*，23 January，p. 31.

Baker（贝克），N.，2006. Don't worry，be happy. *The Independent*，4 July，p. 44.

Baker（贝克），R.，1965. Observer：Happiness goes to Washington. *The New York Times*，12 August，p. 26.

——，1968. Observer：the politics of happiness. *The New York Times*，30

April, p. 46.

Barker（巴克）, P., 2006. Reasons to be cheerful. *The Independent on Sunday*, 13 August, p. 34.

Barthes（巴特）, R., 1977. *Image Music Text*. London: Fortuna Press.

——, 1980. *Mythologies*. Hertfordshire: Granada.

Bates（贝茨）, W., 2009. Gross National Happiness. *Asian – Pacific Economic Literature*, 23 (2), pp. 1 – 16.

Bauer（鲍尔）, R., 1966. *More: The Politics of Economic Growth in Postwar America*. Cambridge: MIT Press.

Bauman（鲍曼）, Z., 1997. *Postmodernity and its Discontents*. New York: New York University Press.

Baylis（贝利斯）, N., 2003. Multi – million lottery winners return to Their original level of happiness within the year. *The Times*, 4 October, p. 12.

——, 2014. *Dr Nick Baylis*. [Online] Available at: http: // www. nickbaylis. com/ [Accessed 5 September 2014].

Becker（贝克尔）, H. S., 1963. *Outsiders: Studies in the Sociology of Deviance*. New York: The Free Press.

Bedell（比德尔）, G., 2006. Chasing happiness: What makes women happy? *The Observer*, 11 June, p. 14.

Begley（贝格利）, S., 2008. Happiness: Enough already. *Newsweek*, 11 February.

Beilharz（拜尔哈茨）, P., 1994. *Postmodern Socialism: Romanticism, City and State*. Carlton: Melbourne University Press.

Bell（贝尔）, D., 1962. *The End of Ideology: On the Exhaustion of Political Ideas in the Fifties*. New York: Harvard University Press.

——, 1976. *The Cultural Contradictions of Capitalism*. New York: Basic Books.

Bellah（贝拉）, R. N. et al., 2008. *Habits of the Heart: Individualism and Commitment in American Life*. Berkeley: University of California Press.

Ben – Ami（本 – 阿米），D.，2010. The pseudo – radical war on economic growth. *Spiked*，28 May. ［Online］Available at: http: //www. spiked – online. com/review_ of_ books/article/8926［Accessed 5 September 2014］.

——，2012. *Ferraris for All: In Defence of Economic Progress*. 2nd ed. Bristol: Policy Press.

Ben – Shahar（本 · 沙哈尔），T.，2006. Make lemonade out of lemons. *The Guardian*，25 April, p. 3.

Berger（伯杰），B. and Berger, P. L.，1983. *The War Over the Family: Capturing the Middle Ground*. New York: Anchor Press/Doubleday.

Berger（伯杰），P.，1966. *The Sacred Canopy: Elements of a Sociological Theory of Religion*. New York: Anchor Books.

Best（贝斯特），J.，1987. Rhetoric in Claims – making: Constructing the Missing Children Problem. *Social Problems*，34（2），pp. 101 – 121.

——，1990. *Threatened Children: Rhetoric and Concern about Child – Victims*. Chicago: University of Chicago Press.

——，1993. But Seriously Folks: The Limitations of the Strict Constructionist Interpretation of Social Problems. In: J. A. Holstein and G. Miller（eds）*Reconsidering Social Constructionism: Debates in Social Problems Theory*. New Brunswick: Transaction Publishers, pp. 129 – 147.

——，1995. Constructionism in Context. In: J. Best（ed.）*Images of Issues: Typifying Contemporary Social Problems*. New York: Aldine de Gruyter, pp. 337 – 354.

——，1999. *Random Violence: How We Talk About New Crimes and New Victims*. Berkeley: University of California Press.

——，2001. *How Claims Spread: Cross – National Diffusion of Social Problems*. New York: Walter de Gruyter.

——，2002. Constructing the Sociology of Social Problems: Spector and Kitsuse Twenty – five Years Later. *Sociological Forum*, 17 (4), pp. 699 – 706.

——, 2004. Theoretical Issues in the Study of Social Problems and Deviance. In: G. Ritzer (ed.) *Handbook of Social Problems: A Comparative International Perspective*. Thousand Oaks: Sage, pp. 14 – 29.

——, 2008. *Social Problems.* New York: W. W. Norton & Company Inc.

Bhaskar (巴斯卡尔), R., 2002. *From Science to Emancipation: Alienation and the Actuality of Enlightenment*. Thousand Oaks: Sage.

Bignell (比格内尔), J., 2002. *Media Semiotics: An Introduction*. Manchester: Manchester University Press.

Billington (比林顿), R., 1989. Face to Faith: The pursuit of happiness. *The Guardian*, 9 January.

Blommaert (布洛马特), J., 2005. *Discourse*. Cambridge: Cambridge University Press.

Blumer (希鲁姆), H., 1956. Sociological Analysis and the "Variable". *American Sociological Review*, 21 (6), pp. 683 – 690.

——, 1971. Social Problems as Collective Behaviour. *Social Problems*, 18 (3), pp. 298 – 306.

Booth (布斯), P. (ed.), 2012. *... and the Pursuit of Happiness: Wellbeing and the Role of Government*. London: The Institute of Economic Affairs.

Botros (博特罗斯), S., 2006. Sophie Botros joins the age – old quest for a better life now (and later). *The Guardian*, 22 July, p. 8.

Boycott (博伊科特), R., 2009. Me, me, me is past Its sell – by date. *The Sunday Times*, 31 May, p. 6.

Boyle (波义尔), D. and Simms, A., 2009. *The New Economics: A Bigger Picture*. London: Earthscan.

Brayfield (布雷菲尔德), C., 2000. Can we ever really have enough money? *The Times*, 17 January.

Brennan（布伦南）, Z. , 2006. What makes children happy. *The Sunday Times* , 8 January, p. 9.

Brooks（布鲁克斯）, D. , 2011. *The Social Animal：The Hidden Sources of Love，Character，and Achievement* . New York：Random House.

Brown（布朗）, C. , 1988. Sleeping partners come under some sociological probes. *The Sunday Times* , 24 July.

——, 2007. Blair challenges Cameron on his ' happiness ' agenda. *The Independent* , 31 March, p. 30.

Brown（布朗）, N. J. L. , Sokal, A. D. and Friedman, H. L. , 2013. The Complex Dynamics of Wishful Thinking：the Critical Positivity Ratio. *American Psychologist* , 68 （9）, pp. 801—813.

Bruni（布鲁尼）, L. and Porta（波塔）, P. L. , 2007. *Handbook of the Economics of Happiness* . Cheltenham：Edward Elgar.

Buncombe（本库姆）, A. , 2009. How the happy kingdom in the clouds lost its smile. *The Independent* , 9 September, p. 18.

Bunting（邦延）, M. , 2001. When voters aren't happy. *The Guardian* , 15 January, p. 17.

——, 2004. Reasons to be cheerless. *The Guardian* , 4 March, p. 13.

——, 2005. Consumer capitalism is making us ill — we need a therapy state. *The Guardian* , 5 December, p. 25.

——, 2007. Britain is at last waking up to the politics of wellbeing. *The Guardian* , 20 February, p. 31.

——, 2010. Promoting happiness and cutting welfare. *The Guardian* , 29 November, p. 33.

Burgess（伯吉斯）, A. , 2009. ' Passive drinking '：A ' good lie ' too far? *Health，Risk and Society* , 11 （6）, pp. 527 – 540.

Burke（伯克）, K. , 1984. *Permanence and Change* . 3rd ed. Berkeley：University of California Press.

——, 1989. Language as Action: Terministic Screens. In: J. R. Gusfield (ed.) *Kenneth Burke: On Symbols and Society* . Chicago: The University of Chicago Press, pp. 114 – 125.

——, 2003. *On Human Nature: A Gathering While Everything Flows* . Berkeley: University of California Press.

Burkeman (伯克曼), O. , 2006. This column will change your life. *The Guardian* , 30 September, p. 70.

Bury (伯里), J. B. , 1920. *The Idea of Progress* . London: The Macmillan and Co.

Cameron (卡梅伦), D. , 2007. Speech in full. *The Daily Telegraph* , 16 February. [Online] Available at: http: //www. telegraph. co. uk/news/uknews/1542799/Speech – in – full. html [Accessed 5 September 2014] .

Campbell (坎贝尔), D. , 2006. Quality of life report: Vanuatu tops well-being and environment index as Britain fails to make top 100. *The Guardian* , 12 July, p. 23.

Carey (凯里), J. , 1992. *The Intellectuals and the Masses: Print and Prejudice among the Literary Intelligentsia , 1880 – 1939* . London: Faber & Faber.

Carlisle (卡莱尔), S. and Hanlon (汉隆), P. , 2007. Well – being and Consumer Culture: A Different Kind of Public Health Problem? *Health Promotion International* , 22 (3), pp. 261—268.

——, 2008. 'Well – being' as a Focus for Public Health? a Critique and Defence. *Critical Public Health* , 18 (3), pp. 263 – 270.

Carpenter (卡彭特), L. , 2006. The exhaustion epidemic. *The Observer* , 3 December, p. 54.

Carter (卡特), C. , 2014. *Christine Carter,PhD: Science – based Tips for Productivity,Success and Happiness* . [Online] Available at: http: //raisinghappiness. com/ [Accessed 5 September 2014] .

Cartwright（卡特奈特），E.，2011. *Behavioral Economics*. Abingdon：Routledge.

Chakrabortty（查克雷伯第），A.，2009. The pursuit of happiness：Forget growth：let's focus on wellbeing and solving climate change instead. *The Guardian*，23 March，p. 25.

Chandler（钱德勒），D.，2007. *Semiotics：The Basics*. 2nd ed. London：Routledge.

Chittenden（奇滕登），M.，1997. Labour's guru puts 'flow' before sex. *The Sunday Times*，21 December.

Chriss（克里斯），J. J.，1999. *Counselling and the Therapeutic State*. New York：Aldine de Gruyter.

Chynoweth（查诺韦思），C.，2009. Happiness is worth working for. *The Sunday Times*，7 June，p. 8.

Citibank，2005. $\Delta\varepsilon\lambda\tau l\alpha$ $Tv\pi ov - Citibank$：H $Ev\eta\chi la$ $\Gamma\rho\acute{a}\varphi\varepsilon\tau\alpha\iota$ $\mu\varepsilon$ $E\acute{o}\chi\psi\mu\varepsilon$ € [*Press Release – Citibank：Happiness is Written with E Not with* €].

Clancy（克兰西），R.，1991. Only 3% are very unhappy. *The Times*，16 October.

Clark（克拉克），L.，2006. Unhappy and unfit. *The Daily Mail*，7 August，p. 27.

Clark（克拉克），S.，2005. Eureka：now we can legislate for happiness. *The Sunday Times*，31 July.

Clarke（克拉克），J.，2001. Social Problems：Sociological Perspectives. In：M. May，R. Page and E. Brunsdon（eds）*Understanding Social Problems：Issues in Social Policy*. Oxford：Blackwell，pp. 3 – 15.

Clegg（克莱格），N.，2010. Why it's time for families to come first. *The Daily Mail*，17 June.

Clinton（克林顿），J.，2011. Is Mr Cameron's happiness index your cup of tea? *The Sunday Express*，27 March，p. 10.

Cobb（科布），C.，Halstead，T. and Rowe，J.，1995. If the GDP is up，why is America down? *The Atlantic*，October.

Cohen（利恩），B. C.，1963. *The Press and Foreign Policy*. Princeton：Princeton University Press.

Collins（柯林斯），R. M.，2000. *More：The Politics of Economic Growth in Postwar America*. Oxford：Oxford University Press.

Collins（柯林斯），S.，2011. We should stand up for reason and passion. *Spiked*，8 April.［Online］Available at：http：//www. spiked - online. com/newsite/article/10414#. U2RCrPIdXLI［Accessed 5 September 2014］.

Colman（科尔曼），R.，2001. Measuring Real Progress. *Journal of Innovative Management*，7（1），pp. 69 - 77.

——，2001. Measuring Real Progress. *Oxford Leadership Journal*，1（3），pp. 1 - 8.

Comte（孔德），A.，1853. *The Positive Philosophy of Auguste Comte Vol. 2*. London：John Chapman.

Connolly（康诺利），J. and Smith（史密斯），G.，2003. *Politics and the Environment：From Theory to Practice*. 2nd ed. New York：Routledge.

Connor（康纳），S.，2003. Psychologists put their heads together to discover how we can be happy for life. *The Independent*，20 November，p. 13.

Cooper（库珀），J. M.，1975. *Reason and Human Good in Aristotle*. Cambridge：Harvard University Press.

Corrigan（科里根），T.，2008. There is money to be made in happiness. *The Daily Telegraph*，1 July，p. 22.

Craig（克雷格），R. T.，1999. Communication Theory as a Field. *Communication Theory*，9（2），pp. 119 - 161.

Cromby（克伦比），J.，2011. The Greatest Gift? Happiness, Governance and Psychology. *Social and Personality Psychology Compass*，5（11），pp. 840 - 852.

Cusick（库斯克）, J., 1995. Quality of life enters the balance sheets. *The Independent*, 15 November, p. 10.

The Daily Telegraph, 2004. Sandringham shell shock. 15 January, p. 29.

Daly（达利）, H. E. and Cobb, J. B., 1994. *For The Common Good: Redirecting the Economy toward Community, the Environment, and a Sustainable Future*. 2nd ed. Boston: Beacon Press.

Daly（达利）, H. E., 1973. *Toward a Steady – state Economy*. San Francisco: W. H. Freeman and Co.

——, 1996. *Beyond Growth: The Economics of Sustainable Development*. Boston: Beacon Press.

Danesi（丹尼希）, M., 2002. *Understanding Media Semiotics*. London: Arnold.

Davies（戴维斯）, L., 2009. Good health and long lunches... Sarkozy refuses to fret over GDP. *The Guardian*, 15 September, p. 27.

Dean（迪恩）, M., 2003. We can't get no satisfaction. *The Guardian*, 5 March, p. 7.

Deci（德西）, E. L and Ryan, R. M., 2008. Hedonia, Eudaimonia and Well – being: An Introduction. *Journal of Happiness Studies*, 9, pp. 1 – 11.

Deech（迪奇）, R., 2009. Couples don't need the law to tell them how to live together. *The Observer*, 22 November, p. 31.

Deeming（德明）, C., 2013. Addressing the Social Determinants of Subjective Wellbeing: The Latest Challenge for Social Policy. *Journal of Social Policy*, 42（3）, pp. 541 – 565.

Della Porta（德拉·波塔）, D. and Diani（迪亚尼）, M., 2006. *Social Movements: An Introduction*. Malden: Blackwell.

Department for Education and Skills, 2007. *Social and Emotional Aspects of Learning for Secondary Schools（SEAL）: Guidance Booklet*.

Department for the Environment, Transport and the Regions, 1999. *A*

Better Quality of Life — A Strategy for Sustainable Development in the UK. London: The Stationery office.

Department for Work and Pensions, 2009. *Building Britain's Recovery: Achieving Full Employment*. London: Stationary Office.

Department of Health, 2010. *Maternity and Early Years: Making a good start to family life*. [Online] Available at: http: //dera. ioe. ac. uk/1833/1/ dh_ 115021. pdf (Accessed 5 September 2014).

Deschacht (德斯查特), N., 2013. The Economics of Happiness. *Science and Society*, 77 (4), pp. 569 – 575.

Deutsch (多伊奇), J., and Silber (西尔伯), J., 2011. Introduction. In: J. Deutsch and J. Silber (eds) *The Measurement of Individual well-being and Group Inequalities: Essays in memory of Z. M. Berrebi*. London: Routledge, pp. 1 – 8.

Devlin (德夫林), H., 2010. A limit to laughing all the way to the bank. *The Times*, 7 September, p. 11.

Devlin (德夫林), K., 2008. The secret to a happy marriage: no children don't. *The Daily Telegraph*, 10 March, p. 6.

Diener (迪纳), E., 2000. Subjective well – being: The Science of Happiness and a Proposal for a National Index. *American Psychologist*, 55 (1), pp. 34 – 43.

Dimbleby (丁布尔比), J., 1993. We worship at the altar of material and economic progress. We believe we are God on earth. But are we happy? *The Guardian*, 29 October, p. 19.

Dolan (多兰), P. and Metcalfe, R., 2012. Measuring Subjective Well-being: Recommendations on Measures for Use by National Governments. *Journal of Social Policy*, 41 (2), pp. 409 – 427.

Donovan (多诺万), N. and Halpern, D., 2002. *Life Satisfaction: The State of Knowledge and Implications for Government*. Cabinet office: Strategy

Unit.

Duncan（邓肯）, G., 2007. After Happiness. *Journal of Political Ideologies*, 12（1）, pp. 85 – 108.

——, 2008. Happy ending likely once todays horror movie ends. *The Times*, 21 July, p. 38.

——, 2014. Politics, Paradoxes and Pragmatics of Happiness. *Culture, Theory and Critique*, 55（1）, pp. 79 – 95.

Durkheim（迪尔凯姆）, É., 1984. *The Division of Labour in Society*. Houndmills：The Macmillan Press Ltd.

Easterbrook（伊斯特布鲁克）, G., 2003. *The Progress Paradox：How Life Gets Better While People Feel Worse*. New York：Random House.

Easterlin（伊斯特林）, R. A., 1973. Does Money Buy Happiness? *The Public Interest*, 30（Winter）, pp. 3 – 10.

——, 1974. Does Economic Growth Improve the Human Lot? In：P. A. David and M. W. Reader（eds）*Nations and Households in Economic Growth：Essays in Honor of Moses Abramovitz*. New York：Academic Press, pp. 89 – 119.

——, 1995. Will Raising the Incomes of all Increase the Happiness of All? *Journal of Economic Behavior and Organization*, 27（1）, pp. 35 – 47.

——, 2001. Income and Happiness：Towards a Unified Theory. *The Economic Journal*, 111（473）, pp. 465 – 484.

——, 2005. Feeding the Illusion of Growth and Happiness：A Reply to Hagerty and Veenhoven. *Social Indicators Research*, 74（3）, pp. 429 – 443.

Easterlin（伊斯特林）, R. A. et al., 2010. The Happiness-Income Paradox Revisited. *PNAS*, 107（52）, pp. 22463 – 22468.

Ecclestone（埃克莱斯顿）, K. and Hayes（海耶斯）, D., 2009. *The Dangerous Rise of Therapeutic Education*. London：Routledge.

Eco（艾柯）, U., 1984. *Semiotics and the Philosophy of Language*.

London: The Macmillan Press Ltd.

The Economist, 2006. Happiness (and how to measure it) [cover]. 23 December.

——, 2009. Progress and its perils [cover]. 19 December.

——, 2010. The joy of growing old [cover]. 18 December.

Ehrenreich (埃伦瑞克), B., 2009. *Smile or Die: How Positive Thinking Fooled America and the World*. London: Granta Books.

Eitzen (艾岑), D. S., Baca–Zinn, M. and Eitzen–Smith, K., 2012. *Social Problems*. 12th ed. Boston: Pearson Education.

Elliott (艾略特), J., 2007. Happiness is a chat over the fence. *The Sunday Times*, 7 January, p. 4.

Elliott (艾略特), L., 1997. Unhappy truth for Marx and spenders. *The Guardian*, 22 November, p. 28.

——, 2005. Happiness may be in the mind but the state still has a role to play. *The Guardian*, 28 Feburary, p. 25.

——, 2007. Cameron should count on happiness. *The Guardian*, 27 August, p. 24.

Engels (恩格斯), E., 1941. *Ludwig Feuerbach and the Outcome of Classical German Philosophy*. New York: International Publishers.

Erricker (埃里克), C., 1992. Footsteps of the Buddha. *The Guardian*, 17 February, p. 6, 7.

Evans (埃文斯), J., 2008. Smiles better. *The Times*, 19 Feburary, p. 4.

Evans–Pritchard (埃文斯·普理查德), E. E., 1976. *Witchcraft, Oracles, and Magic among the Azande*. Oxford: Clarendon Press.

Fairclough (费尔克拉夫), N., 1992. *Discourse and Social Change*. Cambridge: Polity Press.

Feldman (费尔德曼), K. L., 2010. Degrees of happiness. *The Pennsylvania Gazette*, May/June.

Fenwick（芬威克），P.，1996. The Dynamics of change. *The Independent*，17 March，p. 8.

Figert（菲格尔特），A. E.，1996. *Women and the Ownership of PMS：The Structuring of a Psychiatric Disorder Hawthorne*. New York：Aldine de Gruyter.

Fine（法恩），A.，2001.'Everything became an effort, a threat or a nightmare'. *The Daily Telegraph*，21 February，p. 20.

Finkelstein（芬克尔斯坦），D.，2009. Thought for the week. *The Times*，11 April，p. 4.

Fitzpatrick（菲茨帕特里克），M.，2001. *The Tyranny of Health*. London：Routledge.

Foley（福利），M.，2010. *The Age of Absurdity：Why Modern Life Makes it Hard to Be Happy*. London：Simon & Schuster.

Forgeard（弗加德），M. J. C.，Jayawickreme, E. and Kern, M. L.，2011. Doing the Right Thing：Measuring Wellbeing for Public Policy. *International Journal of Wellbeing*，1（1），pp. 79 – 106.

Frame（弗雷姆），L.，2007. Why laughter is the best medicine. *The Daily Telegraph*，27 January，p. 8.

Frank（弗兰克），R. H.，1985. *Choosing the Right Pond：Human Behavior and the Quest for Status*. Oxford：Oxford University Press.

——，1999. *Luxury Fever：Why Money Fails to Satisfy in an Era of Excess*. New York：The Free Press.

Frankenberg（弗兰肯伯格），R.，Robinson, I. and Delahooke, A.，2000. Countering Essentialism in Behavioural Social Science：The Example of the 'Vulnerable Child' Ethnographically Examined. *The Sociological Review*，48（4），pp. 588 – 611.

Fredrickson（弗雷德里克森），B. L and Losada, M. F.，2005. Positive Affect and the Complex Dynamics of Human Flourishing. *American*

Psychologist, 60 (7), pp. 678 – 686.

Freeman (弗里曼), A., 2010. Marxism without Marx a Note towards a Critique. *Capital and Class*, 34 (1), pp. 84 – 97.

Freidson (弗雷德森), E., 1970. *Profession of Medicine: A Study of the Sociology of Applied Knowledge*. Chicago: University of Chicago Press.

Friedman (弗里德曼), B. M., 2005. *The Moral Consequences of Economic Growth*. New York: Vintage Books.

Fritz (弗里茨), N. J. and Altheide, D. L, 1987. The Mass Media and the Social Construction of the Missing Children Problem. *The Sociological Quarterly*, 28 (4), pp. 473 – 492.

Frostrup (弗罗斯特普鲁), 2004. The greatest gift. *The Observer*, 8 February, p. 27.

Fukuyama (福山), F., 1989. The End of History? *The National Interest*, 16 (Summer), pp. 1 – 18.

Furedi (弗雷迪), F., 1992. *Mythical Past, Elusive Future*. London: Pluto Press.

——, 1997. *Population and Development: A Critical Introduction*. Cambridge: Polity Press.

——, 2004. *Therapy Culture: Cultivating Vulnerability in an Uncertain Age*. London: Routledge.

——, 2005. *Politics of Fear*. London: Continuum.

——, 2007. From the Narrative of the Blitz to the Rhetoric of Vulnerability. *Cultural Sociology*, 1 (2), pp. 235 – 254.

——, 2008. Vulnerability-Analytical Concept or Rhetorical Idiom? In: J. Satterthwaite, M. Watts and H. Piper (eds) *Talking Truth, Confronting Power*. Stoke on Trent: Trentham Books, pp. 35 – 50.

——, 2009. Specialist pleading. *The Australian*, 2 September, p. 14.

——, 2014. *First World War: Still No End in Sight*. London: Bloomsbury.

Gadher（盖德尔），D.，2014. Happiness of children falls after age11. *The Sunday Times*，4 May，p. 20.

Gans（甘斯），H. J.，2004. *Deciding Whats News: A study of CBS Evening News, NBC Nightly News, Newsweek, and Time*. 25th Anniversary ed. Evanston: Northwestern University Press.

Gentry（金特里），C.，1988. The Social Construction of Abducted Children as a Social Problem. *Sociological Inquiry*，58（4），pp. 413 – 425.

Gill（吉尔），A. M. and Whedbee，K.，1997. Rhetoric. In: T. A. van Dijk（ed）*Discourse as Structure and Process, Volume1*. London: Sage，pp. 157 – 184.

Gitlin（吉特林），T.，2003. *The Whole World Is Watching: Mass Media in the Making and unmaking of the New Left*. Berkeley: University of California Press.

Gledhill（格莱德希尔），R.，2000. Therapy is replacing religion says Carey. *The Times*，1 August.

Godwin（戈德温），W，1798. *Enquiry Concerning Political Justice, and Its Influence on Morals and Happiness, Vol Ⅱ*. London: G. G. and J. Robinson，Paternoster – Row.

Goode（古德），E. and Ben – Yehuda（本 – 耶胡达），N.，2009. *Moral Panics: The Social Construction of Deviance*. 2nd ed. Oxford: Wiley – Blackwell.

Goodwin（古德温），D，2009. Parents – pull your socks up. *The Sunday Times*，1 February，p. 2.

Griffths（格里菲斯），S.，2007. Children – the new battleground. *The Sunday Times*，9 September，p. 11.

Grossman（格罗斯曼），H.，1992. *The Law of Accumulation and Breakdown of the Capitalist System Being also a Theory of Crises*. London: Pluto Press.

The Guardian，1987. Despite worries，riches still bring contentment. 13

August.

——, 2003. The case for happiness: Lord Layard sets new policy priorities. 6 March, p. 27.

——, 2006. *Full Text: David Cameron's Speech to Google Zeitgeist Europe2006* . [Online] Available at: http://www. theguardian. com/politics/2006/may/22/ conservatives. davidcameron [Accessed 5 September 2014] .

Guldberg（古德贝格）, H. , 2012. Ignore these pedlars of panic – the kids are all right. *Spiked* , 16 January. [Online] Available at: http://www. spiked – online. com/newsite/ article/11979#. VA4TTfldVqU [Accessed 5 September 2014] .

Gusfield（古斯菲尔德）, J. R. , 1981. *The Culture of Public Problems: Drinking – Driving and the Symbolic Order* . Chicago: University of Chicago Press.

——, 1986. *Symbolic Crusade: Status Politics and the American Temperance Movement* . 2nd ed. Urbana: University of Illinois Press.

——, 1989. Introduction. In: J. R. Gusfield (ed.) *Kenneth Burke: On Symbols and Society* . Chicago: The University of Chicago Press, pp. 1 – 49.

——, 1996. *Contested Meanings: The Construction of Alcohol Problems* . Madison: University of Wisconsin Press.

Gusfield（古斯菲尔德）, J. , 1976. The Literary Rhetoric of Science: Comedy and Pathos in Drinking Driver Research. *American Sociological Review* , 41 (1), pp. 16 – 34.

Hacking（哈金）, I. , 1995. The Looping Effects of Human Kinds. In: D. Sperber, D. Premack and A. J. Premack (eds) *Causal Cognition: A Multi – disciplinary Debate* . New York: Oxford University Press, pp. 351 – 383.

Hagerty（哈格蒂）, M. R. and Veenhoven, R. , 2003. Wealth and Happiness Revisited – Growing National Income Does Go with Greater Happiness. *Social Indicators Research* , 64 (1), pp. 1 – 27.

Haidt（海德特），J.，2006. *The Happiness Hypothesis：Putting Ancient Wisdom and Philosophy to the Test of Modern Science*. London：Random House.

Hall（霍尔），S.，2009. The Rediscovery of 'Ideology'：A Return of the Repressed in Media Studies. In：B. Storey（ed.）*Cultural Theory and Popular Culture：A Reader*，4th Edition. Harlow：Pearson Education，pp. 111 – 141.

Halliday（韩礼德），M. A. K.，1978. *Language as Social Semiotic*. London：Arnold.

——，2004. *The Language of Science*. London：Continuum.

Halligan（哈里根），L.，2004. What price growth when it can't make us happy? *The Sunday Telegraph*，15 August，p. 4.

Halpern（哈尔彭），D.，2010. *The Hidden Wealth of Nations*. Cambridge：Polity Press.

Hanks（汉克斯），R.，1990. Is everybody happy? *The Independent*，3 April，p. 16.

Hanson（汉森），R.，2013. *Hardwiring Happiness：The New Brain Science of Contentment, Calm, and Confidence*. London：Rider.

Harcombe（哈尔科姆），K.，2008. Cheer up, this might never happen. *The Guardian*，20 May，p. 6.

Hardy（哈迪），R.，2007. The happiness workout. *The Guardian*，30 October，p. 16.

Harford（哈福德），T.，2009. The economist's guide to happiness：Don't eat dog food. *The Sunday Times*，9 August，p. 6.

Hazlewood（哈兹勒伍德），P.，2002. Money 'doesn't buy happiness'. *Belfast News Letter*，4 December，p. 4.

Helliwell（赫利韦尔），J.，Layard，R. and Sachs，J.，2013. *World Happiness Report2013*. New York：UN Sustainable Development Solutions Network.

Henderson（亨德森），C. R.，1901. *Introduction to the Study of the Dependent, Defective, and Delinquent Classes*. Boston：D. C. Heath & Co.

Henderson（亨德森），M.，2003. What is the secret of lifelong happiness? Be born with the right genes, then marry. *The Times*，2 October，p. 8.

Herbers（赫伯斯），J.，1968. Kennedy attacks Humphrey appeal; hits 'politics of happiness' in address in Detroit. *The New York Times*，16 May，p. 20.

Hewitt（休伊特），J. P.，1998. *The Myth of Self – Esteem: Finding Happiness and Solving Problems in America*. New York：St Martin's Press.

Hewitt（休伊特），P.，2007. *Speech by the Rt Hon Patricia Hewitt MP, Secretary of State for Health, 10 May 2007*. ［Online］Available at：http：// webarchive. nationalarchives. gov. uk/20070603164909/dh. gov. uk/en/News/Speeches/DH_ 074706［Accessed 5 September 2014］.

Hilgartner（希尔加特纳），S. and Bosk（博斯克），C. L.，1988. The Rise and Fall of Social Problems: A Public Arenas Model. *American Journal of Sociology*，94（1），pp. 53 – 78.

Hilgartner（希尔加特纳），S.，2000. *Science on Stage: Expert Advice as Public Drama*. Stanford：Stanford University Press.

Hirsch（赫希），F.，1977. *The Social Limits to Growth*. London：Routledge & Kegan Paul Ltd. HM Government，2005. *Securing the Future: Delivering UK Sustainable Development strategy*. London：HMSO.

Hobart Mercury，1988. Smile, it's good for you! 29 August.

Hochuli（霍秋利），A，2008. *Is Contemporary Anti – consumerism a Form of Romantic Anticapitalism?* Masters degree dissertation. London：London School of Economics.

Hodge（霍奇），R. and Kress（克雷斯），G.，1988. *Social Semiotics. Ithaca*：Cornell University Press.

Hodgkinson（霍奇金森），L.，1990. Health：lonely? not at all — why

the conventional wisdom – it's bad for the nation's health – Is Out of Date. *The Guardian*, 13 July.

Hodson（霍德森），P.，2006. Talking cure is cheap. *The Times*, 4 November, p. 5.

Hogan（霍根），P.，2007. While experts may have cracked what it is that makes us miserable, psychologists, politicians and scientists are now very much in pursuit of happiness. *The Observer*, 25 March, p. 28.

Hoggard（霍格德），L.，2005. Are you happy. *Independent on Sunday*, 2 October, p. 14, 15.

Holstein（荷斯坦），J. A. and Miller, G.，1993. Social Constructionism and Social Problems Work. In: J. A. Holstein and G. Miller（eds）*Reconsidering Social Constructionism: Debates in Social Problems Theory*. New Brunswick: Transaction Publishers, pp. 151 – 172.

Honigsbaum（霍尼斯鲍姆），M.，1991. Just follow the flow and you'll feel good. *The Independent*, 30 October, p. 16.

——, 2004. On the happy trail. *The Observer*, 4 April, p. 26.

Houlgate（霍利盖特），S.，1986. *Hegel, Nietzsche and the Criticism of Metaphysics*. Cambridge: Cambridge University Press.

Howard（霍华德），P.，2006. Most human beings 'natural born slaves'. *The Times*, 10 April, p. 13.

Hunt（亨特），L.，1996. Secret of your smile. *The Independent*, 28 August, p. 4.

Huppert（于佩尔），F. A. and Baylis, N.，2004. Well – being: Towards an Integration of Psychology, Neurobiology and Social Science. *Philosophical Transactions of the Royal Society*, 359 (1449), pp. 1447 – 1451.

Huppert（于佩尔），F. A.，Baylis（贝利斯），N. and Keverne（凯文），B.，2004. Introduction: Why Do We Need a Science of Well – being? *Philosophical Transactions of the Royal Society*, 359 (1449), pp. 1331

– 1332.

Huppert（于佩尔）, F. , 2006—2008. *University of Cambridge Well – Being Institute* . ［Online］ Available at: http: //web. archive. org/web/ 20081211220949 ［http: //www. cambridgewellbeing. org/purpose. html ［Accessed 5 September 2014］.

Hutchison（哈奇森）, P. , 2010. Happiness is ... an index of joy. *The Daily Telegraph* , 15 November, p. 1.

Hutton（赫顿）, W. , 1993. Wealth of happiness may be in store. *The Guardian* , 8 November, p. 13.

——, 1994. Happiness that money truly cannot buy. *The Guardian* , 27 December, p. 13.

——, 2003. In pursuit of true happiness. *The Observer* , 9 March, p. 30.

Ibarra（伊巴拉）, P. R. and Kitsuse（基特苏斯）, J. I. , 1993. Vernacular Constituents of Moral Discourse: An Interactionist Proposal for the Study of Social Problems. In: J. A. Holstein and G. Miller （eds）*Reconsidering Social Constructionism: Debates in Social Problems Theory* . New Brunswick: Transaction Publishers, pp. 5 – 24.

——, 2003. Claims – making Discourse and Vernacular Resources. In: J. A. Holstein and G. Miller （eds）*Challenges and Choices: Constructionist Perspectives on Social Problems* . New York: Walter de Gruyter, pp. 17 – 50.

Jackson（杰克逊）, T. and Marks（马克斯）, N. , 1994. *UK Index of Sustainable Economic Welfare* . Stockholm: Stockholm Environment Institute in Cooperation with the New Economic Foundation.

Jackson（杰克逊）, T. , 2009. *Prosperity Without Growth: Economics for a Finite Planet* . London: Earthscan.

Jakubowski（雅库博夫斯基）, F. , 1990. *Ideology and Superstructure in Historical Materialism* . London: Pluto Press.

James（詹姆斯）, O. , 2003. Children before cash. *The Guardian* , 17

May，p. 21.

——，2007. *Affluenza* . Reading：Vermilion.

Jamrozik（亚姆罗齐克），A. and Nocella（诺切拉），L.，1998. *The Sociolou of Social Problems：Theoretical Perspectives and Methods of Intervention* . Edinburgh：Cambridge University Press.

Jeffries（杰弗里斯），S.，2006. Happiness is always a delusion. *The Guardian* ，19 July，p. 12.

——，2008. Will this man make you happy? *The Guardian* ，24 June，p. 12.

Johns（约翰），H. and Ormerod（奥姆罗德），P.，2007. *Happiness，Economics and Public Policy* . London：The Institute of Economic Affairs.

Johnson（约翰逊），L. B.，1965. *Rermarks at the Signing of the Health Research Facilities Amendments of 1965* . ［Online］Available at：http：// www. presidency. ucsb. edu/ws/ index. php？pid = 27142&st = &st1 = ［Accessed 5 September 2014］.

Jonze（琼斯），T.，2008. Is this it? *The Guardian* ，19 January，p. 98.

Kahneman（卡内曼），D. and Krueger，A. B.，2006. Developments in the Measurement of Subjective Well – being. *The Journal of Economic Perspectives* ，20（1），pp. 3 – 24.

Kahneman（卡内曼），D.，et al.，2004. A Survey Method for Characterizing Daily Life Experience：The Day Reconstruction Method. *Science* ，306（5702），pp. 1776 – 1780.

Kelly（凯利），B.，2009. How to be happy. *The Sunday Times* ，1 March，p. 17.

Kennedy（肯尼迪），R.，1968. *Remarks of Robert F. Kennedy at the University of Kansas，March 18 , 1968* . ［Online］Available at：http：// www. jfklibrary. org/Research/Ready – Reference/ RFK – Speeches/Remarks – of – Robert – F – Kennedy – at – the – University – of – KansasMarch – 18 –

1968. aspx. ［Accessed 5 September 2014］.

Kenny（肯尼）, M. G. , 1996. Trauma, Time, Illness, and Culture: An Anthropological Approach to Traumatic Memory. In: P. Antze and M. Lambek (eds) *Tense Past: Cultural Essays in Trauma and Memory* . New York: Routledge, pp. 151 – 172.

Kettle（凯特尔）, M. and Wintour（温特）, P. , 2006. Cameron embraces work – life balance to wrong – foot brown. *The Guardian* , 22 May, p. 12.

Kim（金）, S, 2006. Semiotics of Natural Disaster Discourse in Post – tsunami World: A Theoretical Framework. *Sign Systems Studies* , 34 (1), pp. 231 – 244.

Kingdon （金登）, J. W. , 2003. *Agendas,Alternatives,and Public Policies* . New York: Longman.

Kirk（柯克）, S. A. and Kutchins（卡钦斯）, H. , 2003. Psychiatrists Construct Homosexuality. In: D. R. Loseke and J. Best（eds）*Social Problems: Constructionist Readings* . New York: Aldine de Gruyter, pp. 59 – 65.

Kitsuse（基特苏斯）, J. H. and Spector（斯佩克特）, M. , 1975. Social Problems and Deviance: Some Parallel Issues. *Social Problems* , 22 (5), pp. 584 – 594.

Kjerulf（克鲁尔夫）, A. , 2014. *The Chief Happiness Officer Blog* . ［Online］ Available at: http: // positivesharing. com/ ［Accessed 5 September 2014］.

Kliman（克里曼）, A. , 2011. *The Failure of Capitalist Production: Underlying Causes of the Great Recession* . London: Pluto Press.

Knight（奈特）, C. , 1849. *The Standard Library Cyclopaedia of Political,Constitutional,Statistical and Forensic Knowledge,Vol IV* . London: Henry G. Bohn.

Knorr – Cetina（克诺尔 – 塞蒂娜）, K. , 1999. *Epistemic Cultures: How the Sciences Make Knowledge* . Cambridge: Harvard University Press.

Kushin（库什）, M. J. , 2010. *Tweeting the issues in the Age of Social Media? Intermedia Agenda Setting Between the "New York Times" and Twitter* . Doctoral dissertation. Washington: Washington State University.

Kuznets（库兹涅茨）, S. , 1934. *National Income* , *1929 – 1932* . New York: National Bureau of Economic Research.

——, 1989. *Economic Development,The Family,and Income Distribution*: *Selected Essays* . Cambridge: Cambridge University Press.

Lacey（莱西）, H. , 1998. Love changes everything. *The Independent* , 11 October, p. 5.

Lane（莱恩）, R. E. , 1993. *The Market Experience* . Cambridge: Cambridge University Press.

——, 2001. *Loss of Happiness in Market Democracies* . New Haven: Yale University Press.

Lane（莱恩）, R. , 1993. Why riches don't always buy happiness. *The Guardian* , 9 August, p. 9.

Lantin（兰廷）, B. , 2003. Happiness is all in the mind optimists are healthier and enjoy themselves more. *The Daily Telegraph* , 13 January, p. 16.

Lasch（拉斯奇）, C. , 1979. *The Culture of Narcissism* . London: Abacus.

Latour（拉图尔）, B. , 1987. *Science in Action* . Cambridge: Harvard University Press. The Laughter Network, 2014. *Laughter Network* . [Online] Available at: http: //web. archive. org/web/20140517190450/http: //www. laughternetwork. co. uk [Accessed 5 September 2014] .

Laurance（劳伦斯）, J. , 2005. Unhappiness is 'Britain's worst social problem'. *The Independent* , 12 September, p. 5.

Lawson（劳森）, D. . 2007. From Pentecost island to modern Britain, the futility of trying to measure happiness. *The Independent* , 6 July.

Layard（莱亚德）, R. , 1980. Human Satisfactions and Public Policy. *The*

Economic Journal, 90 (360), pp. 737 – 750.

——, 2003a. Don't worry, be happy (and pay your taxes). *The Independent on Sunday*, 9 March, p. 26.

——, 2003b. The secrets of happiness. *New Statesman*, 3 March.

——, 2005a. Be happy, pay more to the taxman. *The Times*, 28 February, p. 21.

——, 2005b. *Happiness: Lessons from a New Science*. London: Penguin.

——, 2009. This is the greatest good: We have only one true yardstick with which to measure society's progress: happiness. *The Guardian*, 13 September, p. 32.

——, 2010. Harness the power of happiness. *The Sunday Times*, 28 March, p. 29.

——, n. d. Action for happiness. [Online] Available at: http: // www. actionforhappiness. org/about – us/answers – to – the – sceptics [Accessed 5 September 2014].

Le Fanu (勒·法努), J., 1993. Will sunshine cheer us up? *The Times*, 8 June.

——, 2001. Joyfulness may be purely a matter of hormones. *The Sunday Telegraph*, 26 August, p. 4.

——, 2011. Keep up the pursuit ofhappiness. *The Sunday Telegraph*, 6 March, p. 13.

Leach (利奇), M., and Fairhead (费尔海德), J., 2007. *Vaccine Anxieties: Global Science, Child Health and Society*. London: Earthscan.

Lears (里尔斯), J., 2013. *Get happy*!! *The Nation*, 5 November, http: //www. thenation. com/ article/ 177016/get – happy

LeBlanc (勒布朗), G., 2008. Happiness: Get some today! O, *The Oprah Magazine*, 1 March, p. 228.

Leckie (莱基), B., 2010. If you're happy & you're loaded clap your hands. *The Sun* , 16 November, p. 13.

Lee（李）, E. , 2001. Reinventing Abortion as a Social Problem: ' Post-abortion Syndrome in the United States and Britain' . In: *How Claims Spread: Cross – National Diffusion of Social Problems* . New York: Walter de Gruyter, pp. 39 – 68.

Lee （李）, E. , Bristow, J. , Faircloth, C. and Macvarish, J. , 2014. *Parenting Culture Studies* . Basingstoke: Palgrave.

Leith （利思）, S. , 2004. Heaven knows why we're all so miserable now. *The Daily Telegraph* , 25 June, p. 24.

Lewis （刘易斯）, C, 2006. Play to your strengths. *The Times* , 1 June, p. 5.

Lichfield （利奇菲尔德）, J. , 2009. sarkozy's happiness index is worth taking seriously. *The Independent on Sunday* , 20 September, p. 36.

Linklater （林克莱特）, M. , 2007. Sit down, thugs, and get your well-being books out. *The Times* , 12 September, p. 19.

Linley （林利）, A. , Joseph, S. and Harrington, S. , 2006. Positive Psychology: Past, Present, and （Possible）Future. *The Journal of Positive Psychology* , 1 （1）, pp. 3 – 16.

Lippmann （利普曼）, W. , 1991. *Public Opinion* . New Brunswick: Transaction Publishers.

Loseke （洛赛克）, D. R. and Cahill （卡荷尔）, S. E. , 1984. The Social Construction of Deviance: Experts on Battered Women. *Social Problems* , 31 （3）, pp. 296 – 310.

Loseke （洛赛克）, D. R. , 2003a. *Thinking About Social Problems* . 2nd ed. New York: Aldine De Gruyter.

——, 2003b. Conditions, People, Morality, and Emotion: Expanding the Agenda of Constructionism. In: J. A. Holstein and G. Miller （eds） *Challenges and Choices: Constructionist Perspectives on Social Problems* . New York: Aldine de Gruyter，pp. 120 – 129.

Lowy（罗伊），M. and Sayre（塞尔），R. ，2001. *Romanticism Against the Tide of Modernity* . Durham：Duke University Press.

Lupton（勒普顿），D. and Barclay，L. ，1997. *Constructing Fatherhood：Discourses and Experiences* . London：Sage.

Lupton（勒普顿），D. ，1995. *The Imperative of Health* . London：Sage.

Lyubomirsky（柳博米尔斯基），S. ，2007. *The How of Happiness：A Scientific Approach to Getting the Life You Want* . New York：Penguin.

——，2013. *The Myths of Happiness：What Should Make You Happy，But Doesn't，What Shouldn't Make You Happy，But Does* . New York：Penguin Books.

MacErlean（麦肯琳恩），N. ，2002. How you can survive the pension crisis. *The Observer* ，10 November，p. 4.

MacLeod（麦克劳德），M. ，2005. Is happiness a con? *The Independent* ，25 May，p. 39.

Malthus（马尔萨斯），T. ，1998. *An Essay on the Principle of Population* . Electronic Scholarly Publishing Project：http：//www. esp. org.

Mannheim（曼海姆），K. ，1993. Conservative Thought. In：K. H. Wolff（ed. ）*From Karl Mannheim* . New Brunswick：Transaction Publishers.

Marrin（马林），M. ，2006. The dangerous business of happiness. *The Sunday Times* ，18 June，p. 16.

——，2010. He scolded a yob—and ended up facing prison for kidnap. *The Sunday Times* ，7 November，p. 22.

Marsh（马什），S. ，2004. Buddha's way is best if you want to combat stress. *The Times* ，8 April，p. 6.

——，2009. Self – help or self – delusion. The Times，15 July，p. 2，3.

Marshall（马歇尔），A. G. ，2006. How to avoid the curse of happiness. *The Times* ，26 October，p. 10.

Marx（马克思），K. and Engels（恩格斯），F.，1948. *The Communist Manifesto*. New York：International Publishers.

Marx（马克思），K.，1954. *The Eighteenth Brumaire of Louis Bonaparte*. Moscow：Progress Publishers.

——，1967. *Capital Vol.1：A Critical Analysis of Capitalist Production*. New York：International Publishers.

——，1969. *Theories of Surplus Value*. Moscow：Progress Publishers.

——，1973. *Grundrisse*. New York：Random House.

——，1976. *Wage – Labour and Capital & Value,Price and Profit*. New York International Publishers.

——，1981. *Capital Volume* 3. Harmondsworth：Penguin.

——，1998. *The German Ideology*. New York：Prometheus Books.

——，2000. Theories of Surplus Value. In：D. McLellan（ed.）*Karl Marx：Selected Writings*. Oxford：Oxford University Press.

——，2000. Towards a Critique of Hegel's Philosophy of Right Introduction. In：D. McLellan（ed.）*Karl Marx：Selected Writings*. Oxford：Oxford University Press.

Maurer（莫伊雷尔），D.，2002. *Vegetarianism：Movement or Moment*? Philadelphia：Temple University Press.

Mauss（莫斯），A.，1992. Social Problems. In：E. F. Borgatta and M. L. Borgatta（eds）*Encyclopedia of Sociology*. New York：Macmillan, pp. 1916 – 1921.

McCade（麦卡德），F.，2007. Happy lives. *The Sunday Times*，17 June，p. 4.

McCartney（麦卡特尼），J.，2007. How to plant the seeds of happiness. *The Sunday Telegraph*，6 May，p. 22.

McCloskey（麦克洛斯基），D. N.，1998. *The Rhetoric of Economics*. 2nd ed. Madison：University of Wisconsin Press.

McCombs（麦库姆斯），M. and Funk（芬克），M.，2011. Shaping the Agenda of Local Daily Newspapers: A Methodology Merging the Agenda Setting and Community Structure Perspectives. *Mass Communication and Society*，14 (6)，pp. 905 – 919.

McCombs（麦库姆斯），M. E. and Shaw（肖），D. L.，1972. The Agenda – setting Function of Mass Media. *Public Opinion Quarterly*，36 (2)，pp. 176 – 187.

McCombs（麦库姆斯），M.，2004. *Setting the Agenda: The Mass Media and Public Opinion*. Cambridge: Polity Press.

McRae（麦克雷），H.，1994. Happiness should be part of any manifesto. *The Independent*，15 December，p. 18.

——，1995. What really makes us happy? *The Independent*，16 November，p. 21.

Mead（米德），G. H.，1982. In: D. L. Miller（ed.）The Individual and the Social Self: Unpublished Work of George Herbert Mead. Chicago: Chicago University Press. *Meet the Natives*. 2007. ［Film］Directed by Gavin Searle. United Kingdom: Channel 4 Television Corporation and KEO Films.

Meikle（米克尔），S.，1985. *Essentialism in the Thought of Karl Marx*. London: Gerald Duckworth & Co.

Meraz（梅拉斯），S.，2009. Is There an Elite Hold? Traditional Media to Social Media Agenda Setting Influence in Blog Networks. *Journal of Computer – Mediated Communication*，14 (3)，pp. 682 – 707.

——，2011. Using Time Series Analysis to Measure Intermedia Agenda – setting Influence in Traditional Media and Political Blog Networks. *Journalism and Mass Communication Quarterly*，88 (1)，pp. 176 – 194.

Michaelson（麦克尔森），J.，et al.，2009. *National Accounts of Well – being: Bringing Real Wealth Onto the Balance Sheet*. London: New Economics Foundation.

Mill（米尔），J. S. , 2001. *The Principles of Political Economy* . Kitchener：Batoche.

Miller（米勒），A. , 2008. A Critique of Positive Psychology—or ' the New Science of Happines' . *Journal of Philosophy of Education*，42（3 - 4），pp. 591 - 608.

Miller（米勒），L. J. , 2000. The Poverty of Truth-seeking：Postmodernism，Discourse Analysis and Critical Feminism. *Theory and Psychology* , 10（3），pp. 313 - 352.

Million（米利翁），D. , 2013. *Therapeutic Nations* . Tucson：University of Arizona Press.

Mills（米尔斯），C. W. , 1943. The Professional Ideology of Social Pathologists. *American Journal of Sociology*，49（2），pp. 165 - 180.

Mills（米尔斯），M. , 2003. You can buy happiness，but it will cost you dear，claims new report. *The Guardian* , 29 January，p. 12.

Monck（蒙克），A. and Hanley（汉利），M. , 2008. *Can You Trust the Media* ? Cambridge：Icon Books.

Mooney（穆尼），B. , 2006. Let joy be unconfined. *The Times* , 8 July，p. 6.

Mooney（穆尼），L. A. , Knox，D. and Schnacht，C. , 2011. *Understanding Social Problems* . 7th ed. Belmont：Wadsworth.

Moore（摩尔），S. , 2012. Despite its promises, this government can't make you happy. In times of austerity, you are on your own. *The Guardian* , 9 February，p. 5.

Morris（莫里斯），S. , 2006. Letters and emails：Vanuatu violence. *The Guardian* , 17 July，p. 29.

Morrison（莫里森），R. , 2003. We spend, spend, spend to block out the tedium. *The Times* , 20 August，p. 16.

Mulgan（马尔根），G. , 1995. Money doesn't make the world go

round. The Independent , 27 February, p. 13.

Mulholland（马尔霍兰）, H. , 2010. David Cameron defends plans for wellbeing index. *The Guardian* , 25 November.

Müller（穆勒）, H. , 2009. *Economics and Happiness* . Norderstedt: GRIN Publishing House.

——, 2003b. The 'my stuff's better than your stuff' tax. *The Times* , 15 November, p. 15.

Narayan（纳拉扬）, D. , Chambers, R. , Kaul – Shah, M. and Petesch, P. , 2000. *Voices of the Poor: Crying Out for Change* . Oxford: Oxford University Press.

Nelson（纳尔逊）, B. J. , 1984. *Making an Issue of Child Abuse: Political Agenda Setting for Social Problems* . Chicago: University of Chicago Press.

Nettle（奈特尔）, D. , 2005. *Happiness: The Science Behind Your Smile.* Oxford: Oxford University Press.

The New Scientist （《新科学家》）, 2011a. The pursuit of happiness: How positive thinking is changing our world [cover] . 16 April.

——, 2011b. Why happiness is catching [cover] . 15 January.

The New York Times , 1960. People, not possessions, called key to happiness. 16 March.

Nichols（尼科尔斯）, L. T. , 1997. Social Problems as Landmark Narratives: Bank of Boston, Mass Media and "Money Laundering" . *Social Problems* , 44（3）, pp. 324 – 341.

——, 2003. Voices of Social Problems: A Dialogical Construction Model. *Studies in Symbolic Interaction* , 26, pp. 93 – 123.

Nietzsche（尼采）, F, 2005. *The Anti – Christ, Ecce Homo, Twilight of the Idols And Other Writings* . A. Ridley and J. Norman（eds）Cambridge: Cambridge University Press.

Nikkhah（尼哈），R.，2007. More money really does make you happy. *The Sunday Telegraph*，8 July，p. 13.

Nolan（诺兰），J. L.，1998. *The Therapeutic State: Justifying Government at Century's End*. New York: New York University Press.

Norton（诺顿），C.，2000. Dutch are happiest，says survey. *The Independent*，14 February，p. 13.

O'Connor（奥康纳），R.，2009. 10 minutes to happiness. *The Daily Telegraph*，25 May，p. 23.

Ormerod（奥姆罗德），P.，2007. Sorry，you won't find happiness this way. *The Sunday Times*，8 April，p. 4.

Orr（奥尔），D.，2006. If it makes people happy，don't knock it. *The Independent*，19 April，p. 29.

Owen（欧文），R.，2003. Dolce vita has soured 'because of politics'. *The Times*，26 June，p. 7.

Page（佩奇），B. I. and Shapiro，R. Y.，1992. *The Rational Public: Fifty Years of Trends in Americans' Policy Preferences*. Chicago: University of Chicago Press.

Palmer（帕尔默），A.，2002. The price of happiness. *The Sunday Telegraph*，13 January，p. 19.

Parliamentary Office of Science and Technology（POST），2012. *Measuring National Wellbeing*，London: POST.

Passmore（帕斯莫尔），J.，2000. *The Perfectibility of Man*. 2nd ed. Indianapolis: Liberty Fund.

Patterson（帕特森），C.，2007. It is quite as though no one at all were interested in. *The Independent*，6 July.

Pender（潘德），J.，2001. From "Structural Adjustment" to "Comprehensive Development Framework": Conditionality Transformed? *Third World Quarterly*，22（3），pp. 397 – 411.

——, 2002. Empowering the Poorest? the World Bank and the ' Voices of the poor '. In：D. Chandler （ed.）*Rethinking Human Rights：Critical Approaches to International Politics*. Basingstoke：Palgrave - MacMillan, pp. 97 - 114.

Penn （佩恩） LPS, 2012. *Master of Applied Positive Psychology (MAPP) Program*. ［Online］ Available at：http：//archive. today/0QGfH ［Accessed 5 September 2014］.

Perez - Alvarez （佩雷斯·阿尔瓦雷斯）, M., 2013. Positive Psychology and its Friends: Revealed. *Papeles del Psicologo*, 34 （3）, pp. 208 - 226.

Petersen （彼得森）, A., 1956. Sandburg notes prosperity peril. *The New York Times*, 17 April, p. 33.

Phillips （菲利普斯）, M., 1993. Babies ill - washed by ideological bathwater. *The Observer*, 11 July, p. 21.

Pigou （皮古）, A. C., 1951. Some Aspects of Welfare Economics. *The American Economic Review*, 41 （3）, pp. 287 - 302.

——, 2002. *The Economics of Welfare*. New Brunswick：Transaction Publishers.

Pitts （皮特）, A., 2014. How happy are you? （And here's how to be happier）. *The Telegraph*, 1 May. ［Online］ Available at：http：//www. telegraph. co. uk/women/womenshealth/ 10736584/How - happy - are - you - And - heres - how - to - be - happier. html ［Accessed：5 September 2014］.

Plato （柏拉图）, 1999. Gorgias. Translated by Donald J. Zeyl. In：J. Nienkamp （ed.）*Plato on Rhetoric and Language：Four Key Dialogues*. Mahwah：Lawrence Earlbaum Associates Inc, pp. 85 - 164.

Popper （波普尔）, K. R., 1945. *The Open Society and Its Enemies：The Spell of Plato*. London：George Routledge & Sons.

Potter （波特）, J., 1996. *Representing Reality：Discourse, Rhetoric and*

Social Construction . London：Sage.

Powell（鲍威尔），A.，1992. Chinese Frost in Lhasa; Andrew Powell beats the red tape and reaches the foothills. *The Guardian* , 26 September，p. 29.

Powell（鲍威尔），L.，2009. First person：'I spent 12 years in a cave'. *The Guardian*, 15 May, p. 22.

Power（保尔），N.，2011. Happiness has been consumed by capitalism. *The Guardian Unlimited* , 12 April.

Pross（普罗斯），A. P.，1986. *Group Politics and Public Policy* . Toronto：Oxford University Press.

Pupavac（普帕瓦茨），V.，2001. Therapeutic Governance：Psycho – social Intervention and Trauma Risk Management. *Disasters* , 25（4），pp. 358 – 372.

——，2005. Human Security and the Rise of Global Therapeutic Governance. *Conflict ,Security and Development* , 5（2），pp. 161—181.

——，2006. The Politics of Emergency and the Demise of the Developing State：Problems for Humanitarian Advocacy. *Development in Practice* , 16（3），pp. 255 – 269.

——，2008. Changing Concepts of International Health. In：D. Wainwright（ed.）*A Sociology of Health* . London：Sage，pp. 173 – 180.

——，2010. The Consumerism – development – security Nexus. *Security Dialogue* , 41（6），pp. 691 – 713.

——，2013. The Romance of Global Health Security. In：M. K. Pasha（ed.）*Globalization ,Difference ,and Human Security* . Abingdon：Routledge，pp. 140 – 151.

Rand（兰德），A.，1999. *The Return of the Primitive：The Anti – Industrial Revolution* . New York：Meridian Books.

Randall（兰德尔），D. and Short，J. E，1983. Women in Toxic Work Environments：A Case Study of Social Problem Development. *Social Problems* , 30

(4)，pp. 410 – 424.

Rantanen（兰塔宁），T.，2009. *When News Was New*. Chichester：John Wiley & Sons.

Rapley（拉普利），M.，2003. *Quality of Life Research：A Critical Introduction*. London：Sage.

Raymont（雷蒙特），H.，1969. Affluence held poorly utilised；economist say wealth has not generated happiness. *The New York Times*，12 October，p. 69.

Reeds（里兹），R.，1968. Humphrey is stung by attacks on his 'politics of happiness'. *The New York Times*，25 May，p. 1.

Reid（里德），M.，2008. 'Mr Happy' gives lesson from the bright side. *The Times*，18 January，p. 12.

Rentoul（伦图尔），J.，2006. Why politicians should not be fooled into the promotion of happiness. *The Independent*，20 April，p. 23.

Ricardo（里卡多），D.，1871. *The Works of David Ricardo*. J. R. McCulloch（ed.）London：John Murray.

Richards（理查兹），H.，2005. Interview：Richard Layard：Head start to happiness. *The Guardian*，11 October，p. 12.

Riddell（里德尔），M.，2006. Happiness, the one thing we deny them. *The Observer*，19 March，p. 31.

Rieff（里夫），P.，1966. *The Triumph of the Therapeutic：Uses of Faith after Freud*. Chicago：University of Chicago Press.

Roberts（罗伯茨），J. A.，2011. *Shiny Objects：Why We Spend Money We Don't Have in Search of Happiness We Can't Buy*. New York：Harper Collins.

Roberts（罗伯茨），Y.，2006. Love is...damn hard work. *The Observer*，12 February.

Robertson（罗伯逊），N.，1965. President signs $280 million bill for health study. *The New York Times*，10 August，p. 1，12.

Robinson（罗宾逊），K.，2006. Grin and bare it. *The Daily Telegraph*，26 August，p. 4.

Rodwell（罗德威尔），L.，1988. Suffer – and be happy. *The Times*，19 August.

Ross（罗斯），W. D.，1959. *Aristotle*（亚里士多德）：*A Complete Exposition of his Works & Thought*. New York：Meridian Books.

Rubington（鲁宾顿），E. and Weinberg，M. S.，2003. *The Study of Social Problems：Seven Perspectives*. 6th ed. New York：Oxford University Press.

Ryan（瑞恩），R. M. and Deci（德西），E. L.，2001. On Happiness and Human Potentials：A Review of Research on Hedonic and Eudaimonic Well – being. *Annual Review of Psychology*，52，pp. 141 – 166.

Ryan（瑞恩），R. M.，Huta（胡塔），V. and Deci（德西），E. L.，2008. Living well：a self – determination theory perspective on eudaimonia. *Journal of Happiness Studies*，9（1），pp. 139 – 170.

Ryff（芮芙），C. D. and Singer（辛格），B. H.，2008. Know Thyself and Become What You Are：A Eudaimonic Approach to Psychological Well – Being. *Journal of Happiness Studies*，9（1），pp. 13 – 39.

Sacco（萨科），V. F. and Ismaili（伊斯梅利），K.，2001. Social Problems Claims and the Undefended Border. In：J. Best（ed.）*How Claims Spread：Cross – National Diffusion of Social Problems*. New York：Walter de Gruyter，pp. 19 – 38.

Sage（塞奇），A.，2010. Does sex，chocolate and rock'n'roll make you happy? Come on，it's a serious question. *The Times*，27 March，p. 43.

Sarkozy（萨科齐），N.，2010. Foreword. In：J. E. Stiglitz，A. Sen and J. Fitoussi（eds）*Mismeasuring Our Lives：Why GDP Doesn't Add Up*. New York：The New Press，pp. vii – xvi.

Sayre（塞尔），R. and Lowy（罗伊），M.，1984. Figures of Romantic Anti

- capitalism. *New German Critique* , 32 (Spring – Summer), pp. 42 – 92.

——, 2005. Romanticism and Capitalism. In： M. Ferber (ed.) *A Companion to European Romanticism* . Malden： Blackwell, pp. 433 – 449.

Schneider (施耐德), J. W. , 1985. Social Problems Theory： The Constructionist View. *Annual Review of Sociology* , 11, pp. 209 – 229.

Schoch (肖赫), R. , 2006a. Do you sincerely want to be happy? Then stop all this pleasureseeking. *The Independent on Sunday* , 16 April, p. 34.

——, 2006b. True happiness is more than feeling good. *The Daily Telegraph* , 21 April, p. 32.

School of Life, 2014. School of life. ［Online］ Available at： http： // www. theschooloflife. com/ ［Accessed 5 September 2014］ .

Schwartz (施瓦茨), B. , 2004. *The Paradox of Choice*： *Why More is Less* . New York： Harper Collins.

Scitovsky (西托夫斯基), T. , 1992. *The Joyless Economy*： *The Psychology of Human Satisfaction* . Oxford： Oxford University Press.

Seager (西格尔), A. , 2004. Fear infects flexible workplaces. *The Guardian* , 2 September, p. 22.

——, 2009. Costa Rica tops happiness index. *The Guardian* , 4 July, p. 20.

Seldon (赛尔登), A. , 2006. Why I'm teaching happiness. *The Independent* , 19 April, p. 12.

——, 2010. The politics of optimism will be the defining theme of our century. *The Independent* , 2 October, p. 40.

Seligman (塞利格曼), M. E. P. and Csikszentmihalyi (契克森米哈伊), M. , 2000. Positive Psychology： An Introduction. *American Psychologist* , 55 (1), pp. 5 – 14.

Seligman (塞利格曼), M. E. P, 1998. *Positive Psychology Network Concept Paper* . ［Online］ Available at： http： //www. ppc. sas. upenn. edu/

ppgrant. htm［Accessed 5 September 2014］.

——, 2011. *Flourish* . Kindle Edition. London：Nicholas Brealey Publishing.

——, 1999. The President's address. *American Psychologist*：*1998 Annual Report* , August，pp. 559 – 562.

Sen（森），A. , 2001. *Development as Freedom* . Oxford：Oxford University Press.

Sennett（森尼特），R. , 1977. *The Fall of Public Man* . New York：Alfred A. Knopf.

Shaw（肖），I. and Taplin（塔普林），S. , 2007. Happiness and Mental Health Policy：A Sociological Critique. *Journal of Mental Health* , 16（3），pp. 359 – 373.

Shears（希尔斯），R. , 2006. Yesterday these people were judged the happiest on the planet. So what can we learn from them？ *The Daily Mail* , 13 July，p. 12.

Sidgwick（西吉维克），H. , 1981. *The Methods of Ethics* . 7th ed. Indianapolis：Hackett.

Sieghart（西格特），M. A. , 2005. Keeping up with the Joneses can damage your happiness. *The Times* , 3 March，p. 2.

——, 2006. Talking therapy is natural，effective，fast and so cheap. *The Times* , 7 December，p. 7.

Simmons（西蒙斯），J. , 2012. Positive Psychology as a Scientific Movement. *The International Journal of Science in Society* , 4（1），pp. 43 – 52.

Simms（希姆斯），A. and Woodward（伍德沃德），D, 2006. *Growth Isn't Working*：*The Uneven Distribution of Benefits and Costs from Economic Growth* , New Economics Foundation.

Simms（希姆斯），A. , Johnson（约翰逊），V. and Chowla（乔拉），P. , 2010. *Growth Isn't Possible*：*Why Rich Countries Need a New Economic*

Direction，New Economics Foundation.

Simons（西蒙斯），J. W. 2010. The happiest men in the world. *The Times*，8 February，p. 9.

Skynner（斯克纳），R.，1990. The right model for a change. *The Guardian*，15 December.

——，1992. Happiness in high places. *The Guardian*，7 March，p. 8.

Smith（史密斯），H.，2006. Happy mothers day. *The Times*，27 June，p. 10.

Smith（史密斯），R.，2010. Beyond Growth or Beyond Capitalism? *Real – World Economics Review*，53，pp. 28 – 36.

Smucker（斯马克），J. A.，Boyd，A. and Mitchell，D. O.，2012. Floating Signifier. In：A. Boyd and D. O. Mitchell（eds）*Beautiful Trouble：A Toolbox for Revolution*. New York：OR Books，pp. 234 – 235.

Smyth（史宓斯），C.，2009. It is time to love thy neighbour in a sustainable fashion. *The Times*，20 June，p. 103.

Snowdon（斯诺登），C，2012. Are more equal countries happier? In：P. Booth（ed.）*… and the Pursuit of Happiness：Wellbeing and the Role of Government*. London：Institute of Economic Affairs，pp. 98 – 127.

Sointu（索伊托），E.，2012. *Theorizing Complementary and Alternative Medicines：Wellbeing,Self,Gender,Class*. Basingstoke：Palgrave.

Solberg（索尔伯格），C.，1984. *Hubert Humphrey：A Biography*. New York：W. W. Norton & Company Inc.

Sotirakopoulos（索蒂拉科普洛斯），N. and Rootes（卢茨），C.，2014. Occupy London in International and Local Context. In：D. della Porta and A. Mattoni（eds）*Spreading Protest：Social Movements in Times of Crisis*. Colchester：ECPR Press，pp. 171 – 192.

Sotirakopoulos（索蒂拉科普洛斯），N. and Sotiropoulos（索蒂罗波罗斯），G.，2013. 'Direct Democracy Now！'：The Greek Indignados and the

Present Cycle of Struggles. *Current Sociology*, 61（4）, pp. 443 –456.

Spector（斯佩克特）, M. and Kitsuse（基特苏斯）, J. I., 2001. *Constructing Social Problems*. Brunswick：Transaction Publishers.

Spencer（斯宾塞）, H., 1891. *Essays：Scientific and Speculative*. London：Williams and Norgate.

Squires（斯夸尔斯）, N., 2007. Islanders Revert to Traditional Currency of Pig Tusks. *The Daily Telegraph*, 26 December, p. 23.

Stacks（斯塔克斯）, D. W. and Salwen（萨尔文）, M. B., 2009. *An Integrated Approach To Communication Theory and Research*. 2nd ed. New York：Routledge.

Stanhope（斯坦霍普）, H., 1988. Mon ami, why so miserable? *The Times*, 5 January.

Stephen（斯蒂芬）, A., 1985. The man behind the images/interview with HRH Prince Charles. *The Sunday Times*, 18 August.

Stevenson（史蒂文森）, B. and Wolfers（沃尔弗斯）, J., 2008. Economic growth and subjective well – being：Reassessing the Easterlin paradox. *Brookings Papers on Economic Activity*, pp. 1 –102.

Stewart（斯图尔特）, H., 2009. Forget GDP：Happiness is the secret of success. *The Observer*, 20 September, p. 4.

Stiglitz（斯蒂格利茨）, J. E., Sen（森）, A. and Fitoussi（菲托西）, J. – P., 2009. Report by the commission on the measurement of economic performance and social progress. ［Online］ Available at：www. stiglitz – sen – fitoussi. fr［Accessed 5 September 2014］.

Strang（斯特朗）, D. and Soule（索尔）, S., 1998. Diffusion in Organizations and Social Movements：From Hybrid Corn to Poison Pills. *Annual Review of Sociology*, 24, pp. 265 –290.

Stratton（斯特拉顿）, A., 2010a. Smile please – happiness is the new GDP, Cameron declares. But how to measure it? *The Guardian*, 15 November,

p. 14.

——, 2010b. UK happiness index to gauge national mood. *The Guardian* , 15 November, p. 1.

Sugarman（苏格曼）, J. , 2007. Practical Rationality and the Questionable Promise of Positive Psychology. *Journal of Humanistic Psychology* , 47（2）, pp. 175 – 197.

Sumner – Smith（萨姆纳·斯密）, D. , 2009. Keen employees encouraged to pursue happiness at work. *The Daily Telegraph* , 27 March, p. 9.

The Sunday Times , 2005. What is happiness? 6 February.

Sutherland（萨瑟兰）, 1993. The parts of genius are greater than the sum – Identical twins have inspired a genetic breakthrough. *The Observer* , 14 February, p. 61.

Swidler（斯威德勒）, A. , 2001. *Talk of Love：How Culture Matters* . Chicago：University of Chicago Press.

Tatarkiewicz（塔塔科维兹）, W. , 1979. Perfection：The Term and the Concept. *Dialectics and Humanism* , 4（4）.

——, 1980. Paradoxes of Perfection. *Dialectics and Humanism* , 7（1）, pp. 77 – 80.

Taylor（泰勒）, C. , 2006. Are you happy? Richard Niazi, Bon Vivant. *The Guardian* , 18 November, p. 128.

——, 2007. Are you happy? Louise Wolfson, antique clock restorer. *The Guardian* , 27 October, p. 94.

——, 2008. Are you happy? Fiona Dear, climate change campaigner. *The Guardian* , 26 April, p. 93.

The Telegraph, 2012. Cheer up, grumpy—it will save your life. 15 October, p. 7.

Thaler（泰勒）, R. and Sunstein（桑斯坦）, C. , 2008. *Nudge：Improving Decisions About Health ,Wealth and Happiness* . London：Penguin.

Thin（辰），N.，2005. *Happiness and the Sad Topics of Anthropology*. ESRC Working Group on Wellbeing in Developing Countries，WeD Working Paper，p. 10.

——，2012. *Social Happiness：Theory into Policy and Practice*. Bristol：Policy Press.

——，2014. Positive Sociology and Appreciative Empathy：History and Prospects. *Sociological Research Online*，19（2）.

Thornton（桑顿），P.，2006. Happiness is… a tiny island in the pacific. *The Independent*，12 July，p. 14.

Time Magazine，2006. The science of happiness［cover］. 17 January.

——，2013. The pursuit of happiness［cover］. 8 July.

The Times，1901. Election intelligence. 13 June，p. 7.

——，1916a. Shipments from Holland；food supplies diverted from Germany. 23 June，p. 3.

——，1916b. Freedom of the seas. 18 May，p. 7.

——，1951. Britain rearming to save her way of life. 27 January，p. 6.

——，1954. Primate on happiness from service. 24 February，p. 5.

——，1957. Part – time work for the elderly. 2 May，p. 12.

——，1963. Capital & counties property company. 29 October，p. 18.

——，1972. Text of M Pompidou's broadcast. 12 April，p. 7.

——，1985. Happiness is looking at a video/gallup social services department poll. 11 July.

——，2003. Happier people are more popular，less prone to divorce，fall prey to less illness，and live longer. 6 September，p. 10.

Toulmin（图尔敏），S. E.，2003. *The Uses of Argument*. Cambridge：Cambridge University Press.

Toynbee（托因比），P.，1995. We must break our 45 – hours – a – week habit. *The Independent*，11 November，p. 19.

——, 1998. Micawber was right; money doesn't buy happiness but poverty makes you miserable. *The Guardian* , 25 November, p. 2.

——, 2003. Money and happiness. *The Guardian* , 7 March, p. 27.

——, 2004. A hedonist's charter: Money does not bring contentment. so how do you forge a politics where happiness is the priority? *The Guardian* , 9 April, p. 23.

——, 2006. It is not fanciful to make the pursuit of happiness a political imperative. *The Guardian* , 16 June, p. 29.

——, 2010. The greatest unhappiness for the greatest number. *The Guardian* , 16 November, p. 29. Foresight Mental Capital and Wellbeing Project, 2008. *Final Project Report – Executive Summary* . London: The Government office for Science.

UNDP, 1990. *Human Development Report 1990* . New York/Oxford: Oxford University Press.

——, 2010. *Human Development Report* 2010: 20*th Anniversary Edition*. New York: Palgrave Macmillan.

Ungar（昂加尔）, S. , 1992. The Rise and（Relative）Decline of Global Warming as a Social Problem. *The Sociological Quarterly* , 33（4）, pp. 483 – 501.

University of Pennsylvania, 2007. *The 2001 Positive Psychology Summit Abstracts* . ［Online］ Available at: http: //www. ppc. sas. upenn. edu/summit2001abstracts. htm［Accessed 5 September 2014］.

University of Warwick, 2011. *Knowledge Centre* . ［Online］ Available at: http: //www2. warwick. ac. uk/knowledge/business/50ptaxrate/ ［Accessed 5 September 2014］.

Useem（尤西姆）, B. and Zald（扎尔德）, M. N. , 1982. From Pressure Group to Social Movement: Organizational Dilemmas of the Effort to Promote Nuclear Power. *Social Problems* , 30（2）, pp. 144 – 156.

Van Den Bergh（范登伯格）, J. , 2007. *Discussion Paper：Abolishing GDP* . Amsterdam：Free University and Tinbergen Institute.

Van Dijk（范迪克）, T. A. , 1997. *Discourse as Structure and Process* , Volume 1. London：Sage.

Van Leeuwen（范李文）, T. , 2005. *Introducing Social Semiotics* . New York：Routledge.

Varul（瓦鲁）, M. Z. , 2013. Towards a Consumerist Critique of Capitalism：A Socialist Defence of Consumer Culture. *Ephemera* , 13（2）, pp. 293 – 315.

Veenhoven（温霍芬）, R. and Hagerty（哈格蒂）, M. , 2006. Rising Happiness in Nations 1946 – 2004：A Reply to Easterlin. *Social Indicators Research* , 79（3）, pp. 421 – 436.

Veenhoven（温霍芬）, R. , 1991. Is Happiness Relative? *Social Indicators Research* , 24（1）, pp. 1 – 34.

——, 2003. *Happiness in Hardship* . Paper Presented at：The Paradoxes Of Happiness in Economics；Milan Italy, 21 – 22 March.

——, 2009. How Do We Assess How Happy We Are? Tenets, Implications and Tenability of Three Theories. In：A. K. Dutt and B. Radcliff（eds）*Happiness, Economics and Politics* . Cheltenham：Edward Elgar, pp. 45 – 69.

Voloshinov（沃洛希诺夫）, V. N. , 1973. *Marxism and the Philosophy of Language* . New York：Seminar Press.

Wainwright（温赖特）, D. , 2008a. Illness behaviour and the discourse of health. In：*A Sociology of Health* . London：Sage, pp. 76 – 96.

——, 2008b. The Changing Face of Medical Sociology. In：*A Sociology of Health* . London：Sage, pp. 1 – 18.

Walter（沃尔特）, N. , 2005. The most precious commodity. *The Guardian* , 8 February, p. 22.

Ward（沃德）, B. , 1962. *The Rich Nations and the Poor Nations* . New

York：W. W. Norton & Company Inc.

Ward（沃德）, D. , 2006. School spreads a little happiness with lessons on how to cheer up. *The Guardian* , 18 April, p. 5.

Ward（沃德）, L. , 2007. Concern for teenagers wellbeing as fewer say they have a best friend. *The Guardian* , 5 June, p. 5.

Ward（沃德）, V. , 2013. Children 'are growing more miserable' . *The Daily Telegraph* , 22 July, p. 11.

Waterfield（沃特菲尔德）, B. , 2009. Happiness – the new currency. *The Daily Telegraph* , 16 September, p. 21.

Watson（沃森）, H. , 2011. Preconditions for Citizen Journalism：A Sociological Assessment. *Sociological Research Online* , 16（3）.

——, 2012. Dependent Citizen Journalism and the Publicity of Terror. *Terrorism and Political Violence* , 24（3）, pp. 465 – 482.

Weaver（韦弗）, W. , 1968. Humphrey joins presidency race；calls for unity. *The New York Times* , 28 April, p. 1.

Weitzer（维特尔）, R. , 2007. The Social Construction of Sex Traficking：Ideology and Institutionalization of a Moral Crusade. *Politics and Society* , 35（3）, pp. 447 – 475.

Whitehead（怀特海）, M. , Jones（琼斯）, R. and Pykett（皮凯特）, J. , 2011. Governing Irrationality, or a More Than Rational Government? Reflections on the Rescientisation of Decision Making in British Public Policy. *Environment and Planning A* , 43（12）, pp. 2819 – 2837.

Whyte（怀特）, J. , 2006. Be afraid of the happy brigade. *The Times* , 27 July, p. 20.

Whyte（怀特）, J. , 2013. *Quack Policy：Abusing Science in the Cause of Paternalism* . London：Institute of Economic Affairs.

Wilde（王尔德）, O. , 2007. *The Collected Works of Oscar Wilde* . London：Wordsworth Editions.

Williams（威廉姆斯）, R., 1973. *The Country and the City*. New York: Oxford University of Press.

——, 1977. *Marxism and Literature*. Oxford: Oxford University Press.

——, 1983. *Keywords: A Vocabulary of Culture and Society*. Revised ed. New York: Oxford University Press.

Wilson（威尔逊）, S., 2010. 30 ideas for a better life. *The Observer*, 3 January, p. 23.

Woods（伍兹）, R., 2006. Can you teach happiness? *The Sunday Times*, 23 April, p. 6.

Woolgar（伍尔加）, S. and Pawluch（帕鲁克）, D., 1985. Ontological Gerrymandering: The Anatomy of Social Problems Explanations. *Social Problems*, 32（3）, pp. 214 – 227.

Worstall（沃尔斯特）, T., 2007. Depressing? it certainly is – and wrong as well. *The Times*, 25 January, p. 15.

Wright（莱特）, P., 1988. Happiness index measures moods: The psychological society. *The Times*, 18 April.

Yen（晏）, J., 2010. Authorizing Happiness: Rhetorical Demarcation of Science and Society in Historical Narratives of Positive Psychology. *Journal of Theoretical and Philosophical Psychology*, 30（2）, pp. 67 – 78.

Young（杨）, R., 2003. Pursuit of happiness can make you sad. *The Times*, 4 March, p. 189.

Young, A.（艾伦·杨）, 2009. An Anthropology of Science. In: D. Cayley（ed.）*Ideas on the Nature of Science*. Fredericton: Goose Lane, pp. 323 – 340.

Zizek（齐泽克）, S., 2010. *Living in the End Times*. London: Verso.

译后记

  此书是本人国家社科基金项目"文学作品情感表现与接收的符号现象学研究"的一个附加成果。本书的基础翻译工作是由四川师范大学文学院研究生王嘉燊、王言、何倩、张明英同学完成的。王嘉燊翻译第 1、2、3 章；王言翻译第 4、5、6 章；何倩翻译第 7、8、9 章；张明英翻译第 10 章、注释和参考文献，并统一了全书人名。四位同学工作认真负责，几易其稿，花费了大量心血。翻译初稿完成后，四川师范大学外国语学院李泉老师对第 2、3、7 章进行了修改、重译、校订工作。四川师范大学外国语学院研究生胡静茹、罗秋香、胡建平、晏婷、曾瑶、苏航、冷雪晴、曾洁也在这三章的审校修改中付出了辛勤的劳动。我对其他章节进行了修改、重译，并且对全书做了协调、重译、审定、校对、修订工作。翻译书稿的一切不完美的地方，均应由我负责。

  本书翻译工作受到四川大学符号学 – 传媒学研究所的大力支持，出版由四川大学全额资助。在书稿的翻译、联系、出版的整个过程中，四川大学符号学 – 传媒学研究所赵毅衡教授、胡易容教授、陆正兰教授、饶广祥教授、唐小林教授，西南民族大学彭佳教授都做了大量工作。社会科学文献出版社的责任编辑张建中先生，在审校工作中花费大量时间和心血，他的敬业精神令我感动。没有他们的帮助，本书的翻译和出版是不可能完成的，在此一并致谢。

谭光辉

2018 年 9 月于四川师范大学

2019 年 3 月改定

图书在版编目（CIP）数据

幸福感符号学：社会文化修辞／（英）阿什利·弗
劳利（Ashley Frawley）著；谭光辉等译．--北京：
社会科学文献出版社，2019.10
（传播符号学书系）
书名原文：Semiotics of Happiness：Rhetoric
Beginning of A Public Problem
ISBN 978 - 7 - 5201 - 4264 - 9

Ⅰ．①幸…　Ⅱ．①阿…②谭…　Ⅲ．①符号学 - 研究
Ⅳ．①H0

中国版本图书馆 CIP 数据核字（2019）第 024073 号

·传播符号学书系·

幸福感符号学
——社会文化修辞

著　　者／〔英〕阿什利·弗劳利（Ashley Frawley）
译　　者／谭光辉　李　泉　等

出 版 人／谢寿光
组稿编辑／王　绯　张建中
责任编辑／张建中

出　　版／社会科学文献出版社·社会政法分社（010）59367156
　　　　　地址：北京市北三环中路甲 29 号院华龙大厦　邮编：100029
　　　　　网址：www. ssap. com. cn
发　　行／市场营销中心（010）59367081　59367083
印　　装／三河市龙林印务有限公司

规　　格／开　本：787mm × 1092mm　1/16
　　　　　印　张：16.75　字　数：246 千字
版　　次／2019 年 10 月第 1 版　2019 年 10 月第 1 次印刷
书　　号／ISBN 978 - 7 - 5201 - 4264 - 9
著作权合同
登 记 号　／图字 01 - 2018 - 0537 号
定　　价／79.00 元